卡耐基魅力演讲的艺术
请你讲重点

[美] 戴尔·卡耐基 著

高宏 译

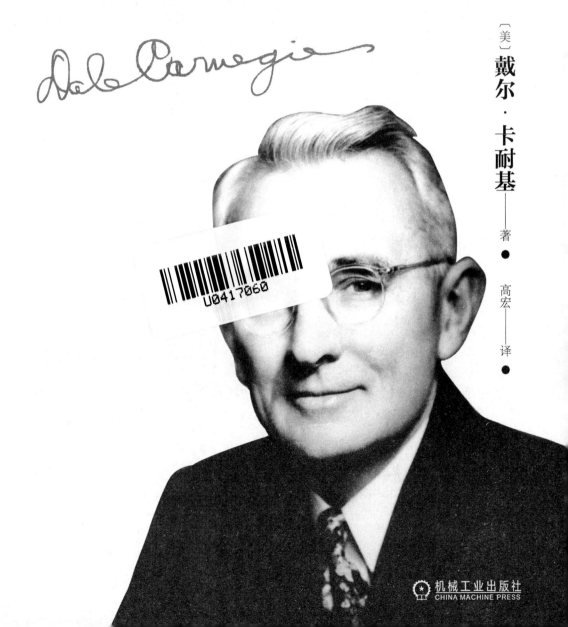

机械工业出版社
CHINA MACHINE PRESS

在本书中,你可以学到准备演讲和发表演讲的一些基本要素,还可以学到如何搜集和组织演讲所需的信息;如何在演讲开始5分钟内吸引住听众;如何在演讲中加入一些实例、趣闻轶事、数据,以及如何做类比,以令你的演讲更有意义;如何劝说听众接受你的观点;如何利用身体语言深化演讲效果。你还将学到,何时以及如何利用幽默的力量;该怎样结束演讲,并确保听众能记住你所阐明的观点并行动起来。

Copyright © JMW Group, Inc. Rights licensed exclusively by JMW Group, Inc. jmwgroup@jmwgroup.net

This title is published in China by China Machine Press with license from JMW Group., This edition is authorized for sale in China only, excluding Hong Kong SAR, Macao SAR and Taiwan. Unauthorized export of this edition is a violation of the Copyright Act. Violation of this Law is subject to Civil and Criminal Penalties.

本书由 JMW Group 授权机械工业出版社在中华人民共和国境内(不包括香港、澳门特别行政区及台湾地区)出版与发行。未经许可之出口,视为违反著作权法,将受法律之制裁。

北京市版权局著作权合同登记 图字:01-2018-1653 号

图书在版编目(CIP)数据

请你讲重点:卡耐基魅力演讲的艺术/(美)戴尔·卡耐基(Dale Carnegie)著;高宏译. —北京:机械工业出版社,2018.12(2021.8重印)
ISBN 978-7-111-61357-2

Ⅰ.①请… Ⅱ.①戴… ②高… Ⅲ.①演讲-语言艺术-通俗读物 Ⅳ.①H019-49

中国版本图书馆 CIP 数据核字(2018)第 259874 号

机械工业出版社(北京市百万庄大街22号 邮政编码100037)
责任编辑:坚喜斌 於 薇　责任校对:张 力
责任印制:郜 敏
北京中兴印刷有限公司印刷

2021年8月第1版·第6次印刷
170mm×240mm·17.25 印张·240 千字
标准书号:ISBN 978-7-111-61357-2
定价:55.00元

凡购本书,如有缺页、倒页、脱页,由本社发行部调换
电话服务　　　　　　　　　　　网络服务
服务咨询热线:010-88361066　　机 工 官 网:www.cmpbook.com
读者购书热线:010-68326294　　机 工 官 博:weibo.com/cmp1952
　　　　　　　010-88379203　　金 书 网:www.golden-book.com
封面无防伪标均为盗版　　　　　　教育服务网:www.cmpedu.com

序　言

　　坐着时可以正常思考，而站起来大脑就会短路。这究竟是怎么回事？当你站起来、面对听众演讲时，就会感觉心慌意乱、浑身发抖。这又是怎么回事？当然，现在你知道了，这种状况是可以治愈的，训练和练习可以消除你对听众的恐惧，令你产生自信。

——戴尔·卡耐基

　　如果你问一个人他最大的恐惧是什么，你听到的最多的回答是死亡，其次便是在公众面前演讲。

　　的确，在与别人一对一私下交谈时，很多人都显得聪明睿智、轻松自如，说起话来口若悬河，可一旦面对听众——哪怕是很少的听众，就会变得张口结舌、惊恐万分。由于害怕在员工会议上讲话，一些商界人士的职业生涯陷入困境；一些人明明有重大想法，却不愿在社区、教会或学校会议上分享它们。其实，这种恐惧很好克服。

　　在教育人们如何克服面对听众的恐惧方面，戴尔·卡耐基是一位先驱。全世界有几十万人参加了他的公共演讲培训。在卡耐基职业生涯早期，人们便催促他撰写一本书，概括一下那些令他的演讲课程获得巨大成功的演讲规则。

　　在本书中，你可以学到准备演讲和发表演讲的一些基本要素，还可以学到如何搜集和组织演讲所需的信息；如何在演讲开始5分钟内吸引住听众；如何在演讲中加入一些实例、趣闻轶事、数据；如何做类比，以令你的演讲更有意义；如何劝说听众接受你的观点；如何利用身体语言深化演讲效果。你还将学到，何时以及如何利用幽默的力量；该怎样结束演讲，并确保听众能记住你所阐明的观点并行动起来。

除此以外,本书还将阐述如何无须背诵便能记住自己想讲的内容,以及如何培养自己的演讲气质和个性。

本书为那些立志成为优秀演说家的人提供了蓝图,但也仅是一张蓝图而已。若想获得成功,还得靠自己。你可以把从本书中学到的方法应用起来,抓住每个机会来练习公共演讲:可以在单位讲、在社区会议上讲,还可以在某个企业的某次会议、某个专业机构、你所属的某个社区联合会上演讲。通过运用在本书中学到的技巧,当你再次面对听众时——无论是多还是少,你都会泰然自若、自信满满,都会用一种理性而激动人心的方式将自己的想法展示出来。你会发现,演讲多么令你满足、给你带来了多么大的回报。

目 录

序言

第一章　培养勇气与自信 ································ 1
　　第一，要有强烈而持久的愿望 ·················· 7
　　第二，对自己要说的内容了如指掌 ············ 8
　　第三，要表现得自信 ······························· 9
　　第四，练习！练习！再练习！ ··················· 11
　　本章小结 ·· 12

第二章　准备充分、自信满满 ···························· 17
　　准备演讲的正确方法 ································ 19
　　永不失败的演讲 ······································· 21
　　究竟准备些什么 ······································· 21
　　耶鲁大学神学院时任院长布朗先生的箴言 ········ 22
　　林肯是如何准备演讲的 ····························· 23
　　如何准备演讲 ·· 26
　　秘籍：储备知识的能力 ····························· 30
　　本章小结 ··· 33

第三章　名人如何为演讲做准备 ······················· 35
　　一个获奖演讲的诞生 ································ 37
　　康威尔博士构思演讲的方法 ······················ 42
　　贝弗里奇议员的演讲构思方法 ··················· 43
　　伍德罗·威尔逊的整合法 ·························· 43
　　本杰明·富兰克林的经典传奇 ··················· 45
　　用笔记来玩单人纸牌游戏 ························· 46
　　演讲时该不该看笔记？ ····························· 46

不要一字不差地背诵演讲稿 ………………………………… 47
　　　格兰特将军在阿波马托克斯 …………………………………… 48
　　　为何农民眼里的林肯是个大懒汉？……………………………… 48
　　　道格拉斯如何自娱自乐 ………………………………………… 50
　　　本章小结 ………………………………………………………… 51

第四章　如何提高记忆力 …………………………………………… 55
　　　他们看不到樱桃树 ……………………………………………… 57
　　　林肯为何大声朗读 ……………………………………………… 58
　　　马克·吐温如何做到脱稿演讲 ………………………………… 58
　　　记一本像《圣经·新约》那样长的书 ………………………… 62
　　　怎样重复才有用 ………………………………………………… 63
　　　威廉·詹姆斯拥有超强记忆力的秘诀 ………………………… 64
　　　如何把事实组织起来 …………………………………………… 65
　　　如何记日期 ……………………………………………………… 66
　　　如何记住演讲的要点 …………………………………………… 67
　　　演讲过程中突然卡壳怎么办？………………………………… 68
　　　我们无法提高自己对所有事物的记忆力 ……………………… 69
　　　本章小结 ………………………………………………………… 70

第五章　不要让听众睡着 …………………………………………… 75
　　　一定要说你特别想说的东西 …………………………………… 78
　　　取胜的秘密 ……………………………………………………… 80
　　　林肯用演说打赢了官司 ………………………………………… 81
　　　表现出热情 ……………………………………………………… 82
　　　如果听众睡着，该如何救场？………………………………… 84
　　　黄鼠狼词语与洋葱 ……………………………………………… 85
　　　热爱你的听众 …………………………………………………… 86
　　　了解你的听众 …………………………………………………… 87
　　　本章小结 ………………………………………………………… 87

第六章　成功演讲的基本要素 ……………………………………… 91
　　　坚持不懈的必要性 ……………………………………………… 93

做一件事就要持之以恒 ··· 93
　　努力终归有回报 ·· 95
　　攀登怀尔德皇帝岭 ·· 97
　　取胜的意志 ·· 97
　　本章小结 ·· 99

第七章　成功演讲的秘密 ··· 103
　　演讲究竟是怎么一回事 ··· 105
　　传递信息的秘诀 ··· 106
　　亨利·福特的建议 ··· 107
　　当你在公共场合说话时，你会做这些事情吗? ················· 110
　　本章小结 ··· 115

第八章　登上讲台，展示个性 ·· 117
　　为何一名演讲者会比另一名演讲者出色? ······················· 119
　　衣着打扮对演讲者的影响 ··· 119
　　格兰特将军一生的遗憾 ··· 120
　　"往往在我们开口讲话前，就已经被批评或称赞了" ········ 120
　　把听众聚在一起 ··· 121
　　让光照在你脸上 ··· 123
　　讲台上不能放中看不中用的东西 ··································· 123
　　讲台上不能有嘉宾 ··· 124
　　就座的艺术 ·· 125
　　姿势 ·· 125
　　假借教手势，其实动作十分荒谬 ··································· 126
　　一些可能有用的建议 ·· 128
　　本章小结 ··· 129

第九章　如何开篇 ··· 133
　　若想以一个幽默的故事开头，就要多注意了 ·················· 136
　　不要以道歉开始 ··· 137
　　引起听众的好奇 ··· 138
　　为什么不用一个故事开始呢? ·· 140

· VII ·

用一个具体的例子作为开场 ……………………………… 141
　　　使用展品 ……………………………………………………… 141
　　　问一个问题 …………………………………………………… 142
　　　说一些听众感兴趣的话题 …………………………………… 142
　　　令人震惊的事实具有引人注意的力量 ……………………… 144
　　　看似随意的开场白背后蕴含的价值 ………………………… 145
　　　本章小结 ……………………………………………………… 146

第十章　**如何瞬间吸引听众** …………………………………… 149
　　　蜂蜜与双枪手 ………………………………………………… 151
　　　洛奇参议员的办法 …………………………………………… 154
　　　最好的辩论是做出解释 ……………………………………… 157
　　　帕特里克·亨利如何发起轰动性演说 ……………………… 158
　　　莎士比亚剧作中最精彩的演说 ……………………………… 159
　　　本章小结 ……………………………………………………… 168

第十一章　**如何结束演讲** ……………………………………… 169
　　　总结要点 ……………………………………………………… 174
　　　呼吁行动 ……………………………………………………… 175
　　　简短而真诚的称赞 …………………………………………… 175
　　　以诗歌形式结尾 ……………………………………………… 175
　　　高潮 …………………………………………………………… 176
　　　单腿站立 ……………………………………………………… 178
　　　回答听众的提问 ……………………………………………… 179
　　　本章小结 ……………………………………………………… 181

第十二章　**如何清晰地表达意思** ……………………………… 183
　　　比较法使表述更清楚 ………………………………………… 187
　　　避免使用技术性术语 ………………………………………… 190
　　　如何把事情讲清楚？林肯自有一套 ………………………… 192
　　　视觉效应 ……………………………………………………… 193
　　　洛克菲勒拂硬币 ……………………………………………… 194
　　　用不同的表述法重复重要观点 ……………………………… 195

　　　　阐述要宽泛，举例要具体 ················· 196
　　　　别学山羊跳来跳去 ···················· 197
　　　　本章小结 ························· 198

第十三章　如何让演讲既引人入胜又具有说服力 ············ 201
　　　　我们的主要问题 ····················· 204
　　　　心理学提供的帮助 ···················· 204
　　　　把你希望人们接受的东西当成是他们已经相信的东西 ···· 205
　　　　圣保罗的睿智 ······················ 206
　　　　让小数目显大，让大数目显小 ·············· 208
　　　　如何使数字给人留下深刻印象 ·············· 209
　　　　重述一句话会有什么效果？ ··············· 210
　　　　普遍例证及具体例子 ··················· 211
　　　　累加原理 ························· 212
　　　　视觉印象与听觉印象的比较 ··············· 213
　　　　召集权威支持你 ····················· 213
　　　　本章小结 ························· 215

第十四章　如何吸引听众 ······················ 217
　　　　硫酸是如何影响你的生活的 ··············· 219
　　　　如何成为一名优秀的健谈者 ··············· 220
　　　　一个赢得200万名读者的想法 ·············· 221
　　　　一些演讲素材能保证吸引听众 ·············· 221
　　　　说话时要尽可能具体 ··················· 224
　　　　具有画面感的词语 ···················· 225
　　　　对比手法的语言价值 ··················· 227
　　　　兴趣也有感染力 ····················· 228
　　　　本章小结 ························· 229

第十五章　如何让听众行动起来 ··················· 233
　　　　用实力获得自信 ····················· 234
　　　　谈谈自己的亲身经历 ··················· 236
　　　　恰如其分的介绍 ····················· 236

· IX ·

	蓝色草与山核桃木灰	237
	帕特森如何应对异议	239
	让一种欲望战胜另一种欲望	240
	那些决定我们行动的欲望	242
	作者是否成功运用了上文讲述的方法？	246
	本章小结	247

第十六章　**如何润饰辞藻** 249
　　马克·吐温的词语妙招 257
　　单词背后的传奇 258
　　将一个句子改写104次 260
　　不要用陈词滥调 261
　　不仅要注意说什么，还要注意怎么说 262
　　本章小结 262

第一章　培养勇气与自信

"如果你认为自己能干某件事——而这件事又是可行的,那你一定能干成。相反,如果你认为自己连世界上最简单的事情都做不了,那你就干不成,在你眼中,连蚂蚁堆都成了难以逾越的高山。"

——埃米尔·柯

当我们询问报名参加公共演讲的学员们希望在演讲课程中有何收获时，大多数人给出的回答惊人的一致："每当我被点名站起来讲话时，就会特别紧张、害怕，导致根本无法理清思路，也无法集中注意力，而且完全忘记了自己想要说什么。因此，我希望能从这门课上获得自信、泰然和自主思考的能力。我希望能有逻辑地组织自己的思路，希望自己能在生意场上、居民团体中或其他任何场合清楚且令人信服地表达自己的想法。"

这让我想起了一件真事。多年以前，我认识了一位名叫 D. W. 根特的绅士，他参加了我在费城举办的公共演讲班。就在课程开始后不久，他邀请我在"制造商俱乐部"共进午餐。他是位中年人，生活态度一直很积极，不但拥有自己的制造公司，还是教会事务和社区活动的领导人。那天我们一起吃午饭，边吃边聊，他在桌子对面探着身对我说："曾多次有人邀请我在公共场合讲话，但我从未敢尝试。一想到要面对那么多人讲话，我就会非常紧张，大脑也一片空白，所以我总是设法回避这样的场合。但我现在是大学董事会的主席，必须要主持董事会会议。其实不过是讲几句话而已……您觉得到了我这个年龄再学演讲，还有可能学会吗？"

"我觉得？根特先生？"我回答道，"这个问题和我的想法无关。你行的，只要按我们的指令和规定来操练就没问题。"

他也想相信我的话，但这一切似乎太美好、太乐观。"恐怕您是不忍心打击我吧？"他应道，"您不过是在好心安慰我罢了。"

第一章
培养勇气与自信

培训班结束后，我们有一段时间未再联系。几年后，我们再次相遇，又在"制造商俱乐部"共进了午餐，依然是我们第一次在此吃饭时的那个角落，依然是那张桌子。我问他那时我是不是太过乐观了，他从口袋里掏出了一个红色封底的小巧的笔记本，把他演讲的预约日期指给我看。"做这些演讲的能力，"他坦陈，"演讲过程中的快乐，以及我能给社区创造的附加价值——所有这些都是我生命中最令人满意的事情。我做的公共演讲已经不计其数，而且就在前几天——英国首相劳埃德·乔治在费城的一次大型群众集会上做了演讲，我从市里的所有社区领导人中被选中，做了介绍发言！"

可是，正是这个人，大约三年前，坐在同一张桌旁，表情严肃地问我他是否能够当众演说。

你可能会问，他的演讲能力也进步得太神速了，这是否是个案？绝对不是。类似的事例我们有几百个，让我来举一个更具体的吧。曾经有位在纽约布鲁克林工作的医生——我们称他为克蒂斯博士——来佛罗里达避寒，他住的地方旁边就是"巨人队"的训练场。作为一名热情的棒球迷，他经常去看队员们训练。不久，他便与队员们打得火热。后来的某一天，他被邀请参加为"巨人队"举行的宴会。

在上过咖啡和坚果之后，几位有名气的客人被邀请"讲几句话"。突然间，克蒂斯博士猝不及防地听到宴会司仪说道："今晚，有一位医生在座，克蒂斯博士，我打算请他就棒球选手的健康问题讲几句。"

他有准备吗？当然。世界上没有谁比他的准备更充分了：30多年来，他一直在研究卫生学，一直在行医。本来，关于这个话题他能坐在椅子上对围拢在他身边的人滔滔不绝地讲上一整夜。但是，站起来讲——即使是面对一小部分听众——也完全是两回事。一想到这个，他就双腿发软、心跳加速。他以前从未做过公众演讲，即使曾经有过一些想法，现在也不翼而飞了。

该怎么办？大家已经在鼓掌了，每个人都在看着他。克蒂斯摇摇头，可这似乎起了反作用：人们的掌声更热烈，要求更迫切。"克蒂斯博士！发言！发言！"叫喊声越来越急迫。

他已万劫不复。他知道，如果站起来，发言就会失败，因为自己根本说不出几句话。于是他慢慢站立起来，一言不发地转身，默默走出了房间。太尴尬、太丢脸了。

回到布鲁克林后，他做的第一件事便是报名参加了我的公众演讲课程。这毫不奇怪。他可不想再一次被弄个大红脸，再一次陷入哑口无言、手足无措的境地。

他是那种受老师特别喜欢的学生：非常热切地想要学习。他想拥有演讲的能力，而且他的渴望极其执着，没有半点应付的成分。他总是充分地准备自己的演讲，坚定地进行练习。他一堂课都没落下。

他做的完全是一名认真的学生该做的事情，其进步速度之快，连他自己都很吃惊，远远超出了他最美好的期望。几次课上下来，他的紧张感便逐渐消失，自信心越来越强。两个月后，他便成了班上的明星学员。不久，他开始接到去各地演讲的邀请。现在，他很喜欢演讲时的那种感觉，那种兴奋的状态。演讲给他带来了名气，也让他结识了很多新朋友。

纽约市共和党竞选委员会的一位委员在听了克蒂斯博士的一次公众演讲后，邀请他来纽约为共和党发表竞选演说。如果这位委员知道，就在一年前，这位演讲家还曾因怯场而舌头打结，在羞愧和慌乱中离开了公众宴会大厅，那他会是何等惊讶啊！

获得自信与勇气、面对人群讲话时能镇定而清晰地思考——这并不像人们想象的那么难，甚至连十分之一都没有。它不是造物主赐予某些极少数人的一种禀赋，而是一种能力，就像打高尔夫一样。只要拥有强烈的愿望，每个人都可以开发自己的这种潜能。

人们坐着时可以正常思考，而站起来大脑就会短路。这种说法是否有丝毫道理？当然没有。事实上，当你面对听众时，思路会更清晰。有人在场，你会更兴奋，因此也会发挥得更好。很多演讲者都会告诉你：听众会刺激他们的思维，给他们带来灵感，让他们的思维更清晰、更敏锐。正如亨利·沃德·比彻所说的那样：在这种时候，各种你之前从未有过或从不知道的想法、

第一章
培养勇气与自信

事实和观点会如云烟般飘过你的脑海，只需伸出手抓住它们就行了。这种经历值得拥有，如果你能坚持不懈地练习，也许就能体验到。

不过，讲了这么多，有一点对你来说可能已确凿无疑：反复的训练和练习可以消除你的怯场心理，给你带来自信和恒久的勇气。

不要过分夸大自己的困难。即使是那些后来成为同辈之中佼佼者的演讲者，在他们演讲生涯的开端，也都曾饱受这种莫名的恐惧和紧张的折磨。

威廉·詹宁斯·布赖恩是他那一代人中最伟大的演说家。他承认，自己刚开始尝试进行公众演讲时，两个膝盖直打架。

马克·吐温第一次站起来演讲时，感觉嘴里像塞满了棉花一样，心跳也开始加速，就像要去争夺百米赛跑的第一名似的。

格兰特将军曾率领伟大的军队攻占了维克斯堡，取得了胜利，可是，当他准备做公众演说时，他承认自己吓得抖得像筛糠一样。

让·饶勒斯是其所处时代法国最具震撼力的政治演说家。在鼓起勇气发表第一次演讲之前，他坐在国会里，沉默了整整一年。

"我第一次做公众演说时，"劳埃德·乔治坦言，"说实话，简直痛苦极了。我没有夸大其词，真的是这样。我的舌头紧紧抵在上腭，最开始几乎连一个词都说不出来。"

约翰·布莱特这位著名的英国人在美国南北战争期间，在美国的一所学校里，面对一群农民，做了自己的首次演讲。在去演讲地点的路上，他十分担心会讲不好，于是请求同伴，一旦看到自己有任何紧张的迹象，就开始猛烈鼓掌，为他打气。

伟大的爱尔兰领导人查尔斯·斯图尔特·帕内尔刚开始演讲生涯的时候——按照他弟弟的说法——曾紧张得双手紧紧攥成拳头，指甲扎进肉里，血都流了出来。

后来成为英国首相的本杰明·迪斯雷利承认，宁愿率领一队骑兵去冲锋，也不愿面对议会下院进行演讲。他那次开幕演讲一败涂地。

事实上，在英国众多著名演说家中，不知有多少人曾在第一次演讲时失利，以至于现在在议会中还流传着这样一种迷信的说法：如果一个年轻人初次发声便大获成功，其实是个相当不祥的征兆。

所以，你就大胆地尝试吧！

我观看了那么多人在演讲生涯中的起起落落，也曾帮助过很多演讲者成长，如果一位学员在最开始演讲时表现出一定程度的紧张、不安和焦虑，我其实是非常高兴的。

演讲者要为自己的演讲负一定责任。即使只有二十几名听众，也会让人萌生紧张、震撼、兴奋的情绪。演讲者应该像一匹训练有素的良种马一样，在准备赛跑时进入状态、兴奋起来。2000多年前，不朽的演说家西塞罗就曾说过："所有真正伟大的公众演说都有一个共同的特点：演讲者很紧张。"

即使是在录制电台节目时，演讲者也往往会产生同样的感觉，这叫"麦克风恐惧症"。当查理·卓别林在电台直播里讲话时，他需要把发言稿全部写出来。他当然早已面对过无数听众，他曾在全美进行歌舞喜剧表演，之前也曾在英国的正统舞台上演出。可是，当他走进电台录音室面对麦克风时，他的胃里仍然会产生一种感觉，就像在风暴肆虐的时节横穿大西洋一样。

著名演员兼导演詹姆斯·柯克伍德也有过类似经历。他曾是演讲舞台上的明星，可是，当他为一群看不见的听众发表完演说——走出电台录播室时，不停地抹着额头上渗出的一层层冷汗。"在百老汇做演出开幕之夜演讲，"他坦陈，"也没这么可怕。"

有些人无论演讲过多少次，也还是会在演讲开始前感到紧张。不过，几秒之后他们便镇定自若了，紧张感也随之消散。

就连林肯也会在为数不多的几次演讲的开头感到紧张不安。"他一开始显得十分手足无措。"他的一位法律合伙人赫恩登曾这样描述他。"他好像很费劲儿地想要使自己适应周围环境。他挣扎了一段时间，人们能明显感觉到他很胆怯、很敏感，而这反而让他更加别扭。我见过林肯先生这副窘迫的样子，真的很同情他。当他开口以后，声音尖利、刺耳，很难听。他的仪态，他那张黑里透黄的面孔，脸上的皱纹和干巴巴的皮肤，他那局促不安的站姿，还

第一章
培养勇气与自信

有不自信的动作,一切似乎都在和他作对。不过,这只持续了一小会儿。"很快,他便恢复了镇定,泰然自若,他的激情和热忱又回来了,这时他才开始真正意义上的演讲。

你或许有过和林肯相似的经历。

为了能从培训中获得最大收益,为了能迅速、事半功倍地提高演说能力,你必须要牢记下面四点:

第一,要有强烈而持久的愿望

这一点可能比你想象得要重要得多。如果你的培训师能深入你的内心,探明你的愿望的强烈程度,他就几乎可以明确预测出你的进步速度。如果你的愿望苍白无力,你的成绩也就不会好到哪里去。相反,如果你能坚持不懈地学习这门课程,并且使出斗牛犬追猫的气力,那么天底下就没什么能打败你。

所以,发挥你的热情,投入到这门功课中来吧!这门课程实在是益处多多,能给你带来更多自信,让你的发言更有说服力——想想这对你来说意味着什么。还有金钱方面,可能对你意味着什么。再想想在社交方面,它对于你的意义:会给你带来更多朋友,会扩大你的个人影响力,还可能使你一跃成为领导。而且,演讲能迅速赋予你领导地位,比其他任何你所能想到的或想象的活动要有效得多。

菲利普·D. 阿默尔创办了与自己的名字同名的肉类包装公司。在积累了巨大财富之后,他说:"我宁愿当伟大的演说家,也不愿当伟大的资本家。"

演讲是每一位受过教育的人都想获得的才能。安德鲁·卡内基去世后,人们在他遗留的文件里发现了一份他在 33 岁那年为自己制定的人生规划。那时他认为两年后自己在生意上的收入将达每年 5 万美金,因此他打算在 35 岁时退休,去哈佛大学接受全面教育,然后" 专门研究公众演讲"。

想想当你使用这项新技能后,它给你带来的那种无边的喜悦和无尽的满足。笔者的足迹几乎踏遍世界各地,也拥有很丰富的经历,但就获得深入而持久的内心满足而言，没有什么能比得上站在听众面前，让他们跟随你，陷入思考。这会带给你勇气，带给你力量，会让你对自己的个人成就产生自豪感，满足自己的虚荣心，还会令你独树一帜、鹤立鸡群。演讲有一种魔力，有一种让你永远无法忘怀的冲动。"在演讲开始前的两分钟，"一位演说家坦陈，"我宁愿有人拿鞭子抽我，也不想开始；但在演讲结束前的两分钟，就算有人一枪崩了我，我也不想停下来。"

每一次培训过程中都有人灰心丧气、半途而废，因此，你要不断思考阅读本书对你意味着什么，直至你的学习愿望变得十分强烈、不可遏止。你要以充沛的热情来开始这段学习经历，并能在阅读每一章时保持这种热情，直到抵达胜利的终点。告诉你的朋友们，你已经决定通过阅读此书来提高自己的演讲技巧。每天留出一段固定的时间来学习这些课程。简言之，轻装上阵，决不气馁。

当裘利斯·凯撒㊀率领他的军团从高卢横渡海峡，在今天的英格兰地区登陆时，他是如何保证军队大获全胜的呢？他干了件绝顶聪明的事：他让士兵们在多佛的悬崖边上停下来，让他们望向几百英尺㊁下面翻腾的巨浪。士兵们看到，鲜红的火舌吞噬了曾搭载他们渡海而来的所有船只。他们身在敌人的国度，与欧洲大陆的最后一丝联系已被割断，最后的撤退工具已被烧毁，他们能做的只有一件事：前进，征服。他们正是这样做的……这就是不朽的凯撒精神。何不让这一精神指引你呢？在这场消灭对听众的愚蠢的、恐惧的战争中，你将必胜。

第二，对自己要说的内容了如指掌

如果你没有考虑清楚，没有预先准备自己的发言，不知道自己将要说什么，那么当你面对听众时，就会极其不自在。这就像瞎子给盲人领路一样。

㊀ 莎士比亚戏剧中的人物。

㊁ 1 英尺 = 0.3048 米。

第一章
培养勇气与自信

在这种情况下，你会特别紧张、懊悔不迭，会为自己的疏忽大意而羞愧不已。

"1881年秋，我被推选为纽约州立法机构成员。"西奥多·罗斯福在他的自传中回忆道。"我发现自己是这个机构中最年轻的成员。和所有年轻而没有经验的成员一样，我在自学演讲时上遇到了巨大的困难。一位脚踏实地的老者给了我一条忠告，令我受益匪浅。他可能不知不觉地在转述威灵顿公爵的话，而显然威灵顿公爵可能又在转述别人的话。忠告是这样的：'在确定自己有话要讲，而且知道要讲什么之前，不要开口；讲完之后，就坐下'。"

这位"脚踏实地的老者"应该再给西奥多·罗斯福一条忠告，帮助他克服紧张心理。他应该再加上一点："如果能在听众面前找点事情做，就会摆脱掉尴尬的感觉——比如，给听众看一样东西，在黑板上写下一个词，指出地图上的某个地方，搬动一下桌子，打开窗户，或者摆弄一下书籍和文件——任何有目的的行为都可能有助于你放松下来。"

的确，有时候并不太好找借口来干这些事情，不过仍建议你试试。可能的话，就用这个方法，不过只能在最初几次演讲时用。毕竟，婴儿在学会走路后就不会死死地扶住椅子了。

第三，要表现得自信

美国伟大的心理学家威廉·詹姆斯曾经写过这样的话：

"行为似乎发生在感觉之后，但实际上行为和感觉是同步的。主观意志对行为的控制比对感觉的控制更为直接。通过调整行动，我们可以间接地调整感觉。

"因此，如果我们无法自发地快乐起来，通向快乐的强制性途径便是快乐地坐直身子，说话、做事时让人感觉你很快乐。如果这种行为还无法令你快乐，那这种情形用其他任何方法都无济于事。

"所以，如果想体验勇敢，就要做出勇敢的样子，将我们的全部意志都集中在这个目标上，此时，勇气就极有可能取代恐惧。"

不妨应用一下威廉·詹姆斯的建议。为了培养面对听众的勇气，你要表现出勇敢的样子。当然，如果你未对演讲做任何准备，那么无论怎么表演也是收效甚微。但 如果你对要讲的内容了然于胸，就可以轻松地站起来，做个深呼吸。其实，每次在面对听众之前你都可以做30秒的深呼吸，充足的氧气会振奋你的精神，令你勇气倍增。非洲中部富拉尼部落的青年如果已经成年，想要娶妻，就必须先接受鞭礼。部落里的女人们聚集在一起，和着手鼓的节奏，边唱歌边拍手。准备受礼的青年赤裸着上身走出来，突然有个男人手持鞭子，开始恶魔般残忍地抽打这个青年裸露的肌肤。鞭子如雨点般落在青年身上，鞭痕显现出来，青年往往被打得皮开肉绽、鲜血直流，身上留下终生除不掉的伤疤。在青年被鞭打的时候，一名德高望重的部落首领会蹲在青年的脚旁，来观察他是否会躲避或露出一丝痛苦的表情。为了成功通过考验，青年不仅要忍受折磨，而且在整个过程中，他还要高唱赞美歌。

无论在何处，无论多大年龄，勇气都受到人们的赞美和歌颂；所以，不管你的心脏在胸腔里跳动得多么剧烈，你也要勇敢地大踏步走出来，停下，像那个接受鞭礼的非洲青年那样一动不动地站着，还要像他一样表现出很享受的样子。

你要挺直腰板，直视听众的眼睛，然后开始自信满满地发表讲话，就像他们每个人都欠你钱一样。你就想象他们真的欠你钱，他们聚到一起来，乞求你放宽他们的还钱期限。这种心理暗示会对你有好处。

不要紧张兮兮地一会儿系扣子、一会儿解扣子，也不要摆弄你的珠宝首饰或是不停地搓手。如果非要做些缓解紧张的动作，你可以把手背到身后并绞动手指，或是扭一扭脚趾头——没人会看到你的这些表演。

一般来说，不建议演讲者躲在家具后面。不过，在头几次做演讲时，演讲者可以站在一张桌子或一把椅子后面并紧紧抓住它们，或是手里紧紧攥一枚硬币，这样你可以稍稍增添一点勇气。

西奥多·罗斯福是如何磨炼出自己标志性的勇气和自立的精神的呢？难道他天生便勇猛无畏吗？当然不是。"我小时候便体弱多病，行动笨拙。"他在自传中坦言道，"长大成人后，最初我也很神经敏感，根本不相信自己有任

第一章
培养勇气与自信

何勇猛之处。我不得不痛苦而辛劳地磨炼自己，不仅磨炼肉体，还磨炼灵魂和精神。"

幸运的是，他向我们讲述了自己是如何实现这种蜕变的。"小时候，"他写道，"我读过海洋历险故事作家弗雷德里克·马里亚特写的一本书，其中一个段落令我印象深刻。这一段讲的是一艘小型英国军舰的舰长向故事主人公解释如何能够获得大无畏的品质。他说，每个人在刚开始行动时都会害怕，但接下来要做的便是牢牢控制住自己，让自己做出无畏的样子。如果能坚持足够长的时间，假装的无畏就会变成真正的无畏。虽然你感觉不到，但其实在你演习无畏的过程中，你已经确确实实地变成一个无所畏惧的人了。（这是我转述的，并非马里亚特的原话。）"

"这就是我遵循的理论。最初，我害怕各种各样的东西——灰熊、烈马、枪手，但我故意装出不怕的样子，不知不觉地，我竟真的不害怕了。只要愿意，很多人都可以拥有和我相同的体验。"

如果愿意，做演讲时你也可以这样。第一次世界大战中的盟军指挥官福煦元帅曾经说过："在战争中，最好的防守便是进攻。"所以你也要向自己的恐惧发起进攻，勇敢地去面对它，与它作战，抓住每一次机会，大胆地征服它。

准备一条消息，然后把自己假想成送信人。人们不会太在乎送信人是谁，人们想要的是那条消息。对，消息——我们要的就是它。将注意力放在上面，将你的全副身心都放在上面，要对这条消息了如指掌，要相信它，充满感情地相信它。接下来就可以开口了，你讲话的样子应该让人感觉你铁了心地要把这个信送到。如果这样做，你就能很快驾驭这种场合和你自己。

第四，练习！练习！再练习！

这里要说的最后一点也绝对是最重要的，哪怕你把前面讲过的都忘了，也千万要记住这一点：培养演讲中的自信的第一条、最后一条、永远灵验的一条便是——开口说。所有的一切其实都集中在一个核心点上：练习、练习、再练习。这是一切方法的必要条件，"离了它，什么都免谈"。

　　罗斯福曾警告我们说："所有初学者都容易犯'巴克热'。'巴克热'指的是一种高度紧张、激动的状态，它可能完全与胆怯无关。它对初次面对大批听众的演讲者的影响与初次看到野生动物或初次打仗给人们带来的影响相类似。演讲者需要做的不是鼓起勇气，而是要控制紧张的情绪，保持冷静的头脑。只有进行实际操练才能做到这一点，只有通过习惯和反复训练自制力才能使神经完全受到控制。这在很大程度上是习惯的问题，只要坚持努力、反复训练自己的意志力，演讲者就会随着每次训练而变得越来越强大。"

　　所以，坚持下去吧！不要因为本周还有其他事情要做，找不到时间来读这本书，就把阅读书中某些章节的计划一拖再拖。你想消除公众恐惧心理？先来看看是什么导致这种心理吧。

　　詹姆斯·罗宾逊在《意识的形成》一书中写道："恐惧产生于无知和不确定。"换言之：恐惧是缺乏自信的结果。

　　人们为何会不自信？因为不知道自己能做成什么。为何不知道自己能做成什么？因为没有做成过什么。如果你战果累累，恐惧就会消失，如同清晨的薄雾，在七月刺眼阳光的照耀下，烟消云散。

　　有一点可以肯定：学游泳的最好方法便是跳进水里。这本书你们读的时间已经够长了，现在让我们把它放到一旁，来干点实事。

　　选一个主题，最好是你比较熟悉的，然后准备一个3分钟的演讲。多练习几次演讲。如果可能的话，对一群想听你演讲的听众或是你班上的学员来进行这次演讲。全力以赴，倾尽所能地讲好。

本章小结

　　1. 大部分学员都表示，他们之所以报名学习我的公共演讲课程，主要是想让自己在讲话时不紧张，能够冷静地思考，而且不管面对多少人，都能轻松、自信地讲话。

第一章
培养勇气与自信

2. 这个能力不难获得，它并非上天赋予极少数人的天分，而是一种能力，就像打高尔夫球一样。任何人只要有足够强烈的愿望，就能开发出自己这方面的潜能。

3. 很多经验丰富的演讲者表示：与跟某个人单独进行对话相比，他们在面对一群听众时表现得更好：思考更充分，讲话更流畅。事实证明，如果有很多听众在场，演讲者的大脑就会受到更强烈的刺激，得到更多启发。如果能坚持不懈地学完本课程，你也一定能拥有这种体验，你也会兴奋地期待能做一次演讲。

4. 不要强调个人困难。很多后来成为著名演说家的人在演讲生涯开始时都会很紧张，有的甚至因怯场而退出演讲。

5. 无论做过多少次演讲，在开口前你都会感觉紧张，不过，一旦镇定下来，这种紧张感几秒钟后就会消失。

6. 为了能从本书中获得最大收益，并且见效最快，请做到下面几点：

  a. 一定要带着强烈的愿望打开此书，并且不要轻易放弃。数一数这次培训将会给你带来的各种好处。发挥自己的热情。想想这对你来说意味着什么——经济层面、社交层面等。它能提升你的影响力，帮你交到新朋友，开发你的领导力。记住：愿望有多强，进步就有多快。

  b. 抓住一切讲话机会，无论何时，无论何地。商务会谈、教会事务会议、家长会、社区组织会议或政治集会，都不要错过。

  c. 充分准备。如果不知道自己要说什么，就不可能感到自信。要表现出自信的样子。威廉·詹姆斯曾给我们这样的建议："要想体验勇敢的感觉，就要装出勇敢的样子，集中全部意念来做到这一点，这样勇气就很有可能取代恐惧。"西奥多·罗斯福坦陈，他正是通过这个方法来消除自己对灰熊、烈马和枪手的恐惧的。你也可以利用心理学上的这个发现，来征服自己对听众的恐惧。

  d. 练习。这是最重要的一点。恐惧源于不自信，不自信源于无知，无知源于无经验。所以让自己创下一系列佳绩吧，这样你的恐惧就会消失。

▶ 发声练习——正确的呼吸

梅尔巴夫人说:"如果想让一个动听的声音更完美,最关键的技巧是进行正确的呼吸。"因此,掌握正确的呼吸方法应该是、也必须是声音训练的第一步。呼吸是发音的基础,是用来组成言语的原材料。

如果呼吸运用得当,发出的声音会饱满、深沉、圆润。这种声音很有魅力,不是那种单薄、刺耳的声音。它听起来令人愉悦,而且很悠远。

既然正确的呼吸如此重要,那我们就要第一时间了解什么才是正确的呼吸,以及如何来练习。

著名的意大利歌唱大师们曾经说过要用膈膜呼吸法。这是什么?一种全新、奇特、费劲的呼吸法?当然不是,也不应该是。当你还是个婴儿的时候,就已经把这种呼吸法发挥得得心应手了。每24小时中,你都会花一部分时间来练习它。当你夜里平躺在床上,自由自在地呼吸、自然而然地呼吸、正确地呼吸时——你做的就是膈膜呼吸。令人不解的是,当我们处于平躺的位置时,只有这种呼吸方法才是正确的;如果换一种,我们就会呼吸困难。

所以,问题其实很简单:只要站立说话时使用和平躺时相同的呼吸方法就行了。听起来没什么难的,对吧?

可以先做这样一个练习:平躺下来,深呼吸。注意,该过程的主要动作集中在身体中部。深呼吸时,不要抬起肩膀。

此时发生的情况是这样的:海绵状、会呼吸的肺里充满了空气,像一只玩具气球一样。气球要不断膨胀——可是,如何膨胀,向哪里膨胀?肺的顶端和四周被肋骨、脊椎骨和胸骨包裹。肺部充气时会挤压肋骨,这一点毋庸置疑,但肺部扩张的最便捷方法是向下挤压一块柔软的肌肉,这块肌肉就是胸腔的"地板"和腹腔的"房顶"。这块膈膜把人体分成上下两部分。上部分是胸腔,包含心脏和肺;下部分是腹腔,包含胃、肝、肠和其他一些生命器官。这块巨大的肌肉就像一个穹顶一样撑在你的体内。

第一章
培养勇气与自信

假设你在一家杂货店买了一些野餐用的一次性纸餐盘。拿出一只,倒扣过来,用力向下压它的弧形盘底。发生了什么?盘子被压扁了。当肺部充满空气、挤压弧形"房顶"时,膈膜就会变成这样。

现在平躺下来,深呼一口气,把手指放在胸骨上,能感觉到膈膜正在变扁、向外扩张吗?接下来把手放在身体两侧、肋骨的末端,深呼吸,是否感觉到肺部像气球一样,正在向外推挤肋骨?

每天晚上睡觉前在床上练习5分钟膈膜呼吸法,每天早晨起床后再练习5分钟。夜间做这种练习可以放松神经,使你安静下来,产生睡意;早晨练习则可以令你清醒、精神焕发。如果能持之以恒地进行训练,不仅可以使你的声音更动听,还可以延年益寿。众所周知,歌剧演员和声乐老师的寿命普遍较长。

第二章　准备充分、自信满满

"人们赞誉我为天才。其实我所有的天分都在于：在拿到演讲主题后，我会对它进行深入钻研，废寝忘食，夜以继日。我会对这个主题进行全方位探索，把全部心思都放在上面。人们美言为天才的背后其实是我的辛勤汗水，是耕耘与思考的成果。"

——亚历山大·汉密尔顿

在过去90年内,本书作者和他的衣钵传人曾扶持来自各行各业的、各个年龄段的男性和女性,在由戴尔·卡耐基学习机构赞助的课堂上进行演讲。这些演讲能否成功,有一点非常重要:在开始演讲前,演讲者一定要积极、认真地进行准备,演讲内容要清楚、明确、有震撼力。如果演讲者有备而来,胸有成竹,热切地想与你交流他的想法,进行心灵的沟通,你会不知不觉地被他吸引,对吧?这便是成功演讲的部分奥秘。

　　如果演讲者处于这样一种精神和情感状态,他们会有一个重大发现:演讲变得特别轻松,游刃有余,几乎不费吹灰之力。如果准备充分,演讲的成功就会手到擒来。

　　人们之所以报名参加我的课程,其主要原因——正如第一章所记述的那样——是为了获得自信、勇气与自立。很多人犯的一个致命的错误便是忽视了演讲的准备工作。火药是湿的、弹壳是空的、没有一枪一炮——这副样子踏上战场,如何能奢望战胜恐惧这支大军以及紧张这个骑兵团?在这种情况下面对听众,演讲者不紧张才怪。林肯曾在白宫说过:"我相信,无论资格多老,只要我头脑空空地来做演讲,就会羞愧得无地自容。"

　　如果你想获得自信,何不去做那些能给你带来自信的事情呢?使徒约翰⊖曾经写道:"完美的爱可以驱走恐惧。"完美的准备也可以。古往今来最伟大

　　⊖　耶稣十二门徒之一。

第二章
准备充分、自信满满

的演说家之一丹尼尔·韦伯斯特曾说过，如果没准备好就来演讲，那和衣衫不整就出现在众人前有什么区别？

那些报名参加公共演讲培训课程的学员为什么不精心准备自己的演讲呢？为什么？有些人对什么是演讲准备工作还没有清晰的概念，不知道该如何正确进行；还有人辩称时间不够。本章我们就来充分、透彻地讨论这些问题，希望各位能从中获益。

准备演讲的正确方法

怎么准备？读书？这是方法之一，但并非最佳途径。读书或许有用，但如果把书中现成的思想生吞活剥地据为己有，并迫不及待地在演讲中表达出来，整个演讲就会让人感觉缺了点儿什么。听众可能也说不出究竟缺了什么东西，但他们对演讲者热情不起来。

让我们来证明这一点。笔者曾为纽约银行界的高级主管开设公共演讲课程，这个班的学员时间比较紧张，所以他们总是觉得很难为演讲做充分的准备，甚至连他们所理解的最基本的准备都做不了。他们毕生都在进行独立思考，培养自己的个人信念，从自己独特的角度来看待问题，过着特立独行的生活。所以，从这个角度看，他们40多年来已经积累了很多演讲素材。不过，他们当中很少有人能意识到这一点，他们只看到"默默低语的松树和铁杉"，而看不到整片森林。

这个班每周五从5点到7点在联邦储备银行培训。有个周五，一位先生——我们不妨称他为杰克逊先生——将要进行演讲。已经4点半了，他该讲什么？他走出自己的办公室，从书报亭买了一份《福布斯》杂志，在去联邦储备银行的路上，他读到了一篇文章，标题为"你只有10年的时间来取得成功"。他读这篇并非是因为有特别的兴趣，而是因为他必须要就某个话题做个演讲。任何话题都行，这是他的任务。1个小时后，他站起身来，准备就这篇文章的内容进行一场生动有趣且令人信服的演讲。

结果如何呢？或者说，我们已经预想到的结果是怎样的？

请你讲重点
卡耐基魅力演讲的艺术

他根本没有消化和吸收自己试图要讲的东西。"试图要讲"——对,就是这么回事。他只是在做尝试,并没有真正迫切要表达的内容、要传递的信息,他的举止和声调全都明白无误地显露了这一点。连他自己都毫无感觉,又如何能指望听众动容呢?他不断提及这篇文章,作者说了什么,云云。演讲充斥着《福布斯》杂志的内容,但遗憾的是,其中几乎听不到杰克逊先生的任何观点。

于是笔者跟他说了下面这番话:"杰克逊先生,我们对这篇文章作者虚无缥缈的个性毫无兴趣。他不在场,我们也不想见他。不过,我们对你很感兴趣,很想听到你的看法。跟我们讲讲你的观点,你自己的,而不是别人说的。我们想听到更多杰克逊先生的声音。你不妨把这篇文章再读一遍,问问自己是否同意作者的观点。如果同意,你可以仔细想想他的建议,然后结合自己的亲身体验发表一下看法;如果不同意,就解释一下为什么不同意。就让这篇文章成为你演讲的起点吧。"

杰克逊先生接受了我的建议,重读了文章一遍,然后得出结论:他根本不同意作者的观点。在回去的地铁上,他没有匆匆忙忙地准备下一次的演讲,相反,他让它慢慢成长。如此准备出来的演讲如同从他的头脑中孕育出的"孩子"一样,在发育、在伸展、在壮大,就像现实中自己的孩子那样。它日日夜夜都在生长,然后不知不觉中便突然长大了,和自己的女儿一样。读到报纸上的某篇文章,杰克逊的脑中会灵光一现,和朋友聊这个话题时,又一个想法突如其来地涌入脑海,然后不断得到深化、提升、扩展、充实。

当杰克逊先生再一次就这个主题进行演讲时,他有了自己的观点,那是他从自己的矿藏中挖掘出的矿石,是他在自己的造币厂中铸造出的钱币。他讲得好多了,因为他开始反驳文章作者的观点——没什么比一点点反对意见更能激起听众的兴趣了。

同一个人,两周之内同样的时间,同一个主题的两次演讲。反差那么大!太不可思议了!看,正确而充分的准备带来了翻天覆地的变化!

让我们再举一个例子,来说明该做些什么以及不该做些什么。有位女

第二章
准备充分、自信满满

士——让我们称她为弗林夫人——是我在华盛顿特区开设的培训班的学员。一天下午轮到她做演讲，她的主题是赞美首都。她从华盛顿旅游局的宣传册中匆忙找了一些浅显的素材，这个演讲听起来也确实像是个宣传手册——干枯无味、杂乱无章、生搬硬套，她还未能就这个主题形成深思熟虑的想法。她的热情没有被调动起来，她对自己演讲的内容没有深刻的感受，表达起来也就无法让听众感觉到有任何意义，整个演讲过程平淡无味、乏善可陈。

永不失败的演讲

两周后发生了一件事，令她深受触动。她停在公共停车场的一辆凯迪拉克被偷了。她急忙冲到警局，开出了悬赏，但无济于事。警察坦陈，他们根本处理不了这样的犯罪行为。而就在一周前，他们还悠闲地在街上巡逻，给弗林夫人开了罚单——因为她的停车时间超时了15分钟。这些"罚单警察"整天忙着给可敬的市民添堵，却没工夫抓罪犯，这让她大为恼火。她的愤怒被点燃了，她有话要说——不是旅游局宣传册上的那些话，而是从她的生活、她的亲身经历中迸出的一些滚烫的话。这才是现实世界的重要组成部分——她的感受、她的信念被唤醒了。在那个赞美首都的演讲中，她艰难地、一句话一句话地往外迸，而现在，只需往那儿一站，张开口，她对警察的谴责便汹涌而来，像维苏威火山一样爆发。这种演讲人人都会叫好，不会失败。这是个人经历与感悟的完美融合。

究竟准备些什么

准备演讲是否意味着找一些挑不出任何毛病的华丽辞藻，把它们写下来并背诵出来？不。又是否意味着收集一些天马行空、连自己都不明其意的想法？并非如此。演讲意味着整合你的思想、你的观点、你的信念和你的冲动。放心，你有这些思想、这些冲动，你醒着的每一天，它们都在；即使睡着了，它们也会充斥你的梦境。你的整个存在都离不开各种情感和体验。它们在你的潜意识里沉睡，如同鹅卵石静静地躺在海滩上。准备演讲意味着去思考和回忆、选择那些最吸引你的东西，润饰它们，把它们拼嵌成一个图案，一个你自己的马赛克图案。这听起来并不怎么难，对吧？是的。你只需聚精会神片刻，专注地思考就可以了。

我曾向几位知名演说家询问他们成功的秘诀。其中一位——那个时代最伟大的福音牧师德怀特·L. 穆迪——是这样回答的："我没什么秘诀。在选择演讲布道主题时，我会把某个主题写在一只大信封上面。我有很多这种信封。如果在阅读过程中碰到与布道主题有关的好素材，我就把它放进相应的信封中，不去碰它。我还会随身携带一个笔记本，听到任何能就这个主题对我有启发的话，我都记下来，然后放进信封。它们在里面可能会待上一年，甚至更久。如果要进行新的布道，我就把所有攒起来的东西都拿出来。从信封里找到的材料，再加上我自己的研究成果，对于布道来说就足够了。接下来，在准备布道的整个过程中，我会对材料进行删减和增补，这样，它们就永远不会过时。"

耶鲁大学神学院时任院长布朗先生的箴言

在耶鲁大学神学院庆祝建院100周年时，院长查理·雷诺·布朗博士发表了一系列关于布道艺术的演说。30多年来，布朗博士每周都亲自准备布道；他还对牧师进行培训，教他们如何准备布道，如何进行布道。因此，他最有资格对如何准备演讲这个主题给出一些中肯的建议。无论你是一位将要讲解第九十一首赞美诗的牧师，还是一位准备在工会上进行演讲的鞋子制造商，布朗博士的建议都会令你受益。所以，请允许我在这里引用布朗博士的话："关于布道词和布道主题，你需要深深思考。要挖掘出其中蕴含的细微的人生真谛，然后将其放大、扩充，这样，数不胜数的真知灼见便会孕育而生……

"如果这个过程能持续得长一些，那再好不过了，不要拖到周六上午、为周日布道做最后准备时再做。如果牧师能让某个真理在自己脑海中存留一段时间——1个月、6个月，甚至一年，在布道之前他就会发现不断有新想法冒

第二章
准备充分、自信满满

出来，这些想法不断发展、壮大，最终大放异彩。他可以在走路的时候冥想；乘坐火车的那几小时内，如果他的眼睛很疲劳，无法看书，也可以闭上眼冥想。

"甚至还可以在夜里冥想。不过，最好不要养成入睡前思考教会或布道事宜的习惯——讲坛是个布道的好地方，但可不适合睡觉。话虽这样说，有时我还是会半夜爬起来把灵感记下来，否则天还没亮，我可能就把它们忘掉了……

"当你专心致志地为某次布道收集素材时，要把跟这次布道内容和布道主题有关的一切都写下来：刚确定布道内容和主题时看到的东西，现在产生的所有相关的想法……

"把所有这些想法都写下来，用寥寥数语记下要点即可，同时不断搜求新想法。这是一种训练思维多产能力的方法。通过这个方法，你可以保持自己的思维常新、富有独创性……

"把你自己脑海中孕育出的所有想法都写下来。它们对于你的思维发展比钻石珠宝还珍贵。随手把它们记下来，记在什么东西上都行：纸片、信件、信封、废纸，有什么用什么。这比用整洁漂亮的大页纸好多了。不是为了节约——当你按逻辑顺序梳理这些素材时，会发现这些零散的碎纸头更便于分类、整理。

"要不停地写、不停地想，不要急于求成。这是一项重要的头脑活动，你能参与其中，是件幸事。这个方法可以极大地增强你的思维能力，让它更多产……"

林肯是如何准备演讲的

林肯怎么准备演讲？我们有幸知道一些事实，可以回答这个问题。当你阅读林肯的方法时，你会注意到其中有些程序和步骤在布朗院长的演讲中曾出现过，布朗院长对它们大加称赞。但这些，林肯在75年前就用上了。在最著名的一次演说中，林肯曾发表了极富预见性和前瞻性的声明："如果房子被分割，就会坍塌。我相信，如果我们的国家一半是奴隶，一半是自由人，那它也不会长治久安。"这个演说是他在日常生活中构思出来的：吃饭的时候在想，走路的时候在想，坐在牲口棚里挤奶的时候在想，每天去肉铺和食杂店买菜的时候也在想。他披着一条破旧的灰披肩，胳膊上挎着菜篮子，小儿子跟在他身旁，叽叽喳喳地说个不停，还不时地向他发问。看到父亲不搭理自己，小家伙生气了，去抓扯他那瘦削的手指头。可林肯还是依然故我，沉浸在自己的思绪中，琢磨着自己的演讲，根本没意识到儿子就在自己身边。

在思考和酝酿的过程中，他会时不时地在零散的信封、纸片以及从纸袋上撕下来的一角上写下只言片语——身边有什么就用什么。然后把这些笔记塞进帽子里，随身带着，直到得空坐下来，再把它们按顺序整理出来，写成文章并进行修订。最后再进行润饰定稿，使其可以用作演讲稿或者可以发表。

在1858年的共同辩论中，参议员史蒂芬道·格拉斯无论到走到哪里，发表的都是同一篇演讲；但林肯却不断研究、不停思索，反复审视自己的演讲，最后他每天都能轻松地发表一篇新演讲，从来不会重复以前讲过的内容。林肯不断地在脑海中扩充自己的演讲主题。

当上总统后不久，林肯拿了一份宪法和三篇演讲的复印件，把自己关进斯普林菲尔德一家商店楼上的一个肮脏昏暗、布满灰尘的小房间里。在那里，在无人干扰的情况下，他仅用手头的那几篇资料，写出了自己的就职演说。

林肯是如何准备葛底斯堡演说的呢？各种不实报道满天飞，但真相其实颇有意思，让我们来看一看。

当葛底斯堡公墓管理委员会决定为公墓安排一次庄重献辞时，他们邀请了爱德华·埃弗里特来发表这个演说。埃弗里特曾经是波士顿的一位牧师，他还当过哈佛大学校长、马萨诸塞州州长、美国参议员、驻英大使和美国国务卿，是人们公认的美国最出色的演说家。这次演讲最初被定在1863年的10月23日举行，但埃弗里特先生十分明智，他认为在这么短的时间内不可能准备得很充分，于是献辞被推迟到11月9日。在准备期间的最后三天，埃弗里特来到葛底斯堡，他踏上那片战场，让自己重温在那里发生的一切。这几天

第二章
准备充分、自信满满

的沉思和酝酿为演讲提供了完美的准备，让那场战争在他面前鲜活起来。

出席此次献辞的请柬发到了所有国会成员的手上，林肯和他的内阁成员也受到了邀请。被邀请的大部分人都婉言谢绝出席，所以当林肯同意出席时，公墓管理委员会感到很意外。是否该请他做演说？他们本无此意。有人也提出反对意见，因为林肯肯定没时间准备演讲。再者，即使他能抽出时间，他有这个能力吗？的确，他就奴隶制发表的演说和在库伯联盟学院进行的演讲都很出色，但没人听他做过任何献辞演说。这可是个严肃、庄重的场合，不能有丝毫闪失。是否该请他演讲呢？他们想啊，想啊……如果他们有预知未来的本领，看到这个曾受他们质疑的人在这个场合发表了一篇被公认为人类有史以来最经久不衰的优秀演说，就会更加百思不得其解了。

最后，在距献辞演讲还有两星期时，他们向林肯发出了一份姗姗来迟的请柬，邀请他"适当地讲几句"。对，他们就是这样措辞的："适当地讲几句"。这可是写给美国总统的请柬啊！

林肯立刻开始动手准备。他先写信给爱德华·埃弗里特，弄到了这位学者的演讲稿；一两天后，他带着埃弗里特的手稿去了一位摄影师的工作室，让他给自己拍照，在拍照的间隙，他阅读了埃弗里特的手稿。一连几天，他都在构思自己的演讲：在往返于白宫和战争指挥部的路上思考，在战争指挥部等待最新电报消息时瘫在沙发上思考。他在一张大纸上写下了一份草稿，并把它放在自己的高顶丝绸帽子里，走到哪里便带到哪里。他无时无刻不在思考，无时无刻不在构思，演讲稿逐渐成形了。在发表演讲前的那个星期日，他对华盛顿的记者诺亚·布鲁克斯说："确切地说，还没写好，还没完成。我已经重写两三次了，还得再改一次我才能满意。"

在献辞仪式开始前一晚，林肯抵达葛底斯堡。小镇早已人满为患，人口从平时的1300人猛增到15000人。小镇的人行道被挤得水泄不通，有人干脆站到了尘土飞扬的大街上。五六个乐队在演奏，人们在高唱《约翰·布朗的遗体》。有人开始聚集到林肯下榻的威尔先生家门口，他们为林肯演奏小夜曲，请求他开始演讲。林肯言简意赅地回应了他们：他要到明天才开始演讲。

其实他是想后半夜再过一遍稿子。他甚至还来到旁边那座国务卿西沃德下榻的房子里，把演讲稿大声读给西沃德听，让他提点意见。第二天吃完早餐后，他又把稿子过了一遍，直到有人敲门，提醒他该去加入游行队伍了，那里为他安排好了位置。"凯尔上校骑马走在总统后面，他说，游行开始后，总统挺直上身，骑在马背上，看上去就像一位统领三军、威风凛凛的将军；可是，当游行队伍开始前进时，他的身体却开始向前倾，两臂松软地垂下来，耷拉着头。他似乎沉浸在思考中。"

我们只能猜测：就是在那样的时刻，他还在琢磨自己的简短演说，那个只有十个不朽的句子的演说，把它"再过一遍"。

林肯的有些演讲无疑是彻头彻尾的失败，因为他对这些演讲的主题提不起什么兴趣，但一谈起奴隶制，谈起联邦，他便犹如神灵附体。为何如此？因为他日日夜夜都在思考这些问题，感触极深。在伊利诺伊州的一家旅店里，林肯曾和一位朋友共住一个房间。那位朋友第二天拂晓醒来时，发现林肯直着身子坐在床上，盯着墙壁。他说的第一句话是："如果实行半奴隶制半民主制，这样的政府无法长治久安。"

"这一切很有意思，"你可能会抗议，"可我并不想成为名垂青史、永世流芳的演说家。我只是想简简单单地说几句，可能是谈我的工作，也可能是在我的聚会上发言，还可能是偶尔在市政会议上讲讲话。"

是的，我们完全了解你的想法。这本书的创作目的正是为了帮助你和其他像你一样的读者来实现你们简单的愿望。你的发言可能直抒胸臆、毫无矫饰，但如果了解一下历史上那些著名演说家的准备方法，你会获益匪浅，还能学以致用。

如何准备演讲

本书的读者可能已经报名参加了公共演讲培训课，一般这类培训项目都会用本书做教程。培训期间，学生可能会按课程要求做几次演讲。该选取什么话题呢？任何感兴趣的话题都可以。如果可能的话，尽量自己选择。有时

第二章
准备充分、自信满满

候，话题会来找你，这时你可就幸运多了。不过，培训师往往会向你提供一些话题方面的建议，你很可能会从中做出选择。

几乎每个演讲者都有一个通病：试图在简短的讲话中涵盖太多话题。千万不要这样，只要从一两个角度对某个话题进行充分的阐述就行。如果你能用这个方法来完成培训课表上要求的简短演说，就很幸运了。

要提前一周确定题目，这样你就可以利用零散时间进行思考。一周七天，每天都不要停止思考：白天想，夜里做梦也要想；睡前想，第二天一早起来吃早饭时也要想；洗澡时想，开车进城路上想，等电梯时想，吃午饭想，约会等人时也要想。还可以跟朋友讨论这个事情，让它成为一个聊天话题。

问自己所有可能与这个话题相关的问题。比如，如果你要谈论离婚这个话题，可以问问自己：导致离婚的原因是什么？离婚会产生哪些经济、社会影响？是否应该制定统一的离婚法？是否有必要制定离婚法？关于离婚的法律法规应该更严格还是更宽松？

再比如，你打算谈论为何要报名参加公共演讲培训课，那你就可以问自己以下这些问题：我在演讲方面有什么困难？我想从这个课程中学到什么？我以前是否做过公共演讲？如果做过，是什么时候？在哪里？当时是什么情况？我为何觉得这次培训有价值？我是否认识任何因为自信、能进行令人信服的演讲而在工作和生活中的其他领域也颇有建树的人？我是否还认识一些因为不具备这些积极的品质而一事无成的人？内容要具体，讲讲这些人的故事，当然，讲述中要隐去他们的名字。

如果你能站起来，就某个话题讲上两三分钟，全程思路清晰、表达流畅，那么头几次演讲你就达标了。有些话题非常简单，如为何要报名参加这个课程，这显而易见。如果你能稍微花点时间来挑选并整理一下有关这个话题的素材，你就几乎能完全记住这些内容，因为你讲的都是自己的所见所感、自己的渴望和自己的经历。

另一方面，假设你已经决定要谈一谈自己的生意或职业，该如何着手准备这样一个演讲呢？就这个话题，你已经积累了丰富的素材，那么你的问题就是，如何来挑选并整理这些素材。千万不要想着在 3 分钟之内把你的素材都用上，面面俱到。这不可能。这样的话，你的演讲就只能是浮光掠影、零碎不堪。应选取话题的某个方面——只选一个，然后对其进行扩充、拓展。比如，何不讲讲你是怎么进入自己这个生意领域或职业的呢？是偶然事件还是刻意的选择？跟大家谈谈你的奋斗过程、你的失败经历，你有哪些希望，你取得了哪些胜利？跟我们讲讲《读者文摘》等杂志上常见的那些励志的人生故事。任何真实的、从未道与外人的个人经历——只要讲述者态度谦逊，语气中不带着令人厌恶的狂妄自大——都是最引人入胜的。这样的演讲肯定一炮而红。也可以选取生意上的某个角度：目前生意面临什么困难？对于准备踏入这个领域的年轻人，你有什么建议？

还可以谈谈你认识的人——哪些人诚实，哪些人奸诈。谈谈你在处理与员工或同事的关系上遇到哪些问题，在与客户打交道时碰上了什么问题等。在生意场上，关于人性这个最有意思的话题，你有哪些领悟？如果谈论生意技巧，可能没人愿意听，但谈论人和人的性格——这种内容很容易让人产生兴趣。

总而言之，千万不要让自己的演讲变成抽象的说教。听众会厌倦。要让概括性总结和具体实例穿插在你的演讲中，就像三明治那样，一层一层的。想一想你观察到的具体事例，以及这些事例中蕴含着哪些基本的人生道理。你会发现，这些具体的例子比抽象的理论要好记得多，讲起来也更得心应手。它们还会给你的演讲增色不少。

下面是一位有趣的作者的做法。这段文字摘自《福布斯》的一篇文章，在这篇文章中，福布斯谈论了公司主管将管理公司的职责分派给同僚的必要性。注意他是怎么论证的——谈论人的是是非非的那部分。

当今很多大型企业曾经都采取一人包揽全部的运作模式，但它们当中的大多数已经摆脱了这种状态。其原因是，尽管每个伟大的公司背后都有某个人的身影，但现在工商业的规模如此巨大，即使是最能干的人，也必须笼络

第二章
准备充分、自信满满

一些头脑好使的同僚，来帮自己打理各种事务。

伍尔沃斯五分一角店创始人伍尔沃斯曾告诉我，好几年来，他的生意一直都是靠自己一个人在打理，所以他的身体很快就垮了。正是在医院连续躺了几星期后，他才幡然醒悟：如果他想按自己预期的那样把生意做大，就必须把管理责任分出去。

几年以来，伯利恒钢铁公司一直都是单打独斗模式，查尔斯·M. 施瓦布包揽了一切。后来尤金·格雷斯逐渐壮大，发展成为比施瓦布更能干的钢铁业高手。后来的伯利恒钢铁公司就不是施瓦布一个人在掌管了。

伊斯曼柯达公司在创业初期也只有乔治·伊斯曼一人独自打理。但他非常明智，很早以前就知道要打造高效的管理系统。芝加哥最成功的包装公司在创业伊始时，几乎都经历了类似的过程。标准石油公司在发展壮大后，就结束了只有一个掌门人的局面，令公众始料不及。

摩根士丹利（J. P. Morgan）虽然是行业巨擘，但却笃信：一定要选择最强有力的合作伙伴，一定要与他们分担责任。

还有很多野心勃勃的企业家希望凭一己之力来运营自己的公司。尽管极不情愿，但在巨大网络运营规模形成的压力之下，他们还是被迫将职责分派了出去。

有些人在谈到自己的生意时，会犯一个不可饶恕的错误，那就是只谈那些令他们感兴趣的特色之处。难道不该关注听众的兴趣点？难道不该了解他们的需要，投其所好？譬如，如果演讲者是位火灾保险的销售人员，难道她不该告诉听众，应如何防止自己的财产着火？如果演讲者是位银行家，给听众提一些关于金融或投资方面的建议岂不是更好？在准备演讲的过程中，一定要研究听众的身份，考虑他们的需求、他们的新愿望。把这一点做好，有时就已经成功了一半。

如果时间允许的话，建议演讲者在准备演讲的过程中先读一些材料，看看别人就这个问题有什么观点，看看前人已经就这个话题讲过哪些东西。一定要等到自己思路枯竭时再开始阅读，这一点极为重要。接下来，你就可以去公共图书馆，把自己的想法告诉图书管理员。如果你之前做的研究工作并不多的话，你可能会惊讶地发现，原来图书管理员能给你那么多帮助，他们简直就是你的大救星——可能会是一本与你的演讲主题相关的专著，里面有提纲和简述，可用于辩论，而且还对当今引人关注的一些公共问题从正反两面给出主要论点；可能是一本《期刊文献导读》，上面有自20世纪初以来在期刊杂志上刊登的关于各类主题的文章；还可能是《世纪史料》《世界年鉴》《百科全书》等数十种参考书籍。这些都将是你工作室里的工具，要用起来。近年来，我们还拥有了因特网这一优势，几乎可以从上面就可任意获取关于任何话题的资讯，因特网已经成为我们的主要信息来源。

秘籍：储备知识的能力

路德·伯班克可能是有史以来最伟大的生物学家。在弥留之际，他说："我制作了上万个植物标本，但其中只有一两个是可以用的，其他的我都会销毁。"在准备演讲时，我们也要秉承这种精神——收集100个观点，丢掉90个。

要尽可能多地收集资料和信息，不要光想着这些东西有没有用。这些信息会给你带来更多自信，会令你稳操胜券，会震撼你的心灵，还会影响你的演讲方式。

这是演讲准备工作中最基本、最重要的一个环节，但很多演讲者——无论是做公共演讲还是私人演讲——都忽视了这一点。

一位著名的销售高管曾发表过如下评论："我曾培训过上百名销售代表和客服人员，我发现他们都有一个共同的弱点，即都未能意识到，在开始销售之前，一定要了解关于自己产品的一切，获得这方面的知识。他们都忽视了这一点的重要性。很多销售人员都曾来到我的办公室，在对产品进行简要介绍以及一些例行的销售谈话后，就急不可待地开始推销起来。这些人连一个星期都没干到，大部分人连48小时都没干到，就出局了。在培

第二章
准备充分、自信满满

训一种特色食品的销售人员时，我曾尝试着把他们变成食品专家。我要求他们研究美国农业部发表的一些食品图表，那上面会列出食品的水分、蛋白质、化合物、脂肪含量以及其他一些成分。我让他们研究他们将要销售的食品的组成成分，让他去学校学习几天，让他们去参加考试并要求他们必须通过，还让他们向别的销售人员推销这些产品。我还给其中的最佳销售人员颁发了奖品。"

"我发现很多销售人员在前期学习产品时都会失去耐心。他们说：'我根本没时间跟食品经销商谈这些东西，他们太忙了。如果我跟他们讲蛋白质、讲碳水化合物，他们根本不会听，就算听了也根本听不懂我在讲什么。'我的回答是：必须要掌握这些知识，这不是为了客户的利益，而是为了你自己的利益。如果你对自己的产品了如指掌，就会对它产生一种难以描述的感情：你会信心百倍、坚不可摧，会在精神上特别强大，百折不挠、百战百胜。"

著名的历史学家艾达·M. 塔贝尔曾告诉笔者，几年前，当她在巴黎时，《麦克卢尔》杂志创始人 S. S. 麦克卢尔先生曾给她发电报，请求她写一篇关于电报公司的短文。她去了伦敦，采访了电报公司的欧洲经理，为自己的写作任务获取了充足的资料。但她并未就此停止。她还想获得一些关于事实的储备资料，于是她便去了大英博物馆，研究了那里展出的各种各样的电报形式。她还阅读了大量关于电报发展史的书籍，了解了电报公司进行电报制造生产方面的一些考虑，并亲眼观看了电报的发报过程。

她为何要收集比自己所需要的信息多出 10 倍的材料？因为她知道，储备这些资料会给她储备能量。因为她意识到，她所熟知的、但未能在演讲中表达出来的那些内容，会给她的演讲增色不少，令演讲更有说服力。

有位曾对大约 3000 万听众进行过演说的职业演说家曾向我坦陈，如果他没有在发表完演讲回家的路上为自己未能在演讲中极尽所言而痛恨自己，就会感觉这次演讲特别失败。为何如此？因为长期发表演讲的经历让他懂得，那些特别成功的演讲都是以充足的材料储备为底蕴的，而这些大量的储备材料，远比演讲者实际演讲中用到的要多得多。

你可能会大惑不解地反驳："我怎么有空做这些？我有工作、有家庭，还有各种各样的事情要做。我不可能跑去图书馆和博物馆，不可能埋头读书，然后在床上一直坐到天亮，叨咕我要演讲的内容。"在无数次听到这些借口后，我开始对它们进行仔细考虑。我建议学员选择那些他们已经做了大量思考的话题进行演讲。有时，我不要求他们提前为演讲做准备，但我会给一个简单的话题，让他们面对听众发表即兴演讲。这会让你的脑子迅速转动，锻炼你的随机应变能力。而在参加讨论时，你动用的便是这种能力。

富兰克林·C. 阿什比博士是戴尔·卡耐基在21世纪的忠实门徒，他补充了如下建议：

- 尽可能多地学习与演讲主题相关的内容。
- 收集关于演讲主题的全部信息，拿笔记下一些观点、关键词或短语。
- 利用一切研究资源，让自己最大限度地获取信息。
- 上因特网查阅资料并阅读。找一些专业性、技术性、针对性比较强的出版物，了解一下你将要讨论的那个领域的最新发展情况。
- 确定自己想要表达的主要观点，在笔记本中划出来。
- 整理事实论据，来支撑这些观点。
- 准备一些与话题相关的笔记和图表，一定要覆盖所有要点。
- 警惕可能存在的反对意见，做好准备来进行反驳。

要采纳本章给你的这些建议，它们会令你放松、给你自由，这些都是你苦寻不得的；它们还会让你拥有高效准备演讲的能力。

如果你不停地拖延，直到空闲下来才开始为演讲做准备、做计划，那你后面可能再也不会有任何空闲时间了。不过，如果能把一件事变成习惯，就会轻松一些。所以，何不每周抽出一个晚上，什么都不干，就专心致志地完成这个任务。这会令你的演讲更成体系、万无一失。何不一试？

第二章
准备充分、自信满满

本章小结

1. 如果演讲者言之有物，有发表演讲的内在冲动，就已离成功不远了。如果你精心准备了一份演讲，即使没开始，也几乎可以算是大功告成了。

2. 如何为演讲做准备？在纸上机械地写下一些句子？背几句话？都不是。真正为演讲做准备意味着亲自挖掘出一些想法，收集并整理自己的观点，珍视自己的信念。

3. 准备演讲可不像在饭店点菜那样，点过之后就等着服务生上菜。它是一步步发展起来的。要在规定的演讲日期前就提前选定主题，然后在接下来的几个月内，对这个主题进行深思熟虑：睡觉的时候想，做梦的时候也要想。和朋友谈一谈这个话题，让它成为你们聊天的内容。把与这个话题有关的所有问题、自己能想到的所有观点和例证都记在纸上，还要源源不断地寻找更多思路。

▶ 发声练习——正确的发音

著名歌唱家让·德·雷什克（Jean De Reszke）曾给过这样的建议："抬高脖子。"现在让我们站起来，按他的建议来做一下。记住，不要耸肩，要挺胸抬头，让胸部处于合适位置。全部重量都落在双脚上，把手放在头顶，不要抬脚后跟；现在请收腹，胸部和脖子都要挺高，后背挺直。你是否耸肩了？如果是，那么请放松，垂下肩膀……你需要挺起胸膛，而不是肩膀。现在保持挺胸姿势，呼气……继续挺胸，直到呼出最后一口气……

现在可以正确呼吸了。闭上眼，慢慢地深呼吸，用鼻孔吸气……尽量找到第一章中建议的在床上练习膈膜呼吸法时的那种感觉。感受你肺部的底部在不断膨胀，把下方肋骨向两侧挤压。感受手臂下面的感觉，感受后背的感觉，感受你的膈膜被挤压，就像压扁一只倒扣的纸盘一样。当你把手指放在孩子们所说的"娃娃叫"那个柔软的点上时，注意胸骨正下方的膈膜有什么感觉。

慢慢呼气。再来一次，用鼻孔呼吸。再次提醒你们，千万不要耸肩，不要让肺部上方扩大。

好，脖子抬高，再次呼吸，感受你的身体中部在膨胀。

意大利著名歌剧明星恩里科·卡鲁索每天都练习深呼吸，所以他的膈膜动力强劲。每当学生来找他，向他请教正确的呼吸法时，他总是说："好，现在我的膈膜是放松的，把你的手攥成拳头，打我的膈膜。"接着，这位著名男高音迅速、急促地吸一口气，用力让膈膜紧缩，把学生的拳头顶了回去。

不过，仅仅知道如何进行正确呼吸是不够的，你还必须要亲身实践，这样才能真正掌握它。

每天在街上走的时候都可以练习这种呼吸法，也可以趁空闲在办公室练习。在专心致志地工作 1 小时之久后，可以打开窗，让肺部呼吸一些新鲜空气。这样做并不会浪费任何时间，相反，它为你节约了时间，令你精力充沛、身体健康。你可以尽可能多地操练这种呼吸法，怎么多都不为过。如果能坚持进行正确练习，它就会成为你的一个习惯。你会感到惊奇：自己怎么可能用其他方式来呼吸呢？如果用上半个肺部呼吸，你只呼吸了一半。正如印度人所说：只呼吸一半的人，它的生命也只有一半。

第三章　名人如何为演讲做准备

"拥有满满一车五花八门的事实，在脑子里乱七八糟地晃来晃去，在运送途中全部混作一团和将事实分门别类地打包、装入便于搬运的板条箱、第一时间派送出去有着天渊之别。"

——洛里默

我曾参加纽约扶轮国际组织的一次午餐会，当时的主要演讲人是一位知名的政府官员。他身居高位、声名显赫，我们都盼望着能聆听他的演说。之前他曾做出允诺，会给我们讲述他自己部门的一些活动。这是一个几乎每个人都感兴趣的话题。

他对这个话题了解得很透彻，在这方面具备的知识非常丰富，做一次演讲应该不在话下。但他并未进行任何准备——没有选择材料，没有对材料进行有序整理。不过，无知者无畏，他就这样盲目而草率地开始了自己的演讲——稀里糊涂地上了路，却不知道自己将走向何方。

总而言之，他的大脑里就是一团大杂烩。

他给我们带来的也是这样一种精神食物：先是拿出了冰激凌，然后又把汤摆在我们面前，接下来上了鱼和坚果，最后又上了一种似乎是汤、冰淇淋和红鲱鱼杂烩的东西。我从未在任何地方、任何时候见过哪个演讲者如此语无伦次。

他本想做即席演讲，可现在已走投无路。于是，他从口袋里掏出一沓笔记，向大家坦陈，这是秘书为他编写好的——没人质疑他这一声明的真实性。很显然，笔记本身也没什么逻辑，好似一团乱麻。他紧张地翻动着笔记，从一张纸扫到另一张纸，努力辨明方向，努力从一团混乱中理清思绪。他也试图开始演讲，但根本讲不出来。他向听众一连致歉，向工作人员要水喝，用颤抖的手接过水，又语无伦次地讲了几句。然后，他又开始看自己手中的笔

第三章
名人如何为演讲做准备

记,时间一分一秒地过去,他变得越发无助、越发迷惘、越发尴尬。他紧张得额头渗出了汗珠,不停地拿手帕擦着汗。我们在听众席上望着他这副惨相,心中涌起一阵同情。我们真为他感到难过。但他并未就此停下,也没有审慎地采取任何补救方案,相反,他继续倔强地讲着,做着垂死挣扎:一边研究自己的笔记,一边喝水,一边不停地道歉。除他以外,在场每个人都觉得这次演讲注定惨败,无可救药。当他终于坐下来,不再拼死挣扎时,我们大家都舒了一口气。这是我听过的最不舒服的一次演讲,他也是我见过的最丢人的演讲者——开始时不知要说什么,结束时又不知自己说了什么。

任何一个正常的人都不会在没有图纸的情况下盖房子,但为什么会有人连最基本的草稿都不打就开始演讲呢?

演讲就如同航行,是有目的、有方向的,必须要对它进行跟踪和记录。如果漫无目的地开始,就将漫无目的地结束。

我真想用大红色的字体把拿破仑说过的这句话写成横幅,挂在全球公共演讲课程的学员聚集的地方:"战争是一门艺术、一门学问,如果未对种种可能进行计算,未能深思熟虑,就根本不可能打胜仗。"

这句话既适用于打仗,又适用于演讲。可演讲者是否意识到了这一点,是否会坚持执行它?不会,绝对不会。很多演讲者都是随心所欲地开始演讲,他们给听众端上来的,不过是一盘大杂烩。

如何才能对一系列观点进行最有效、最优质的分类和整理?这是一个永恒的难题。每位演讲者都必须问自己这个问题,必须要反复寻求答案。我们无法给出一个万无一失的规则,却可以用一个具体事例阐明对观点进行有序整理的意义。

一个获奖演讲的诞生

下面这个演讲是我的一个学生在"美国不动产协会董事会第十三届年会"上的发言,全美共有28名选手以不同城市为主题参加了这次演讲比赛,而这位学生荣膺冠军。这名选手的演讲构思巧妙、事例充足,表达清晰、生动、有趣，演讲稿振奋人心、气势磅礴，很值得我们仔细阅读和研究。

主席先生、朋友们：

144年前，伟大的美利坚合众国，在我的家乡费城诞生。作为一个在历史上拥有如此重要地位的城市，费城秉承了强大的美国精神，在这种精神的指引下，它不仅成为美国最发达的工业中心，同时也成为全世界最大、最漂亮的城市之一。这一切都极其合情合理。

费城拥有近200万人口，面积是密尔沃基与波士顿、巴黎和柏林的总和。为了让费城市民有合适的地方进行休闲、娱乐，为了让他们拥有属于每个正直的美国人的优美环境，我们把130平方英里①土地中最好的8000英亩②开辟成了漂亮的公园、广场和林荫大道。朋友们，费城不仅仅是一个干净、美丽的大城市，它还是人人皆知的"世界大车间"。费城之所以赢得这个称号，是因为这里有40万人就业于9200个工厂中，这支工业大军每10分钟便可生产出价值10万美元的有用产品。不仅如此，根据一个著名统计学家提供的数据，费城在羊毛制品、皮革制品、编织类产品、纺织品、五金件、工具、蓄电池、钢铁、船舶和其他很多产品的产量上，均位居美国所有城市之首。我们每两小时便能制造出一台火车头，美国一半以上的人乘坐的有轨电车都是在费城生产出来的。我们每分钟可生产1000支雪茄。去年，我们的115家袜厂为美国的每个男人、女人和孩子都生产了两双袜子。我们生产的地毯和毛毯比英国和爱尔兰的面积总和还要大。实际上，去年我们的工商业交易量数目惊人，银行的票据交换额达到了370亿美元，完全可以支付美国全国的自由债券总额。

可是，朋友们，虽然我们为费城的工业产值感到骄傲，虽然我们也为它身为美国最大的医疗、艺术和教育中心之一的地位感到骄傲，但更令我们骄

---

① 1英里=1609.344米。
② 1英亩=4046.86平方米。

第三章
名人如何为演讲做准备

傲的是，费城的家庭数量超过全世界其他任何一个城市。现在费城拥有39.7万个独立家庭，如果把每个家庭放在25英尺见方的地块上，并列排成一排，那么，这个排列将穿过堪萨斯城的会议厅，直至多佛，总长度将达1881英里。

但是，我想让大家特别注意的是，这些家庭中有十几万家是工人家庭，这一点意义重大。如果一个人拥有脚下的土地和头上的房顶，那么他就拥有了真正的美国生活方式。

费城并非是一片无政府状态的沃土，我们的教育机构、我们庞大的工业都是在美国精神的指引下建造起来的，这一精神诞生于我们这个城市，是先辈留给我们的遗产。费城是美国自由精神的发源地。这里制造出了美国第一面国旗，在这里召开了美国第一届国会，《独立宣言》也在这里签署，这里还存放着美国最珍贵的文物——自由之钟，它激励着美国的男人、女人和孩子，让我们对自己的神圣使命矢志不渝。

让我们来分析一下这篇演讲稿。我们先看看它是如何布局、如何达到效果的。首先，这篇演讲稿首尾俱全。亲爱的读者，这一点其实很难做到，比你们想象的要难得多，因此也更可贵。演讲在开篇后便直奔主题，如同一只大雁振翅高飞，绝不拖泥带水，不浪费一点时间。

演讲清新而有个性。演讲者开篇便指出，他的家乡城市有其他演讲者谈及的城市所没有的独特之处：它是整个美国的诞生之地。

他指出，费城是世界上最大、最漂亮的城市之一。但这个观点很空泛，属于老生常谈，如果仅凭这一点，不会给听众留下特别深刻的印象。演讲者对此也心知肚明，所以他接下来说"它的面积是密尔沃基与波士顿、巴黎和柏林的总和"，这样听众就能想象出费城的大小，对它产生感性认识。这样做很具体、很明确，也很有趣，令听众感到惊奇，印象深刻。听众立刻便可以在脑海中勾勒出费城的大小，这比列出一整页数据更有效。

接着他说费城是一个人人皆知的"世界大工厂"。听上去有点夸张，好像一份空洞的宣传稿。如果他就此打住，转而讲述下面的内容，那么没人会相信他的观点。但他没有。他列举出了费城生产的位于全球领先行列的产品：羊毛制品、皮革制品、编织类产品、纺织品、五金件、工具、蓄电池、钢铁、船舶等。

现在不像宣传稿了吧？

费城"每两小时便能制造出一台火车头，美国一半以上的人乘坐的有轨电车都是在费城生产出来的"。

"哦，还真不知道这一点，"我们可能会陷入沉思。"可能我昨天上街坐的就是费城产的电车。明天我要去看看，了解一下我们这个城市的电车是从哪里购买的。"

"生产1000支雪茄。去年，我们的115家袜厂为美国的每个男人、女人和孩子都生产了两双袜子。"

我们更是啧啧称奇：可能我最爱抽的雪茄就是费城产的，我脚上穿的这双袜子也可能是……

演讲者接下来又说了什么？又回到前面谈到的费城的面积这个话题上，给我们补充了一些之前忘记说的材料？不，根本不是。他会围绕某一点，把它讲得很透彻，直到讲完为止，绝不会来回反复。对这样的演讲者，我们感激涕零。如果演讲者忽而讲东，忽而讲西，忽而又回到先前的话题，就像黎明时分四处乱飞的蝙蝠一样漫无目的、毫无头绪，还有什么比这更令人困惑、糊涂的呢？可很多演讲者正是这样做的。他们不是采用"第一、第二、第三、第四、第五"这种层次分明的方法来陈述观点，而是像足球场上的队长那样随机叫号——"27、34、19、2"。不，比这还要糟糕，他们的演讲零乱而重复，像这样——"27、34、27、19、2、34、19"。

但这位演讲者却在规定时间内一气呵成地完成了演讲，毫不拖延，绝不反复，更不会东拉西扯。他就像自己演讲中提到的火车头一样，心无旁骛，笔直前行。

但他接下来讲的一点却是整篇演讲中最薄弱的一处。他宣称，费城是

第三章
名人如何为演讲做准备

"全国最大的医疗、艺术和教育中心之一"。他仅仅公布了这一事实，然后便转而讲述其他话题——只用十几个字，就想让事实生动起来，想给听众留下深刻印象。这十几个字淹没在一个由几十个字组成的长句中，微不足道，起不了任何作用。人类大脑的运行机制不像钢制履带那样，在开过后会留下明显印记。如果演讲者对某一点轻描淡写、泛泛而谈、含糊其辞，似乎连他自己都提不起兴致来，又怎能指望会在听众身上产生丝毫效果呢？他该怎么做？其实他可以采用之前论证费城"世界车间"地位时使用的技巧。演讲者自己也知道。他还知道，他的整个演讲时间只有 5 分钟，1 秒钟都不多，所以他必须做出选择，要么忽略这一点，要么忽略别处。

"费城的家庭数量超过全世界其他任何一个城市。"演讲者是如何让这个论点令听众信服、给他们留下深刻印象的呢？首先，他给出了数据：39.7 万；其次，他把这个数字表述得更生动、更形象、更直观："如果把这些家庭放在 25 英尺见方的地块上，并列排成一排，那么，这个排列将穿过堪萨斯城的会议厅，直至多佛，总长度将达 1881 英里。"

当他讲完这句话时，听众可能已经忘记了之前那个数字，可这个画面呢？恐怕是永远忘不掉了。

关于这篇演讲的客观事实材料方面，就讲这么多。但一篇演讲之所以充满雄辩色彩、富有说服力，靠的并非这些材料。这位演讲者竭尽全力来触动听众情绪，感染他们，逐步将演讲推向高潮，所以在演讲的结尾，他使用了情感材料。他讲述了拥有这些家庭、房屋对于这座城市的精神意义。他赞颂费城是"美国自由精神的发源地"。

自由！一个富有魔力的词语，一个充满情感的词语，为了追求自由，上百万人献出了自己宝贵的生命。这个表述本身就很有感染力，但演讲者锦上添花，用一些具体的历史事件和历史文件来支撑自己的观点，在听众听来，这些是多么亲切、神圣啊。"这里制造出了美国第一面国旗，在这里召开了美国第一届国会，《独立宣言》在这里签署……自由之钟……神圣使命……传播美国精神，让自由之火熊熊燃烧，让以华盛顿、林肯和西奥多·罗斯福为代表的美国政府在上帝的旨意下,指引美国人民走向光明。"

关于这篇演讲的构思,就讲这么多。虽然从构思的角度看,这篇演讲很令人推崇,但如果演讲者在演讲时态度冷静、丝毫不带感情色彩,它很可能会以失败告终,毫无建树。但演讲者热情洋溢,用发自内心的真情实感来发表了这个演讲——一如他构思演讲那样,所以他夺得大奖也就不足为奇了。

康威尔博士构思演讲的方法

正如前文我所说过的那样,在解决对观点进行最优化整理这个问题上并没有万无一失的答案,没有哪个方案适用于所有演讲者和所有演讲。但事实证明,在某些情况下,做些计划还是有用的。拉塞尔·H. 康维尔博士是著名的《钻石就在你家后院》一书的作者,他曾经告诉我,他用下面这种列提纲的方法组织了无数次的演说:

1. 阐明事实。
2. 论证观点。
3. 呼吁行动。

我这门课的很多学员都认为下面这个方案极其有效,很有激励性:

1. 提出问题。
2. 提出补救措施。
3. 寻求合作。

或者用另外一种说法来表述:

1. 这里出现了一个问题,需要补救。
2. 关于这个问题,我们可以这样或那样来解决。
3. 基于以上原因,你们应该给予帮助。

本书第十五章就如何采取行动给出了另外一个演讲方案,简述如下:

1. 赢得听众的关注和兴趣。
2. 获得自信。

如果你对这个方案有兴趣,可以翻到第十五章,仔细研究一下。

第三章
名人如何为演讲做准备

贝弗里奇议员的演讲构思方法

洪·阿尔伯特·贝弗里奇（Hon. Albert J. Beveridge）曾撰写过一本非常实用的小书——《公共演讲艺术》（The Art of Public Speaking）。"演讲者必须是自己话题的主人"，这位著名的政治活动家说道。这意味着他必须对全部事实进行收集整理和研究消化——不仅有关于正方的信息，还有关于反方的材料，以及方方面面的材料，而且一定要确保这些都是事实，而不是假设或未经证明的论断。千万不可以想当然。

所以一定要检查并鉴定每份材料的真实性，这意味着你必须要进行异常艰苦的研究。但这有什么？你不是准备要为你的同胞提供信息、给予指导、提出建议吗？你不是想把自己树立成一个权威吗？

"在收集和掌握了关于所有问题的全部事实后，应认真思考这些事实，这能促使你得出解决方案。这样你的演讲就会具有创新精神，也会带有很强的个人力量。它会是一份生动的、引人入胜的演讲，饱含着你的思想和心血。接下来，你就要尽可能清晰、富有逻辑性地把你的观点写下来。"

换言之，你需要把正反双方的观点都摆出来，然后把从这些观点中得出的结论也清晰、明确地提出来。

伍德罗·威尔逊的整合法

伍德罗·威尔逊是这样解释自己的演讲方法的："我会先列出一长串我自己想演讲的话题，然后在脑海里按它们的自然顺序把它们排列起来。也就是说，我先将它们整合，然后用速记法将它们写出来。我一直习惯于使用速记法，它能帮我节省大量时间。这项任务完成后，我就用打字机把它们打出来。在这个过程中，我会修改一些句子，增加一些材料，会进行润色。"

西奥多·罗斯福准备演讲的方法具有典型的罗斯福特色：

他会挖掘出所有事实，并对其进行核查、评估，研究一下从这些事实中可以得出哪些发现，得出哪些确凿无疑的结论。

接下来，他把纸放在面前，口头把演讲叙述了一遍。

他的叙述速度飞快，这样演讲就极其生动自然。接着，他会再次浏览用打字机打出的版本，积极进行修订，增加一些内容，删减一些内容，在上面用铅笔记满记号，然后再重新口头叙述这份演讲。"我所有的成功，"他说，"都浸透着我的辛勤汗水，都是我用最明智的判断得出的结论，是我细心部署、预先工作的结果。"

他往往会把一些评论家请过来，把自己的演讲读给他们听。他拒绝与他们争论自己在演讲中阐述的道理。这些观点已经非常确定、不可动摇，现在他只需要别人告诉他该如何表达这些观点，而不是该表达什么。他会无数次地斟酌自己的演讲打印稿，对其进行修正和改进。报纸上刊登的正是这个版本的演讲稿。当然，他不会将它全部背诵下来，他总是会做即兴演讲，因此他实际讲的内容会与报纸上刊登的那个修订版略有出入。不过，口述与修订的确是一种非常有效的准备演讲的方法——这会让他熟悉自己的材料，熟悉自己观点的层次性，会令他的演讲更顺畅、更精彩，令他更有把握。其他任何一种方式都无法给予他这些成就。

19世纪末20世纪初的一位物理学家及哲学家奥利弗·洛奇爵士曾告诉我，他发现，口述自己的演讲内容——快速而带有实质性内容的口述，就像真的在演讲，与真的面对听众进行演讲一样——是为演讲进行准备和实践的一个极其高明的办法。

很多参加公共演讲课程的学员都发现，面对口授留声机和录音机进行口述，然后听自己的录音很有启发性。很有启发性？对，但恐怕有时候也会让你感觉很幻灭，给你当头一棒。这是一个非常有益的练习，强烈推荐。

这种将自己要说的内容写出来的练习方式会强迫你思考，令你的思路更清晰，让你更容易记住一些观点。它会令你精神集中，不容易分心，还会增加你的词汇量。

罗纳德·里根之所以赢得了"伟大演说家"的美誉，就是因为他可以有

第三章
名人如何为演讲做准备

效地、满怀激情地表达自己的观点。与上一代演说家相比,他还有另一个优势:他不仅能面对录音机口述自己的演讲,自己去听,还会把演讲制作成视频,观察自己的仪态和身体语言,适时进行调整,然后在公众面前传达出来。

本杰明·富兰克林的经典传奇

本杰明·富兰克林在其自传中谈到了自己是如何增加词汇量的,还谈到自己如何能随心所欲地运用词汇,如何自学整理思路的方法。他的自传本身就是一部文学经典。与大多数经典作品不同的是,这部作品简单易懂,读之令人愉悦。我们几乎可以把它视作朴素直白的英语写作的典范。这是一本每一位对自我提升感兴趣的人都会喜欢的书,他们从阅读此书中会获得很多益处。我在此摘录一段,相信你们也会喜欢:

"一个偶然的机会,我发现了《旁观者》的第三集,而其他几集我从未看到过。于是,我把它买了下来,反反复复地读,从中享受到了巨大乐趣。这本书写得太精彩了,令我产生了摹写的冲动。于是,我拿起纸和笔,只用了几天,就把书中的感情线索整理了出来。接着,我把书放到一边,利用这些感情线索,用最贴切的词语把文章补充完整。写好后,我把它与《旁观者》原文进行对照,结果发现了许多错误,我一一修正了它们。在这个过程中,我学到了许多新词,在思考和使用这些新词时,我掌握了灵活运用词语的能力。如果我坚持写诗的话,应该早就具备了这种能力,因为诗歌对句子的长短和韵律节奏有要求,这让我学会了掌握各种各样的词汇。从此以后,我经常摹写一些小说。有时,我也会陷入因众多感情线索纠缠在一起而形成的漩涡中去,需要花费数周的时间整理线索、补充句子、连缀成篇。这样我又学会了整理思路。通过把我摹写的文章与原作进行对比,我发现了许多问题,并一一加以修正,这样我的语言就更为有序。我感到无比幸运,整日沉浸在这种欢乐之中,这也使我梦想着有朝一日能成为一位并不蹩脚的英文作家,实现我的夙愿。"

用笔记来玩单人纸牌游戏

上一章中我建议大家记笔记,把各种观点、各种想法在碎纸片上记下来。之后,就可以用这些碎纸片玩单人纸牌游戏了。可以把相关的笔记(纸牌)叠放在一起,最主要的那几叠纸牌要能大致代表你演讲中的主要观点。然后把它们分成更小的几叠,把所有的谷壳都筛出去,只留下最好的麦子——可能有些麦子也需要被放置一旁,弃之不用。这个修订的过程要一直进行下去,直到你完成演讲。即使到那时,你可能也会发现还需要对演讲进行改动和润色。一名出色的演说家在结束演讲时通常会发现自己的演讲有四个版本:一个是自己准备的,一个是发表的,一个是报纸报道的,还有一个是回家路上后悔自己未能说出的。

演讲时该不该看笔记?

林肯虽然在做即兴演说方面独擅胜场,但自从他入主白宫后,每次发表演讲时——哪怕是对内阁成员所做的非正式谈话,他都会提前仔细地写下演讲稿。当然,在发表就职演说时,他不得不一个字一个字地读。这是一份历史文件,措辞极为严谨,因此林肯不能有丝毫马虎,不能即兴随感而发。但在回到伊利诺伊州之后,林肯就再也没有在演讲中使用过笔记。"笔记总是让听众厌倦和困惑。"他说。

没人会反驳他吧?笔记会把你的演讲兴致破坏一半,对不对?它会让演讲者无法或很难与听众进行互动和亲密接触,而这在演讲中是多么宝贵啊!看笔记会让演讲产生一种人为、刻意的感觉,让听众难以感受到演说者的自信和知识储备能力,而这是每一个演讲者都应当具备的能力。

让我再说一遍,准备演讲时要记笔记——大量地记,充分地记,在独自练习演讲时,你可能会用到它们。你也可以把它们放在衣服口袋里,当你面对听众时,这会让你感觉更安心。不过,它们就像普尔曼卧式客车上的锤子、锯子和斧头,应该是用于紧急救险的工具,只有在出现重大翻倾事故、生死

第三章
名人如何为演讲做准备

危急关头,方可使用。

如果在演讲时非要带笔记不可,那一定要让你的笔记简洁明了,而且要把它们在一张大纸上用大字写出来。你要早一点到达演讲的地方,把笔记藏在桌子上的书里,万不得已时,可以扫一眼,但一定要想方设法地避开听众的视线,不能让他们看出你的弱点。约翰·布莱特以前曾非常隐秘地把笔记藏在帽子里,然后放在面前的桌子上。

话虽这样说,但有时候在演讲中使用笔记可能是件明智的事儿。比如,有些人在初次做演讲时会特别紧张、局促不安,完全忘记自己准备了些什么,结果便是:他们会突然跑题,忘记自己之前精心演练过的素材。他们冲下公路,在沼泽中奋力挣扎。如果这些人初次尝试做演讲,何不带上一些极其精简的笔记?孩子在刚刚学走路时会扶着家具,但一旦会走了,就不再这样做了。

不要一字不差地背诵演讲稿

不要读稿子,也不要试图一字不差地把演讲稿背下来,这太浪费时间,而且会酿成大祸。不过,有些人虽然读到这些句子、看到了我的警告,也还是会蠢蠢欲动,想把稿子背下来。如果这样做,当他们站在那里演讲的时候,脑海里在想什么?要向听众传达的信息?不,他们在试图回忆演讲稿的原文。他们的思路是向后的,而非向前,完全把人类大脑正常的思维过程颠倒了。求求你,千万不要在这种徒劳无益的事情上浪费自己的时间和精力。如果你即将出席一次重要会议,正在做准备,你会坐下来一字一句地背诵自己要说的话吗?会吗?当然不。你会在大脑中进行构思,直到清晰地形成一些主要观点。你可能会记一些笔记,也可能会参考一些资料;你会对自己说,我要讲这一点,还有这一点,我要指出一定要这样做,我要给出这些原因,然后你便会自言自语地列出一些原因,并用具体的实例来论证。这难道不是为会议做准备的正确方式吗?在准备演讲的时候,为何不采用同样的常识性方法呢?

格兰特将军在阿波马托克斯

当李将军让格兰特将军撰写投降条款时,这位盟军领袖找到帕克将军,向他索要一些写作素材。"当我提笔在纸上写投降条款时",格兰特将军在回忆录中记录道,"我根本不知道该如何下笔。我只知道我脑海里在想什么,知道我很想把这些想法清晰、无误地表达出来。"

格兰特将军,您不需要知道该如何下笔,您拥有丰富的想法和坚定的信念。您想强烈表达一些东西,而且您也能清晰地表达出来。不知不觉中,惯常使用的一些词语便会喷涌而出。这个方法对所有人都适用。两千年前,贺拉斯就曾写道:

"不要去搜求词语,只需搜求事实和思想,有了它们,词语便会接踵而至、不请自来。"

等观点在你的脑海中牢牢形成后,你就可以从头至尾地演练一下自己的演讲。你可以大声说出来,辅以一些手势。说的时候要热情洋溢、慷慨激昂。坎特伯雷曾说过,牧师只有在做了六七次布道之后,才能把自己真正想表达的内容传递出来。如果你未能多次演练自己的演讲,如何能指望听众能获得你演讲的要义呢?练习的时候,可以想象自己面前真的有听众坐在那里。一定要极其逼真地想象这一点,这样,当你真的面对听众时,就会感觉他们是老朋友了。

为何农民眼里的林肯是个大懒汉?

如果用这种方式练习演讲,你就是在亦步亦趋地追随很多著名演说家。劳埃德·乔治在自己老家威尔士的一个辩论社团做成员时,经常在乡村小路上漫步,对着树木和篱笆桩子说话,还比画着做手势。林肯在年轻时代经常往返三四十英里,专门去听一位有名的演说家演讲。听完这些演讲后,他特别激动,下定决心也要成为一名演说家。于是,他把其他雇佣工人召集到农田里,围在他身边,他自己则站在树桩上,向这些工人发表演说,给他们讲

第三章
名人如何为演讲做准备

故事。他的老板大为光火，指责说这位农民演说家简直是个懒汉，还怪他讲的笑话和他做的演说把其他工人都带坏了。

后来成为英国首相的赫伯特·阿斯奎斯曾是牛津大学的工会辩论社团的一名活跃分子，并借此在演讲上初试牛刀。后来他成立了自己的辩论社团。伍德罗·威尔逊在一个辩论社团中学会了演讲。大多数成功的律师、政治家和公共演说者也都是在辩论社团中成长起来的。

研究一下这些著名演说家的演说生涯，你会发现他们身上有一个共同点：他们都会进行大量操练，不停地操练。进步最快的，便是操练最多的。

琼西·M. 迪普曾经是铁路集团的主席，也是国会的一名议员，他的生活非常充实，积极。即便如此，在繁忙的工作之余，他依然每天晚上都进行一次演说。"我不会让演说干扰我的公务，"他说，"我下午从办公室回家的时候，就已经把演说准备好了。"

我们每天都能抽出3小时来干自己想干的事。达尔文身体状况不佳，每天只能工作3小时。从24小时中抽出3小时，并加以合理利用，达尔文就成了闻名全世界的人。西奥多·罗斯福入主白宫期间，往往整个一上午都要进行好多次访谈，每次五分钟。尽管如此，他还是在手边放了一本书，充分利用两次访谈的间隙来阅读。

如果你特别忙，挤不出时间，可以读一下阿诺德·本涅特的《悠游度过一天的24小时》，你可以买一本便宜的平装本，拿在身边，排队的时候、等火车或出租车的时候或者坐在医生的候诊厅候诊时，都可以读它。它会告诉你如何节约时间，如何最有价值地利用一天的时间。

除了常规工作外，必须要放松休息，让生活有点变化。这就是为什么参加本课程的学员每周还要另外抽出一个晚上，聚在一起进行演练。如果你做不到这一点，也可以在家里和家人一起玩即兴演讲的游戏。

获得演讲经验的一个方法是寻找一些鼓励人们发表演说的场所。我的一个学员曾经在一个周日的早上醒来，将身边的妻子摇醒，问她："今天纽约有没有什么地方可以让我做个演讲？"他的妻子提醒他道，任何人只要觉得自己受贵格会精神打动，都可以在贵格会的集会上发表演说。这名学员后来在布鲁克林找到了一家贵格会的集会场所。贵格会的精神令他大为震动，他一口气讲了二十几分钟。

道格拉斯如何自娱自乐

20世纪二三十年代最著名的电影明星便是道格拉斯·费尔班克斯、玛丽·毕克馥和查理·卓别林。然而，尽管他们身价不菲，声名显赫，但他们觉得，每天晚上最快乐最有意义的休闲方式却是进行即兴演讲。

下面是道格拉斯向《美国杂志》讲述的故事：

"有天晚上我们正在玩闹，我假装在一次晚宴上把查理·卓别林介绍给大家，他必须要站起来说点儿什么来应景。从这次玩闹中，我们开发出了一个游戏，接下来的两年，几乎每天晚上我们都会玩这个游戏。我们三个人每人在一张纸上写下一个主题，然后把纸条折起来，放在手里摇一摇，把它们的顺序打乱，然后每个人抽一张纸条。不管纸条上是什么词，大家都必须站起来，就那个词讲60秒。我们每次游戏时用的词都不一样，这样每次都有新的挑战。大家写的词形形色色。记得有一个晚上，有两个词是'信念'和'灯罩'。我抽到了灯罩，于是，我做了一生中最痛苦的一件事儿：就灯罩发表了一次60秒的演说。如果你觉得容易，也可以试试。你可以勇敢地开场：'灯罩有两种用途，可以改变强烈光线的刺激，让它变得柔和；还可以用来装饰房间。'这差不多就是你的演讲的全部内容，除非你懂得比我多得多。我挣扎了半天，但总算讲得还行。关键是，自从开始玩这个游戏后，我们三个人的演讲能力都得到了迅速提高。我们掌握了关于各式各样话题的知识，但比这远远重要的是，我们学会了在极短的时间内把关于某个话题的知识和想法整理出来，然后简明扼要地讲出来。我们正在学着即兴思考，之所以说'正在学'，是因为我们现在还在玩这个游戏。我们玩了两年，仍然不觉得厌倦，这意味着它依然能让我们成长。"

第三章
名人如何为演讲做准备

本章小结

1. 拿破仑说:"战争是一门艺术,一门学问。如果未对种种可能进行计算,未能深思熟虑,根本不可能打胜仗。"这句话既适用于打仗,又适用于演讲。演讲犹如航行,必须设定航向。如果一位演讲者漫无目的地开始,便也会漫无目的地结束。

2. 关于如何整理思路、如何组织演讲,没有万无一失、固若金汤的法则。每个演说都会有自身独特的难题。

3. 演讲者应该把一个要点讲得清楚和透彻,之后无须再提这一点。这一点可以参考那个获奖的关于费城的演讲。不要东拉西扯,像黎明前的蝙蝠一样乱撞。

4. 拉塞尔·H. 康维尔的演讲组织方案。

    a. 摆事实

    b. 论证观点

    c. 呼吁行动

5. 你们可能会觉得下面这个方案也不错。

    a. 提出问题

    b. 提出补救措施

    c. 寻求合作

6. 还有一个很棒的方案(具体细节参见本书第十五章)。

    a. 赢得听众的关注和兴趣

    b. 获得自信

    c. 摆事实

    d. 激发人们的行动力

7. 关于正、反双方的事实都要收集,并对其进行整理、研究、消化,证明它们的真实性,然后自己思考从这些事实中能得出什么解决方案。

8. 林肯会在演讲前仔细思考自己的结论,就像做数学题那样精确。在40

岁那年成为国会成员后，林肯开始研究欧几里得，这样就能发现别人的诡辩，证明自己的结论。

9. 西奥多·罗斯福在准备演说时会掘地三尺，挖掘出所有事实，对它们进行评估，然后每天快速口述自己的演说，对文字版进行修订，最后再从头口述一遍。

10. 如果可能的话，录下来自己的演说，然后去听。如能亲自录像更好，这样不仅能知道自己讲的怎么样，还能看一下自己演讲时的样子，进行改进。

11. 不要读演讲稿。听众受不了照本宣科。

12. 在你构思和组织好演讲后，就可以在街上边走边默默演练。可以从中间某处开始讲，也可以从头至尾讲一遍，配上手势，让自己完全进入状态。想象自己面前有听众。这类逼真的演练越多，你最后进行实战演讲时就会越放松。

▶ 发声练习——放松

"紧张的情绪可能是破坏声音的罪魁祸首。"著名歌剧演唱家舒曼·海因克夫人说，"演唱者必须从始至终保持放松状态。但这并不意味着松弛下来，不是说演讲者在开始演唱之前要处于松松垮垮的状态。"按照这位著名演唱家的理解，放松是一种美妙的感觉：整个人都漂浮了起来，非常自由；身体的任何一个部位都没有紧张感，处于完全放松的状态。"当我处于放松状态时，我感觉身体里没有一根神经是紧张的。"当然，舒曼·海因克夫人这里指的是演唱，但这些也同样适用于演讲。紧张会破坏声音，她这样说。可在这个忙碌的时代里，还有什么比神经的紧张、焦虑更常见的呢？它们明白无误地表现在我们的脸上，也明白无误地表现在我们的声音里。放松下来吧！让放松成为我们的口令。放松才是发出优美声音的秘密。

该如何锻炼这个能力呢？要学会将整个身体都放松下来。对于声音来说，你的整个身体起到了共鸣板的作用。如果钢琴的共鸣板出现一点点瑕疵——哪怕是琴身上的螺丝松了，都会影响音色。你的身体的每个部位都会影响你

第三章
名人如何为演讲做准备

的声音，所以，如果出现各种各样的紧张状态，你的声音就无法完美发挥。

那该如何放松呢？很简单，只要放松下来就行，就是这样。放松并不需要你做什么，而是需要你不做什么。无须刻意努力，只需将双臂侧举或向前平举。好，现在放松下来……

你的双臂放下来时会不会像钟摆一样、前后摇晃几下？如果一动不动，那你就根本没有放松。好，把双臂放下，再来一次。这回怎么样？

可以每晚睡觉前平躺在床上，练习一下我们在前两章讨论过的膈膜深呼吸法。但在开始深呼吸前，要放松，整个身体都放松下来。彻底放松，让自己的身体像一袋羊毛一样松软，想象手臂、腿、脖子处的力量全部集中到了身体中部。好，现在深呼吸，慢慢地、自然地呼吸，除了放松和舒适之外，什么都不要想。

的确，你可能会被很多问题烦扰——可能是关于昨天的事，也可能是关于明天的事。总之，这些烦恼像蚊子一样在你面前嗡嗡地叫，让你心烦意乱、精神紧张。如果你知道是什么在烦扰自己，就要把它们赶跑，就像用烟把蚊子熏跑那样。你可以用这样的话来安慰自己："我很舒服，我现在彻底放松了，我感觉连抬胳膊的力气都没有，我已经完全放松了。"

有了这样的想法，再加上有节奏的呼吸，你应该很快就会产生睡意，很快便会沉沉睡去。这是多么香甜、惬意的一觉啊！

醒来之后，你会觉得特别清醒。

如果你已经感受到了这种放松给你带来的愉悦，就可以在日常生活中多进行这样的练习。当演讲时，可以试着去体验舒曼·海因克夫人唱歌时的那种感受，"我感觉身体里面的每个原子都在太空中漂浮"。如果能做到这一点，能正确控制自己的呼吸，那么你就已经上路，能够发出优美的声音了。

第四章　如何提高记忆力

"如果我想就任何对我来说似乎很重要的话题进行演讲，我就会考虑如何给听众留下深刻印象。我不会把我的事实或者论点写下来，但我会在三四张小纸条上做一些笔记，把脑海中想起的一些事实和观点列成提纲，留待演讲时组织语言。偶尔，为精确起见，我也可能会记下一些比较短的段落。比如，我一般都会把结论部分的字词或句子写下来。"

——约翰·布莱特

研究发现，普通人的实际遗传记忆能力用了还不到10%，而关于记忆的自然法则大多被白白浪费……你是这些普通人中的一员吗？如果是，那么你将会对本章内容感兴趣，你也将从对本章的阅读与反复阅读中受益。本章描述并阐释了有关记忆的自然法则，告诉大家该如何在公共演讲，甚至在生活的方方面面都运用这些"记忆自然法则"。非常简单，只有三条，每一个所谓的记忆体系都是建立在这三条法则的基础上的。简言之，它们便是：印象、重复与关联。

记忆的第一个法则是：对你想要记住的事物产生深刻、生动和持久的印象。为了做到这一点，必须要集中注意力。西奥多·罗斯福的记忆力令所有与他打交道的人叹为观止。他之所以有如此令人瞩目的记忆力，很大一部分要归功于这一点：他对事物的印象都极其扎实，绝非浮光掠影。通过坚强的毅力和不懈的信念，他使自己练就了一身在困境中也能集中精神的本领。1912年，在芝加哥举办的布尔·穆斯大会（the Bull Moose Convention）上，他将总部设在国会宾馆里。宾馆外的街道上人潮汹涌，人们举着旗子高声呐喊"我们要泰迪，我们要泰迪！"怒吼的人群、乐队吵闹的音乐、来来往往的政客，还不时有人来征询意见——如果一般人碰到这些场景，肯定早已心烦意乱、六神无主，但罗斯福却对这一切充耳不闻，他坐在房间里的摇椅上，专心地读着古希腊历史学家希罗多德的著作。在穿越巴西荒野的旅途中，只要晚上一抵达营地，他就会在一棵大树下找到一块干爽的地方，拿出露营凳

第四章
如何提高记忆力

和自己那本吉本所著的《罗马帝国衰亡史》，立刻沉浸在阅读中。雨点声、营地嘈杂熙攘的声音、热带雨林中的各种声音全部被他屏蔽。难怪这个人无论读什么都记得住。

如果能全神贯注地集中精神，哪怕只有 5 分钟，其效果也强于 5 天迷糊的精神状态。"专注 1 小时，"亨利·沃德·比彻写道，"胜过糊涂几年。"

这便是拥有强大记忆力，也是拥有所有力量的秘诀。

他们看不到樱桃树

托马斯·爱迪生发现，连续 6 个月，他的 27 位助手都从同一条道路走过，每天如此。这条路从他的电灯厂通往新泽西州门罗公园，路边有一棵樱桃树。但当这 27 个人被问及这棵树时，却没有一个人有任何印象。

"普通人的大脑，"爱迪生激动地发表了自己的看法，"注意到的东西还不及我们眼睛所能看到的千分之一。我们的观察力——真正的观察力——太糟糕了，令人难以置信。"

如果向一个普通人介绍你的两三个朋友，通常结果会这样：两分钟后，他便记不住其中任何一个人的名字。为何如此？因为他们在一开始并未足够集中注意力，并未真正观察他们。他们可能会说自己记忆力不好，可这不是记忆力的问题，是因为他们没有仔细观察。如果相机在大雾天无法把照片拍清楚，他们不会怪罪这台相机，可他们却希望自己的大脑能在某种程度上留住模糊、混沌的印象。怎么可能？

传奇出版商约瑟夫·普利策让编辑部的每个人都在桌上悬挂：**精确、精确、精确**。

这就是我们所需要的。当别人介绍我们跟某人认识时，我们应该仔细听这个人的名字。可以让他重复一下自己的名字，还可以请教该如何拼写。你的兴趣会令这位新朋友受宠若惊。因为你认真关注他，留下了清晰、准确的印象，所以你一定能够记住他的名字。

林肯为何大声朗读

林肯小时候就读于一所乡村学校。教室的地板是用碎木片做的,因为装不起玻璃,学校就用从习字簿上扯下来的油腻腻的纸来糊窗户,让光线透进来。每个班只有一本教材,老师大声朗读,学生跟读,大家一起张嘴。教室里经常乱哄哄的,邻居们都称它为"胡说学校"。

在这所"胡说学校"里,林肯养成了一个伴随他一生的习惯:如果想记住什么,他就会大声读出来。每天早上,他一到自己位于斯普林菲尔德的律师办公室,就瘫坐在沙发上,把一条长腿不雅地搭在旁边的椅子上,开始大声读报。"真是烦死了,"他的合作伙伴说,"我的忍耐已经到了极限。"有一次我问他为什么要这样读,他的解释是,如果大声朗读,我就能用两种感觉来理解意思:首先,我能看到读的东西;其次,我能听到它,所以记起来就快一些。

林肯的记性特别好。"我的大脑就像一块钢板,"他说,"很难在上面刻任何东西,但一旦刻上去,就很难抹掉。"

他正是用视觉和听觉这两种感觉在大脑中刻下了难以抹去的记忆。你也可以像他一样。对于自己想要记忆的东西,理想的做法是不仅要去看、去听,还要去摸、去闻、去尝。不过,最重要的是去看。我们都是视觉动物,会把眼睛看到的事物一直留在印象里。我们往往很容易记住一张脸——尽管说不出那个人的名字。连接眼睛与大脑的神经的长度是连接耳朵和大脑的神经的长度的20倍。中国有一句谚语:"百闻不如一见。"把你想要记的名字、电话号码和演讲提纲都写下来,时不时地看一看。闭上眼,想象它们鲜活地出现在你眼前。

马克·吐温如何做到脱稿演讲

自从发现视觉记忆法后,马克·吐温就将几年来一直妨碍他演讲的笔记弃之一旁。《哈泼斯杂志》刊登了马克·吐温的故事:

第四章
如何提高记忆力

"日期由数字组成,所以不好记。数字看起来很单调,很难给人留下印象,而且不容易保留在记忆里。它们无法形成图像,所以我们无法通过视觉印象记住它们。图像可以帮人记住日期,图像——特别是你自己制造出来的图像——几乎可以让人记住任何东西。的确,这是最关键的一点:自己制造图像。这一点我有亲身体会。

"10年前,我每天晚上都要背诵一篇演讲。我必须要记几页笔记,否则就会不知所云。这些笔记上记着几句话的开头,一共有11条,它们基本是这样的:

那个地区的天气——

当时这是一种风俗——

但在加州人们从未听说过——

"总共11条。它们概括了演讲的主要内容,这样我便不至于漏掉任何一部分。但是,当我把它们在纸上写下来后,它们的样子看起来都差不多,无法形成图像。我的确用心把它们记了下来,却无法保证能准确无误地说出它们的正确顺序,所以我不得把这些笔记一直带在身边,时不时地看上几眼。有一次,我不知把它们放在什么地方了,你完全想象不出那个晚上我是多么惊恐。后来我知道,必须要发明一种其他方式来保护自己。所以我按这些笔记的正确顺序记下了它们首字母中的十个——1,A,B,等等。第二天晚上我站上讲台,十个手指甲上是用墨水写下的这些字母。可是不行,我一直在不停地看自己的手指,然后就忘了自己该说什么。而且后来我根本无法确定哪一个已经讲过了——我不可能在用完一个数字后就把指甲上的墨水舔掉。这个方法的确让我获得了成功,但也令听众好奇心大作——他们本来就对我够好奇的了。在听众看来,我似乎对手指甲更感兴趣,而不是我要演讲的话题。有一两个人在演讲后还问我:你的手怎么了?"

正是在这时,我突然想到了画图这回事,烦恼便立刻烟消云散。两分钟后，我就用笔画出了6幅图，它们起了那11条提示句的作用，而且效果出奇地好。画好图后，我就把它们全部扔掉了，但我确定，即使闭上眼睛，我也能随时看到这些图。但这是25年前的事情了，而20年前我就记不住自己演讲了什么，只能根据图片重新把演讲稿写出来，因为这些图片永远地留在了我的记忆中。最近有人邀请我讲一个关于记忆的话题，我非常想拿本章中出现的材料做例子。我是通过图片来记住演讲的要点的：我看到罗斯福正在读历史；看到窗外有人群在高声叫嚷，有乐队在演奏；看到托马斯·爱迪生正注视着一棵樱桃树；看到林肯正在大声朗读一张报纸；还看到马克·吐温正面对听众舔掉自己手指上的墨水。

我是如何记住图片的顺序的呢？是按排序来记得吗？不，这太难了。我把这些数字变成图片，然后把这些图片和与演讲要点相关的图片放在一起。让我来举例说明。一（one）听起来像跑（run），所以我就用一匹奔腾的骏马代表一。我为二（two）选了一个词——动物园（zoo），它的发音听起来很像二（two）。我让托马斯·爱迪生砍的那棵樱桃树立在动物园的熊笼外面。至于三（three），我选择了一个听起来像三的物体——树（tree）。我让林肯趴在树上大声向自己的伙伴读报纸。我为四（four）选择了一个听起来很像它的图片——门（door）。马克·吐温站在敞开的门前，靠着门框，一边向听众发表演讲，一边舔着自己的手指甲

我知道很多人读到这里会觉得这个方法有点荒唐。我完全承认这一点，的确很荒唐，但这也正是它能起到作用的原因之一——相对而言，稀奇古怪的东西更容易被记住。如果老老实实地按照数字的顺序来记要点，那我可能早就将它们忘到九霄云外了。但通过我前面描述的这个体系，这些数字几乎不可能被忘掉。如果我想知道第三点是什么，只需问问自己树顶上有什么。我立刻就看到了林肯。

我按这种方法把从1到20这些数字变成了图片。我选择的图片听起来都很像这些数字。在很大程度上，这也是为了我自己方便。我在上面把它们列了出来。如果你能花半小时记这些数字图片，即使让你立刻说出20样东西，

第四章
如何提高记忆力

你也能完全按照它们原来的顺序重复它们，而且还能打乱顺序，分别说出第8、第14、第3是什么东西。

下面就是这些图片数字，你可以试着测试一下，你会发现它们特别有趣。（括号中的两个词发音很像。）

1. 一匹奔腾的（run-one）骏马。

2. 动物园（zoo-two）的熊笼。

3. 把需要你说出的第三个事物看成某个躺在树（tree-three）上的东西。

4. 门或者野猪（boar-four），可以用任何与4（four）发音相似的东西。

5. 蜂巢（bee hive-five）。

6. 生病（sick-six）——一名红十字会的护士。

7. 天堂（heaven-seven）。一条用黄金铺成的街道，天使们在演奏竖琴。

8. 大门（gate-eight）。

9. 葡萄酒（wine-nine）。酒瓶在桌上倾倒，葡萄酒汩汩流出，洒在下面的东西上。（在图片中加入动作，这样更容易记住。）

10. 密林深处一个岩洞中藏着的野生动物的窝（den-ten）。

11. 一个由11名球员组成的橄榄球队正在赛场上疯狂地东奔西跑。这些球员手上托着一个叫"十一"的橄榄球。

12. 架子（shelf-twelve）。一个人把什么东西从架子上推下去。

13. 伤害（hurting-thirteen）。鲜血从伤口中喷出，把第13个事物染红。

14. 求爱（courting-fourteen）。一对情侣情意绵绵地坐在什么东西上。

15. 举起（lifting-fifteen）。一名大力士正把什么东西举过头顶。

16. 打败（licking-sixteen）。拳脚相加。

17. 酵母（leavening-seventeen）。面包师正在和面。把第17个事物放入面团中。

18. 等候（waiting-eighteen）。一个女子站在森林中的岔路口上，等待某人。

19. 忧伤（pining-nineteen）。一个女人正在哭泣，她的眼泪落在第19件东西上。

20. 丰饶角（horn of plenty-twenty）。一个装满了鲜花水果和玉米的丰饶角[○]。

如果你想测试一下，可以花 15 分钟来记住这些图片数字。如果愿意，也可以自己制作图片。比如 10（ten）这个数字，你可以用鹪鹩（wren）或钢笔（pen）或者母鸡（hen）——任何一个听起来像 ten 的东西都可以。假如你要记的第 10 件物品是一个风车，你可以想象母鸡坐在风车上，或者想象母鸡把墨水儿抽进钢笔里，这样如果有人问你第 10 件物品是什么时，你就根本不用想 10 这个数字，只要问自己母鸡坐在哪里就行了。你可能觉得这太异想天开了，根本不会起任何作用。但不妨一试。很快，你惊人的记忆力就会让人们大吃一惊。你会发现，这特别有趣。

记一本像《圣经·新约》那样长的书

全世界最大的高校之一便是开罗的埃尔哈扎尔大学（El Hazar）。这是一所穆斯林大学，拥有 21 万名学生。这所大学的入学考试要求每位考生背诵《古兰经》。《古兰经》和《圣经·新约》的长度差不多，而每位考生只有三天时间来背诵！

在中国，学生也必须背诵一些经典作品。这些阿拉伯学生和中国学生大多数都是常人，他们是如何能拥有这种显然是天才才拥有的记忆力的呢？是通过重复，这正是记忆的第二个自然法则。

如果重复的次数够多，你能记住的东西就可以无穷无尽。重复的方式有很多种：复习你想要记住的知识，使用它们，运用它们；或在对话中用上你新学的词，这些都是重复。如果你想记住某个陌生人的名字，每次看到他时就喊他的名字。在与别人聊天时，也加入你想在公共演说中表达的观点。只

○ 又名丰饶的羊角（Cornucopia），源于罗马神话。现代的丰饶角通常是一个中空、羊角状的柳条编织的篮子，其中装有时令蔬菜和水果。

第四章
如何提高记忆力

有运用才能增强记忆。

怎样重复才有用

盲目而机械地重复和死记硬背是不够的,我们要做的是有意义的、灵活的重复。这类重复要与我们大脑中一些特定的、成熟的功能结合在一起。有位教授曾让他的学生记一长串儿毫无意义的音节,如"deyux""qoli"等。他发现,这些学生在三天内通过 38 次重复所记住的音节,与单次进行 68 次重复所记住的音节同样多。其他一些心理测试也不断证明着类似的结果。

这是一个关于我们的记忆机制的极其重要的发现。这说明我们现在明白了:如果我们坐下来重复一样东西,直到将它牢记,这样所花费的时间和精力,是把它明智地分成几段时间来重复的一倍多。

大脑之所以有这一独特属性,有以下两个原因:

首先,在两次重复的间隙,我们的大脑会在潜意识中建立事物之间的关联,这就使得我们的记忆更牢固,就像威廉·詹姆斯那句极富哲理的话说得一样:"我们在冬天学游泳,在夏天学滑冰。"其次,如果大脑分阶段来处理任务,便不会因连续不断工作而产生疲惫感。《一千零一夜》英文版的翻译者理查德·波顿先生能熟练地说 27 种语言,可他却坦陈,自己对每门语言的研究或操练时间每次从未超过 15 分钟。"因为 15 分钟后,大脑就会失去新鲜感。"

当然,在了解了这些之后,任何人只要稍微有点常识,都不会拖到在要演讲之前的那个晚上才开始做准备,因为一个人的记忆在这种情况下只会发挥一半的效力。

接下来是一个关于忘却的有用发现。心理学实验无数次证明,我们在学习了一份新材料后的 8 小时内忘记的内容,比接下来 30 天内忘记的内容还要多。多么惊人的比例!所以,在开始演讲之前,赶紧看一看自己的稿子,赶紧过一遍自己搜集的事实,让自己的头脑清晰起来。

林肯深知这种练习的价值,并加以运用。在葛底斯堡,按照演讲安排,学识渊博的爱德华·埃弗里特将在他之前演讲。当林肯看到埃弗里特的长篇正式演说即将结束时，他"明显开始紧张起来，一般前面有人演讲时，他都会这样"。他赶紧调整了一下眼镜，从口袋中拿出演讲稿，默读起来。这样他就不会忘。

威廉·詹姆斯拥有超强记忆力的秘诀

关于提高记忆力的前两个法则就说到这里。第三个法则——关联——是回忆过程中不可或缺的元素。事实上，它就是对记忆本身的阐释。"我们的大脑，"威廉·詹姆斯曾睿智地说，"从本质上看就是一台用来关联的机器……假如我沉默片刻，然后用命令的语气说'记下来，回忆'，你的记忆会服从指令、从你过去的经历中提取任何确定的影像吗？当然不会。它会茫然地问：'什么？你想要我记什么？'简而言之，它需要一个线索。但如果我说，请回忆你的生日，或者回忆你早饭吃了什么，或者回忆一下音阶里面几个连续的音符，那你的记忆机器就会立刻开动起来，生产出所需要的结果。线索会把记忆深藏的潜能指向某一个具体的地方。现在看出来是怎么回事了吧？线索是一种和要求你回忆的东西紧密关联在一起的某种事物。'我的生日'这几个字和某一个特定的数字、月份、年份有着内在的、密不可分的联系；'今天的早饭'这几个字把其他所有回忆线索都掐掉了，只留下与咖啡、熏肉和鸡蛋相关的那些；音阶这两个字和'都、来、米、发、索、啦'是同胞兄弟。事实上，记忆的关联法则管辖着所有未受外界感觉干扰的思维列车。我们脑海中出现的一切都必须受到引导，当它们受到引导时，便会和大脑中已经存在的事物发生关联。回忆的时候是这样，思考其他任何事情的时候也是这样。受过训练的回忆依靠的是一套有序的关联系统，其功效是由它的两个特性决定的：一是关联的持续性，二是关联的数量。因此说，超强记忆的秘诀其实就是在我们想要记住的所有事实之间建立丰富多样的关联。但是，说到这种在事物之间建立的关联，这和尽可能多地考虑事实有何区别？好吧，简单地说，如果两个人拥有相同的外界体验，其中一个人对自己的体验回忆更多，并

第四章
如何提高记忆力

且把这些体验之间的关系进行系统化整理,那这个人的记忆力就更好。"

如何把事实组织起来

很棒,但我们该如何把各种体验进行系统化整理呢?答案就是,发现它们的意义,对它们进行思考。比如,如果你对任何一个新的事实都提出疑问,并做出解答,那么这个过程就会帮助你在这一事实与其他事实间建立起系统化联系。

a. 为何如此?

b. 如何这样?

c. 何时这样?

d. 何处这样?

e. 谁说会这样?

比如,如果你想记一个陌生人的名字,如果这个人的名字比较普通,那么我们或许可以把他的名字与拥有相同名字的一位老朋友联系在一起。相反,如果这个名字不寻常,我们可以寻找各种各样的机会来说这个名字。例如,在我撰写本章时,有人介绍我认识一位索特夫人(Mrs. Soter)。我请求她把名字拼写出来,同时告诉我这个名字蕴含的特殊意义。"是的,"她回答说,"这个名字的确不常见。它是一个希腊词,意思是'拯救者'。"接下来,她就向我讲述说,她先生来自雅典,并且在那里的政府任要职。我发现,让人们讲述他们名字的故事是件很轻松的事情,而且这总能让我更容易记住他们的名字。

细心观察陌生人的面孔,注意他的眼睛和头发的颜色,仔细观察他的面部特征、着装风格和讲话的样子,让这个人的外表和性格给你留下清晰、深刻、生动的印象,并把这些与他的名字联系起来。这样,当你下一次回忆起这些深刻印象时,他的名字就会脱口而出。

你是否有过这样的体验:当你第二次、第三次见到某人时,你会发现,尽管你能记住这个人的职业或经营何种生意,但无论如何也想不起他的名字?

其原因就在于：一个人的职业或生意是具体而明确的，有特定含义。它会像创可贴一样紧紧粘在你的脑海里。而一个人的名字却没什么意义，很多时候会稍纵即逝，就像冰雹从斜斜的屋顶上骨碌骨碌滚下来。

所以，若想提高自己记人名的能力，就要编一段话，把这个人的名字和他从事的职业，或其他与他有关的活动联系在一起。毋庸置疑，这种方法极为有效。

比如，有20名学员报名参加了我这门课程，他们彼此都不认识。这时，我会要求每位学员都站起身来，向大家大声介绍自己的名字和职业。我还要求学员编一段话，把这些人的名字和职业联系起来。没过几分钟，每位学员都能清楚地说出房间中其他人的名字。即使这门课到了快结束的时候，他们也没有忘记同学的名字或他们建立的那个关联，因为这两者是紧密联系在一起的，彼此契合。

如何记日期

记日期的最好办法是把这个日期与已经牢牢记在脑中的某个重要日期联系在一起。如果让一个美国人去记苏伊士运河的开放时间（1869年），是不是特别难？但是，如果让他们这样记：美国南北战争结束4年后，第一艘船通过了苏伊士运河——这是不是就容易得多？如果让一个美国人记住：1788年，英国在澳大利亚建立了第一个殖民地，他可能转瞬就忘，就像汽车上的螺钉掉落下来一样。但如果把这个时间和1776年关联起来，让他们记住，在独立宣言发表12年后，澳大利亚建立了第一个殖民地，他们就不容易忘了。这就好比给掉下来的螺钉拧上螺母。

当然，其他国家的读者在阅读这些文字时，可以用自己国家历史上的一些重要日期来替代。

如果让你按加入美国联邦的先后顺序来记美国最初13个州的名字，你肯定会觉得特别无聊，因为你要机械地重复这些名字；但如果用一个故事把它们串联起来，那么记住13个州的名字就易如反掌，不费吹灰之力。读一下下

第四章
如何提高记忆力

面这个段落，集中注意力，只读一遍。读完后，看看你能否按正确顺序说出这 13 个州：

周六下午，一位来自特拉华的年轻女士在宾夕法尼亚铁路公司买了一张火车票，准备出去度假。她把新泽西 T 恤衫放进衣箱里。她要去康涅狄格州看望一位名叫佐治亚的朋友。第二天早上她醒来后，和朋友去了玛丽家（马里兰）的一家教会参加了弥撒（马萨诸塞）。接着他们乘坐南卡罗来纳汽车回家，吃了新罕布什尔火腿。这是由来自纽约的大厨弗吉尼亚烤出来的。饭后，他们又乘坐北卡罗来纳汽车去了罗德岛。

如何记住演讲的要点

我们通常用两种方式来思考事物：一种是通过来自外界的刺激，另一种是通过与脑海中已有的事物建立联系。如果应用到演说上，它的意思就是：首先，你可以通过一些诸如笔记之类东西的刺激来帮助自己回忆起演讲的要点。可谁希望被别人说自己看笔记呢？其次，你可以把要点与心中已经记住的东西联系起来，用这种方法来记要点。这两种方式应该按逻辑顺序安排，这样前者会不可避免地导向后者，而后者会自然地引向第三点，就像某个房间的一扇门会通向另一个房间一样。

这听起来很简单，但对于初学者来说，可能并非如此，因为他们的思维能力根本抵挡不住恐惧的进攻。不过，有一种办法可以让你快速归纳演讲要点。这个办法极其简单，连傻瓜都会。我指的是使用一种毫无意义的句子。假设你想讨论一些极其杂乱无章的想法，彼此毫无关联，因此也很难被记住，如奶牛、雪茄、拿破仑、房屋中介、宗教。让我们看看能否用一个荒唐的句子把这些想法串联起来："奶牛抽了一根雪茄，然后诱惑了拿破仑，房子随宗教一道被烧光。"

现在，请你用手把上面的句子蒙住，然后回答下面的问题。这个演说的第 3 个要点是什么？第 5 个呢？第 4 个、第 2 个、第 1 个呢？

这个办法管用吗？当然！希望本书读者能大量使用这个办法。

你可以用这个方式来串联各种想法，用来串联的句子越荒谬，就越容易被记住。

演讲过程中突然卡壳怎么办？

让我们设想一下：无论准备得多么充分，无论态度多么谨慎，演讲者在演讲过程中依然可能会发现自己的脑海中突然一片空白。他会突然盯着听众，不知该说什么，无法再继续下去。多么可怕的情景！演讲者的自尊心不允许他在混乱之中坐下来，那意味着惨败。你可能会觉得，在接下来的10秒或15秒内，演讲者会想起自己要表达的观点，但在听众看来，即便是15秒钟慌乱的沉默也几乎等同于一败涂地。该怎么办？当美国国会一位议员发现自己处于这种境地时，他问听众自己的声音是否足够大，后排的听众是否能清楚地听见自己说话。他很清楚这些都不是问题，他并非在寻求回答，而是在争取时间。在这片刻的停顿中，他的思路回来了，他又继续演讲了下去。

或许，当这样一场精神上的飓风袭来时，最好的救援办法是用自己的最后一句话的最后一个词、短语或观点来开始一个新句子。

让我们看看在实践中该如何应用这个方法。假设一位正在就如何取得生意上的成功进行演讲的演讲者，发现自己突然钻进了一个精神上的死胡同。他之前说的那句话是："普通员工无法取得进步，因为他们对自己的工作几乎毫无兴趣，显示不出任何主动性。"主动性……对，你可以用主动性做下一句话的开头。你可能根本不知道自己想说什么，也不知道这句话该如何结束，但无论如何，开始便是，哪怕表现欠佳，也强于彻头彻尾的惨败。

"主动性意味着具有原创精神，意味着主动去做事情，而不是永远等待别人安排。"这并非什么机智的言论，也无法让你的演讲名垂青史，但这总比痛苦的沉默要好吧？咱们最后一个句子是什么？等待别人安排。好，我们就用这个观点来开始下一句话："新员工拒绝进行任何带有原创性的思考，他们总是在别人的指令、驱使下才行动，这是所有我们能想象到的事情中最令人气愤的了。"

好，这一关已过。让我们继续努力，这回，咱们说点关于想象的东西。

"想象正是我们需要的东西。憧憬。'没有憧憬的地方，'所罗门曾说过，'人们便会灭亡。'"好，一口气说了两个观点，来，鼓起勇气，继续下去。"每年在生意场上灭亡的员工实在太多了，令人惋惜。我之所以说令人惋惜，是因为只需要再多一点忠诚，再多一点上进心，再多一点激情，这些男人和女人就可能使自己跳出成功与失败的分界线。但生意上的失败太多，人们从不承认这便是事实。"

诸如此类。演讲者应该在鼓捣这些陈词滥调的同时，也回忆自己所准备的演讲中的下一个观点，努力回忆自己最初想要表达的内容。

如果这种无穷无尽的连锁反应式的讲话方法持续时间太长，就会让演讲者陷入讨论梅子布丁或金丝雀价格这类陷阱中；但对于因忘词而导致的短暂精神损伤，它却是了不起的急救措施。这种方法不知拯救了多少奄奄一息、垂死待毙的演讲。

我们无法提高自己对所有事物的记忆力

在本章中，我指出了如何通过获取生动印象、重复以及将事实关联在一起的方法来提高记忆力。但从本质上看，记忆完全是一种关联。正如威廉·詹姆斯所指出的那样："我们没有办法从整体上和根本上提高自己，只能加强自己对相互关联的事物所形成的特殊体系的记忆。"

比如，每天背一句莎士比亚名句可以让我们把对文学名句的记忆力提高到令人难以置信的地步。每多背一句名句，我们的记忆库中就会添加很多新朋友。但是，即使能把《哈姆雷特》和《罗密欧与朱丽叶》一字不差地背下来，人们也记不住股市上的一些数据，也不知道怎样烤火鸡最好吃。

让我们重复一下：如果将本章中讨论的原则运用起来，我们就能改善自己的方式和效率；但如果不运用这些原则，那么即使我们能记住关于棒球运动的上千万条知识，对记股票市场的数据也起不到丝毫作用。这些毫无关联的数据无法被整合在一起。从本质上讲,"我们的大脑是一台将事物关联起来的机器"。

本章小结

1. 普通人对实际遗传记忆力的使用率还不到10%。由于未能遵守记忆的自然法则,90%的记忆力都被浪费了。

2. 这些关于记忆的自然法则是:印象、重复、关联。

3. 对于想要记住的事情,一定要获得深刻生动的印象。为了能做到这一点,你必须:

  a. 全神贯注。这是罗斯福总统的记忆秘诀。

  b. 仔细观察,获得精确印象。照相机无法在雾中拍照,你的大脑也无法获取模糊的印象。

  c. 尽可能地利用多种感觉来获得印象。林肯会大声朗读自己想记住的东西,从而获得了视觉和听觉的双重印象。

  d. 重中之重便是:一定要获得视觉印象。视觉印象更为持久。从眼睛到大脑的神经的长度是从耳朵到大脑的神经长度的20倍。看笔记并不能让马克·吐温记住他的演讲提纲,但当他丢弃笔记,用图片来回忆那些小标题时,所有的烦恼便都烟消云散。

4. 记忆的第二个自然法则是重复。上千名穆斯林学生需要背诵《古兰经》,他们主要是通过重复背下来的。只要重复的次数足够多,我们就几乎可以记住合理范围内的一切东西;但在重复的时候,一定要记住下面两点:

  a. 不要坐下来像念经似的一遍遍重复,把材料深深刻在记忆里。可以先重复一两遍,然后便放下,过一段时间再重新来,再继续重复。与单次重复相比,这种间隔重复法可以节约一半的时间,令你的记忆效果事半功倍。

第四章
如何提高记忆力

b. 当我们记下一样东西后，8小时内忘掉的内容与接下来30天内忘掉的内容一样多，所以，在站起身来发表演讲前的几分钟，你可以再迅速过一遍自己的笔记。

5. 记忆的第三个法则是关联。记住任何事物的唯一可行的办法便是将它与另外的事实关联起来。"我们脑海中出现的任何东西，"威廉·詹姆斯说，"都必须经由某种媒介被导入。在被导入的时候，它会和已经存在于大脑中的事物发生关联……那些回忆自己的经历次数最多，并且将它们进行最系统化的整理的人，他们的记忆力最好。"

6. 当你想把某样事实与脑海中已经存在的其他事实联系在一起时，要从各种角度来考虑这个新事实。可以就这个事实问下面这些问题：为何如此？何时这样？在哪里发生的这种情况？谁说会如此？

7. 如果想记住陌生人的名字，可以问他一些关于名字的问题，比如如何拼写等。仔细观察他的外表，尽量在名字和面孔之间建立起联系。了解他的职业、生意或行当，尽量编造一些可以把他的名字和他的身份联系起来的无稽之谈。

8. 若想记住某个日期，可以把它与脑海中已经记住的一些重要日期联系在一起。例如，莎士比亚诞辰300年纪念日发生在美国南北战争期间。

9. 如果想记住演说中的要点，就必须要按顺序排列它们，这样，一个要点就会自然地引向下一个要点。其次，还可以为这些要点编造一些比较荒谬的句子，比如"奶牛抽了一根雪茄，诱惑了拿破仑。房子和宗教一道被烧光。"

10. 尽管已做好一切预防措施，但你还是很可能会突然忘记自己想要说什么。如果发生这种情况，你可以利用下面的方法力挽狂澜：用前一句话的最后一个词来开始下一句话。你可以一直这样做，直到自己重新镇定下来，回想起来自己要说的下一个要点。

▶ 发声练习——让喉咙放松

从上一章中我们知道，紧张和压力会影响我们的声音，让它变得不好听。紧张通常会在哪里肆虐，会向身体的哪个部位下手？对于这个问题，大家的答案极其一致。紧张像条毒蛇一样高昂着头，嘶嘶地吐着火红的信子，它几乎总是会攻击同一个地方：喉咙。紧张会钳制住喉咙处的肌肉，让声音变得粗糙、疲惫、嘶哑，甚至会造成喉咙肿痛。对于教师、牧师和演说家来说，喉咙痛是家常便饭。有些人可以一整天或者一连几个月谈生意，喉咙也不痛，那为什么当他们进行公众演讲时，就会产生这种病痛呢？答案可以归结为一个词：紧张。

如果讲话的器官没有得到正确的使用，紧张感就会在不知不觉中使喉咙处的肌肉缩紧。当我们深呼吸时，胸膛会向上挺起，肌肉的力量会使我们保持挺胸姿势，绷紧的胸部肌肉会使喉咙缩紧。演讲者因为要强调重点，而且担心听众会听不到自己的声音，所以他会大声说出演讲中的词语，结果便是出现了各种各样的声调：粗重的呼吸声、刺耳的声音、难听的声音。

解决这个问题的正确方法是：让喉咙完全放松下来。喉咙应该只充当烟囱的作用，让肺部的空气从这里钻出去。

"一些意大利老歌唱家以前常常吹嘘：'意大利歌唱家没有喉咙。'"那些伟大的歌唱家——卡鲁索、梅尔巴、帕蒂、玛丽·嘉顿——唱起歌剧来给人的感觉都是：他们的喉咙仿佛不存在。演说家也应该以这样的方式来演说，锁骨以上的所有肌肉都应该处于放松状态。事实上，腰部以上的所有肌肉都应该放松下来。

如何能确保自己的喉咙处于这种梦寐以求的放松状态呢？下面介绍一个简单的、不容易忘掉的方法。假设有人问你这样一个问题："意大利歌唱家有活动吗？"你打算回答："没有。"闭上眼，想象一下打哈欠的样子，酝酿一个哈欠。我们都知道，打哈欠是从深呼吸开始的——实际上，人们之所以打哈欠，就是因为需要更多的呼吸。当你正在做深呼吸，但还没有打出哈欠来时，你的喉咙是放松的、打开的。好，现在不要打哈欠了，开始说话。心里想没

第四章
如何提高记忆力

有，嘴里说"没有"。怎么样，这个声音好听吗？为什么好听？因为你的发音状态是正确的。

我们现在已经了解了一些发音的基本原理：膈膜式深呼吸法、全身放松、打开喉咙。

这个练习每天要做 20 次。张开嘴，做打哈欠的准备，感觉自己肺部的下方充满空气，空气顶着肺部下方和后方的肋骨，挤压着被称为膈膜的拱形肌肉。好，现在不要打哈欠，开始说话，可以说下面这句韵律感比较强的句子：*Lovely Lolita drifting along in the moonlight over the murmuring lagoon.* （月光下，可爱的洛丽塔在柔声絮语的潟湖上漂动。）

说话时，要感觉自己是像喝水那样把这些词吸进来——不是吸入喉咙，而是向上吸入头部敞开的区域。这种感觉应该和用鼻孔做深呼吸相同，体会一下。

最后，做好深呼吸后，让胸部完全放松，体会一下此时胸部的感觉：它被里面的空气撑了起来，就像汽车的轮胎和整个汽车被充满气的内胎撑起来一样。如果不用这种方式来使胸部放松下来，挺胸时所使用的肌肉的力量就会使你的喉咙绷紧。另外，千万不能把这个理解为呼吸的时候要含胸。不，吸气时要挺胸，而不是挺起肩膀；然后，让身体中部的气压撑起胸部的重量。

第五章　不要让听众睡着

"成就是指刻苦学习知识，最大限度实现自我所获得的东西。成功是别人对你的夸赞。成功也很美好，却没有成就那么重要，也没有成就那么令人满足。应该永远以成就为目标，忘却成功。"

——海伦·海耶斯

我和舍尔曼·罗杰斯（Sherman Rogers）曾在圣路易商务部的同一个会议上发表过演说。我在他前面演讲。如果能找到一个好借口，我肯定会讲完就走，因为宣传海报上说舍尔曼·罗杰斯是一位"伐木工演说家"。坦白地说，我觉得这样的演讲一定会很无聊，我通常把所谓的"演"归为塑料花一类的东西。可这一天，我却感受到了意外的惊喜——罗杰斯先生的演讲是我听过的最精彩的演讲之一。

舍尔曼·罗杰斯是谁？他是一名货真价实的伐木工人。他的大半生都在西部地区的密林中度过。对于各种关于雄辩的学术专著中指定的大量公共演讲规则，他一无所知，也毫不在乎。他的演讲不加修饰，却极具震撼力；毫无技巧，却饱含激情。这次演讲中出现了很多语法错误，有五六个不符合规则的地方，但令一个演讲失利的并非是出现错误，而是没有闪光点。

他的演讲是从自己做工人以及后来当老板的生涯中攫取出来的丰富、粗糙但令人悸动的人生体验。他的演讲并非从书本上得来，而是来自现实生活中的亲身经历，虎视眈眈地朝你扑来。他说的每一个字都像一团火焰一样，燃烧着心灵的激情。听众们惊呆了。

他成功的秘密是什么？是所有巨大成功背后的秘密。"史书上记载的每一次伟大运动，"爱默生说道，"都是热情的胜利。"

这个有魔力的词汇（enthusiasm，热情）是从希腊语的两个词演变而来：en，意思是在里面；theos，意思是上帝。从字面上看，热情就是指上帝在我

第五章
不要让听众睡着

们心中。当一个热情的人说话时，他就像被上帝附身了一样。

有段时间，我特别依赖一些关于公共演说的规则，但随着时间的流逝，我开始越来越相信演讲的精神魅力。威廉·詹宁斯·布莱恩曾说，"可以这样来定义雄辩，它指的是这样的演说——演说者知道自己在说什么，且态度极其真诚，是思想在燃烧。"对一个没有热情的演说者来说，知识几乎毫无意义。具有说服力的演说是将心比心，而非智力上的比拼。演说者很难欺骗听众的感情……2000多年前，一位拉丁诗人表达过同样的思想："如果你的脸上没有悲伤，就无法让别人流泪。"

"每次当我写东西、祷告或布道时，如果我想做得很好，"马丁·路德·金说，"我就必须要愤怒。这时，我血管里的全部血液都会沸腾，我对事物的理解也会更加敏锐。"

你我或许无须像他这样愤怒，但我们也必须调动起情绪，必须真诚以待、充满热忱。

就连马儿都会受激烈言辞的影响。一位著名的驯兽师曾说，一个愤怒的词语会让马的心跳每分钟加快10次。听众当然要比马儿敏感多了。

我们必须记住这样一个事实，它非常重要："我们的每一次演讲都会决定听众的态度，他们完全在我们的掌控之下。如果我们无精打采，他们也无精打采；如果我们沉默，他们也沉默；如果我们无动于衷，他们也无动于衷。但是，如果我们迫不及待地想要表达自己的想法，而且在表述时充满感情、毫无矫饰、坚决有力、信心满怀，我们的演讲就会极具感染力，听众就很难不被我们的精神所打动。"

虽然我们都愿意认为整个世界都是由理性推动的，但事实上，推动世界的是感情。如果一名演讲者力图表现得很严肃或非常睿智，他的演讲就很可能会失败。但如果一名演讲者充满坚定的信念，令你产生好感，那么他的演讲就永远不会失败。无论演讲者的演讲主题是有关个人的还是一个普遍性的问题，演讲者都必须深信，自己的演讲对听众来说有意义，这样这个演讲才能打动你。至于这一信念披着什么样的外衣，并不重要，重要的是演讲者充满真诚，他的演讲饱含情感力量。

只要拥有激情，演讲者的影响就将无处不在。他可能会犯 500 个错误，但他的演讲依然会很成功。据说，伟大的钢琴家阿瑟·鲁宾斯坦在演奏时会弹出各种各样的错音，但没人会在意，因为他能把肖邦钢琴曲中的浪漫诗意传达给普通的听众——而这些人之前看到日落时的感受是：那不过是一只红色的大盘子落在谷仓背后的地平线上。

据史料记载，英明而强大的雅典执政官伯利克里每次讲话前都要向众神祈祷，希望自己不会进出任何不妥的词，哪怕只有一个。他的讲话是发自内心的，因此也会直抵听众的心。

美国最著名的女性小说家之一薇拉·卡瑟曾经说过："每个艺术家都有一个秘密。那就是，激情。这是一个公开的秘密，和英雄主义一样，它也可以被模仿，而且成本很低。"

激情、情感、精神、真情实感……如果你的演讲拥有这些品质，听众就会原谅其中的一些瑕疵，他们甚至可能根本注意不到。历史已经证明了这一点。林肯说话时声音特别高，很难听；德摩斯梯尼有口吃的毛病；有些著名的演说家声音特别小，有些结结巴巴，还有些说话太快，会吞词儿，但他们的热情掩盖住了这些缺陷——充沛的感情让这些问题化为乌有。

一定要说你特别想说的东西

一篇优秀演说的精华便是演讲者最想表达的那些东西。哥伦比亚大学几年前举办的一次公共演讲比赛便证实了这一点。当时的参赛者有六七位本科生，他们都接受了充分的训练，都急于表现自己，但他们追求的是获奖，只有一人例外。那些将目标放在奖牌上的人几乎没有说服别人的欲望，他们之所以选择了那些演讲题目，是因为它们易于演讲。对于自己演讲中所包含的一些论点，他们也并没有什么强烈的个人兴趣。他们一个接一个地做演说，看上去不过是在为磨炼演讲术语而做练习而已。那个唯一的例外便是一位祖鲁族王子。他选择的演讲主题是"非洲对现代文明的贡献"。他说的每一个词

第五章
不要让听众睡着

都饱含激情。他的演讲并不仅仅是一次练习，而是一个鲜活的生命，从他的信念和激情中喷薄而出。他是代表自己的人民、自己的大陆进行演讲的。他非常强烈地想表达一些东西，他带着令人动容的真诚，讲述了这些内容。或许他的演讲技巧与其他两三位选手一样，还不够成熟，但最后评委却将大奖授予了他。评委们欣赏的是：他的演讲像真正的演讲那样充满激情。相比之下，其他几个演讲听起来不过是在练习演讲方法而已。

很多演讲者之所以失利，原因就在这里。他们并非是在信念的驱动下进行演讲，导致演讲中没有渴望、没有激情。

"啊，说得真好。"你会说，"但我该如何培养你们赞不绝口的这种热忱和激情呢？"有一点可以肯定，如果只是在表面上谈谈，那你永远也无法培养出这种东西。任何具有分辨能力的听众都能看出你的演讲是流于肤浅，还是从你的内心汩汩流出。所以现在就摆脱惰性吧！全心全意地投入其中，挖掘并寻找深藏在你身上的隐秘资源，获取事实和事实背后的原因，全神贯注地对你的材料进行分析和思考，直到你能寻找到其中的意义。通过最后一点分析，你可以看出：所有的一切最后都归结到对演讲的准备以及做正确准备这个问题上。用心来准备与用脑来准备同等重要，下面我将举例说明。

我曾经培训过几个人，他们将要在一次紧缩开支的活动上发表演讲。其中一位女士的演讲特别缺乏力度，她之所以参加这个活动，只是因为喜欢讲话，而不是因为对紧缩开支这个话题有任何热情。我开始对这位女性进行培训。第一步便是让她的身心都激动起来。我让她回去仔细想想这个话题，直到自己产生了强烈兴趣再回来讲。我提醒她注意，纽约遗嘱检验法庭的记录显示，85%的人在死的时候没有留下任何财产，只有极少部分人才拥有一些有点价值的财产。我让她在心中牢记：她并非让人们帮她什么忙，也不是在向人们索取一些他们无法给予的东西。她应该告诉自己："我在为这些人准备年老时所需的肉、面包和衣服，让他们在年老后得到慰藉，让他们的家人在他们死后能得到保护。"她一定要记住：自己从事的是一项非常伟大的社会公益事业。

她对这些问题进行了深思,把它们深深地烙在了自己的脑海中,同时也顿悟出了它们的重要性。她激发出了自己的兴趣,引发了对这件事的热情,也逐渐感受到了这一任务的神圣性。接下来她便开始演讲,她的话让人们感受到了她心中坚定的信念。

取胜的秘密

"我一定要活着。"一个年轻人向伏尔泰喊道。哲学家回答说:"我觉得没这个必要。"在很多情况下,这就是别人对你要说的话的态度:根本没有说的必要。但是,如果你想让自己的演说获得成功,就必须要感受到这种必要性,要让这种必要性牢牢抓住你,让它成为全世界最重要的事情。

著名的福音派牧师德怀特·L.穆迪有一次在准备就恩典进行布道时突然变得特别心神不宁,他急不可耐地要寻求真相,最后竟然抓起帽子,离开书房,大步奔到大街上。每遇到一个人,他就拦住人家,唐突地问:"你知道什么是恩典吗?"如果一个人的情感如此热切而强烈,他一定能施展魔法,让听众为他着迷。这还有什么疑问吗?

不久前,我在巴黎开设了一门公共演说课,有一个学员——好像是个学生——几乎每天晚上都要进行干巴巴的演讲。他收集了各种真实而详尽的资料,有好几沓,但却未能用发自内心的兴趣来将这些资料串联起来。他的演讲缺乏生气,给人的感觉是:他要说的内容无可无不可。这样一来,听众自然也就不会上心,他们对他的演讲的态度跟他自己的评价差不多。我不时地打断他,尝试着给他注入力量,让他清醒,但常常感觉是在对牛弹琴。最后,我终于成功地让他意识到,他的准备方法是有缺陷的。我让他相信,他应该在自己的大脑与内心之间建立起某种类似电报似的联系。我告诉他,他不仅要给我们摆事实,还要向我们展示他对这些事实的态度。

一个星期后,当他再次出现时,带来了强有力的观点。他的演讲有了意义,终于有什么东西能深深打动他了,他终于有了自己真心喜爱,并愿意为其抛洒汗水和热血的演讲内容。他的演讲赢得了经久不息的热烈掌声。这是

第五章
不要让听众睡着

一次短暂的胜利,他终于让自己生出了一点真诚的热情——这是为演讲做准备的基本内容。正如我们在第二章所学到的那样,为演讲——真正的演讲——做准备,并不只是意味着机械地在纸上写下一些字或背诵一些词句,也不意味着从书籍或报刊文章上剽窃一些二手观点。不,绝非如此!为演讲做准备意味着向你的大脑、你的心灵、你的生活的最深处进行挖掘。挖,不停地挖。一定能挖到,不用怀疑。你拥有丰富的矿藏,数量惊人,而你从来没有想到它们会在那里。你是否意识到了自己拥有巨大的潜力?我很怀疑。威廉·詹姆斯说过,大部分人的潜能只开发出了10%左右,比只开动了一缸的八缸发动机还糟糕!演讲的最精彩之处并非是它冷冰冰的词句,而是它的精神,以及词句所体现的演讲者的信念。要永远记住:你才是演讲中最重要的部分。听听爱默生的这些金句吧,它们是多么睿智:"不管用什么语言,最终,你说的都是你自己。"这是我所听到过的关于自我表达艺术的最精彩的言论。为了强调它的重要性,我准备在此再次重复一遍:"不管用什么语言,最终,你说的都是你自己。"

林肯用演说打赢了官司

林肯可能从来没读到过这些,但有一点可以肯定:他深谙演讲的奥秘。有一天,一位当年曾参加独立战争的士兵的遗孀来找他。这位老妇人老态龙钟、一瘸一拐地走进他的办公室,向他讲述了自己的遭遇:她的养老金代理人答应帮她拿到400美元的养老金,但他竟然索取高达200美元的代理费。林肯听了之后义愤填膺,立刻决定帮她打官司。

他是如何准备这场官司的呢?他先通读了一本华盛顿的传记和一本独立战争史,读完后,他热血沸腾、怒火中烧。在法庭上进行辩护时,他讲述了当年爱国者们所遭受的重重压迫——正是在这种情况下,他们才揭竿而起,为自由而战。他向人们生动地叙述了这些战士们当年所经历的艰难困苦:他们被困在福吉谷,饥肠辘辘,不得不赤着脚在冰天雪地里行军,脚上滴着鲜血……接着,他愤怒地转过身,瞪着那个骗取英雄遗孀养老金的混蛋。他眼里迸发着怒火,义正词严地谴责被告人,发誓要将他"抽筋剥皮"。

"时光荏苒,"他最后总结陈词道,"那些在1776年英勇奋战的英雄们已经作古,他们早已安息,但现在,各位陪审官大人,有位英雄的遗孀一瘸一拐地来到我们这里,请求我们为她主持公道。看啊!她双目失明、身无分文,可从前她并不是这个样子。她也曾是位妙龄少女,她也曾步履轻盈,她的面庞也曾娇美,她那银铃般的声音也曾在古老的弗吉尼亚群山中回响。可现在她却一贫如洗、举目无亲,如风中残烛。在这里,在这个离她度过孩提时代的家乡几百英里远的伊利诺伊平原上,她祈求我们——我们这些享受着当年那些爱国者在独立战争中浴血奋战给我们带来的特权的人们——祈求我们的同情、我们的援助、我们的庇护。我只想问一句:我们是否该帮她?话音刚落,陪审团中就有人已泣不成声。在判决中,老妇人得到了应得的所有赔偿,一分钱都没少。林肯为她进行担保,承担了全部费用,为她支付了旅馆的费用和回家的车费,而且免费为她打这场官司,不收分文。几天后,林肯的合作伙伴在办公室发现了一张小纸条,上面写着林肯这次法庭辩护的提纲。他读着读着,不禁失声大笑:

"无合同。——法律服务不够专业。——费用索取不合理。——被告扣留费用,不给原告。——独立战争。——描述一下当年福吉谷的艰难困苦。——原告的丈夫。——士兵去参军。——对被告抽筋剥皮。——结束。"

希望我已经讲得很明白:调动起自己的情绪和热情的先决条件,便是进行充分的准备,直到你有话非说不可。

表现出热情

正如我们在第一章中提到的那样,威廉·詹姆斯曾指出,"行为与情感紧密相连。行为受意志的直接控制,而情感却并非如此。我们可以通过控制行为来控制情感"。

所以,如果你想体验慷慨激昂的感觉,就必须站起来,做出慷慨激昂的

第五章
不要让听众睡着

行为。不要再靠着桌子了，站立时要腰杆挺直，安安静静地，不要前后摇晃，不要上下颠动，也不要像一匹疲倦的马一样来回腾挪你的双脚。总而言之，不要做出太多只有在紧张的情况下才会做的行为，因为这等于在昭告天下：你很慌乱，无法镇定自若。一定要掌控住自己的身体，这会传达出一种泰然自若、坚定有力的感觉。当你开始演讲时，要站起身来，像一位强有力的参赛选手一样走出来。让我再重复一遍：深呼吸，让肺里费充满氧气，全部充满。直视听众，你看听众的样子应该让他们产生这样的感觉：你有非常重要的内容要向他们传达，而且你自己也深知这些内容的重要性。自信而勇敢地看着他们，就像一位小学老师看自己的学生一样——此时你就是老师，听众就是过来听你讲课的，所以你一定要充满自信。另外，声音也要特别有力。"声音再大一点儿，"先知以赛亚曾说过，"大一点儿，不要害怕"。

要使用强调性手势。演讲的时候就不要担心这些手势是否漂亮、是否优雅了，你应该全神贯注地让自己的手势充满力量，还要做得非常自然。演讲时之所以要辅以手势，并不是为了传达这些手势的意义，而是因为它们会对你有很大帮助。它们会创造奇迹。即使你是在电台的广播间做演说，也一定要做手势，不停地做。当然，收音机前的听众们是无法看到你的，但他们能感受到手势对你的影响。手势会让你的声调和整个仪态都越来越生动有力。

我曾无数次打断一个正在干巴巴地进行演讲的人，训练他并迫使他使用强调性手势。对于演讲来说，这并非格格不入，相反，被迫做手势这一行为最终会唤醒并刺激演讲者，他后来的手势就会更加自然。就连他的面孔都会明亮起来，热情洋溢；他的态度也会更为鲜明。

如果你在行为上表现出热情，就能让人感受到热情。"如果你不具有某种美德，莎士比亚曾劝告我们，你可以假装自己拥有它。"

重中之重是，你要张开嘴、大声讲。大部分发表公众演讲的人的声音都比较小，30英尺以外便无法听见。

当你面对比较少的听众进行演讲时——比如在教会的小团体、社区团体或在同事面前讲话时，可能没有公共演讲音响系统来放大你的声音。但是，即便是面对比较少的听众，你也应该大声演讲，这非常重要，因为房间另一头的人可能无法听清你的声音。你可以使用平时说话的语调，但一定要大声讲、重重地讲。我们的眼睛可以看清 1 英尺以外的小字，但如果是在大厅里，就必须要使用黑体标题来突出。

如果你是面对大型听众进行演讲，就可能需要使用麦克风。遗憾的是，很多人并不知道如何最充分地利用这一工具。他们要么离麦克风太近，要么就离它太远。要调节一下麦克风，让它的高度与你的嘴唇平齐。如果前一位演说者比你高很多或矮很多，这一点便尤为重要。

在开始演讲前，要设置一下麦克风。最理想的距离是离麦克风 6~12 英寸远。自然发声即可，不必对着麦克风喊叫。

记住，虽然你能听见自己的声音，但是，屋子后面或中部的人可能听不到——即使你离麦克风只有一步之遥。

如果你知道自己在演讲过程中需要在听众中间走动，那么可以用一只便携式麦克风。很多歌手在演唱时会手持一支麦克风，因为他们需要在舞台上来回走动。有些演讲者也会这样做，这样可以使他们的声音传得很远，但同时也会挡住他们的脸，令听众分神。其实，无线麦克风比便携式麦克风好用得多。你可以将它夹在你的衣服上或者挂在脖子上，这种无线设备可以给你充分的自由，让你在房间里任意走动，而你的声音却依然与音响系统连接。

如果听众睡着，该如何救场？

一位乡村牧师曾询问亨利·沃德·比彻，如何能在一个闷热的周日下午让他的听众保持清醒？比彻告诉他：可以让引导员拿一根尖尖的棍子来戳他。

我喜欢这个方法，棒极了。这是常识，但也是真知灼见。对于普通演讲者而言，他的作用比大部分关于演讲术的鸿篇巨制还要大。在学员开始演讲前，能让他们尽快进入状态的最好的热身办法就是把他们打趴下。这会给他们的演讲注入激情与活力，让它燃烧。演员们非常了解在走上舞台之前让自己迅速清醒的重要性。胡迪尼的做法是在后台上蹿下跳，挥舞着拳头，对着

第五章
不要让听众睡着

空气狠狠地打一个假想敌。还有的演员会刻意因为任何一点点小事而大动肝火——比如舞台工作人员的呼吸声太粗重,他们便会寻找一切借口,让自己发怒。这种高昂的情绪正是他们梦寐以求的。我曾看到有些演员立在舞台两侧,疯狂捶打自己的胸脯,来使自己进入状态。

我经常强迫我的学员在课堂上开始自己的演讲练习,重复其中的一些基本点。我还要求他们使用一些有力的手势,以尽可能地让演讲更有活力,哪怕是带着怒火。

在开始演讲之前,如果有可能,一定要进行充分休息。最理想的状态是脱掉衣服,上床躺几个小时。如果可能的话,洗个冷水澡,然后来一次强有力的按摩。要是能游泳,那就再好不过了。

盖里·佩尔(Geri Pell,金融顾问)曾就金融管理这一主题在美国做巡回演讲,常常是他刚飞到某个城市,半小时之内就要去面对他的听众了。他很有心,每次都在旅行包中放入眼罩和耳塞,这样他就能在飞机上安心地睡上一觉。

最成功的演说家是这样一些人:他们的精力极其旺盛,恢复力超强,身上明显带有一股爆发力,可以一气呵成、气势磅礴地进行演讲。他们就像发射器一样,无论什么来到他们面前,都会被他们打倒。

黄鼠狼词语与洋葱

要为你的演讲注入能量,真正进行演讲时要乐观积极,但是也不要过于积极。只有无知的人才会对任何事情都信以为真,只有不自信的人才会在每句话的开头都说"似乎,也许,可能,我认为"。

演讲新手普遍面对的一个烦恼并不是他们过于乐观积极,而是一些胆怯的话语。这令他们的演讲减色。我记得有一次曾听到一位游客这样描述他的一次穿越康涅狄格州的摩托车之旅。"路的左边,"他说,"好像是一片洋葱田。"没什么好像不好像的。要么是洋葱,要么不是洋葱。如果看到洋葱田,我们一眼就能认出来,并不需要什么超凡脱俗的观察力,但这个例子却说明:

演讲者有时可能会犯愚蠢的错误。

西奥多·罗斯福把这些表达方法称为"黄鼠狼词语",因为黄鼠狼会把鸡蛋里面的蛋清、蛋黄都吸掉,只留下一个空空的蛋壳。这就是这些词语给你的演讲带来的破坏力。畏畏缩缩、歉疚的语调和蛋壳式短语是自信和信念的大敌。如果公司的宣传标语中使用这类语言,想想它们会是什么样子:"在我们看来,戴尔似乎是你最后一定会买的电脑。""我们的观点是,保诚集团拥有直布罗陀海峡的力量。""我们觉得你最终会选用我们的面粉的——为什么不现在就用呢?"

舆论宣传人士已经告诉我们,如果反复不断地用力重复一件事情——无论它是否真实——人们都会相信它。纳粹头目时不时地强调日耳曼人是最优越的民族,以至于非日耳曼人都开始相信这个观点。但是,正如我前面说过的那样,不要对一切太过乐观。在有些时候、有些地方,对于有些听众、有些话题来说,过于乐观可能会对演讲造成妨碍,而非带来裨益。一般来说,听众的知识水平越高,越不容易接受纯粹说服性的论断。善于思考的人是不会人云亦云的,他们只希望得到引领。你只需给他们提供事实,他们自己便会得出结论。他们喜欢别人问他们问题,而不是滔滔不绝地对他们指手画脚。

热爱你的听众

几年前,我曾经在英国雇佣并培训了几位公共演说者。经过艰苦而昂贵的测试,其中三位被解雇,有一位不得跨越几千英里回到美国。他们的问题就在于,他们并非发自内心地想打动听众。他们真正关心的不是别人的感受,而是自己的感受,以及能拿到多少报酬。每个人都能感觉到这一点。他们对听众很冷漠,听众反过来对他们也很冷漠。我曾经对林肯的公共演讲方法进行过专门研究,毫无疑问,他是美国历史上最受人喜爱的人士之一,在很多方面都是天才,但我却倾向于认为,在很大程度上,他在听众中的魅力要归功于他的同情心、诚实与善良。他有一颗仁爱的心。"他的胳膊有多长,"他的妻子说,"他的心就有多大。""我成功的秘密,"舒曼·海因克夫人说,

第五章
不要让听众睡着

"就是对听众全身心的投入。我热爱我的听众,他们是我的朋友。当我出现在他们面前时,我感觉有一条纽带把我们紧紧联系在了一起。"这就是她闻名全球的原因。让我们也来尝试着培养同样的精神吧!

了解你的听众

如果听众无法理解演讲者想要传递的信息,那么再出色的演说者也无法进行有效的沟通。不管你的听众是你认识的一个人,还是由形形色色的人组成的大型听众群,演讲时都要选择一些容易让他们理解的词语。如果你的听众有技术背景,你可以使用一些技术上的术语,这些特殊的词语对你的听众完全不会构成任何阅读障碍,他们能清楚地明白其中的意思。但是,如果你面对的是一群没有技术背景的人,讲的是与技术有关的素材,就不要使用这类技术语言。你可以把它们翻译成听众能够听懂的词语,并且要多使用例子,这样他们就能明白。

本章小结

1. 你每次开口讲话的样子,决定了听众对你所说内容的态度。如果你无精打采,他们也无精打采;如果你无动于衷,他们也无动于衷;如果你慷慨激昂,他们也一定会被你的精神所鼓舞。热情是演讲中最重要的因素。

2. 如果演讲者有意让自己的演讲听起来特别严肃、高深,那他的演讲根本不会成功。但如果演讲者用自己的坚定信念打动了听众,那么听众就会为他喝彩。如果演讲者对演讲所要传达内容的价值深信不疑,他的演讲就会一飞冲天。

3. 尽管这种富有感染力的坚定信念和高昂激情对于演讲者来说至关重要,但大多数人并不具备这些素质。

4. 一个演讲的精华之处便是:演讲者的确言之有物,的确有非要表达不可的东西。

5. 仔细斟酌自己演讲中所举的事例，把它们的重要性深深烙刻在自己的脑海里。在说服他人之前，要先激发出自己的热情。

6. 在你的头脑和心灵之间建立起一种类似电报式的联系。我们不仅需要你给我们提供事实，还想知道你对这些事实的态度。

7. 演讲的意义并非在于演讲者所说的话，而在于这些话背后隐含的精神。

8. 为了开发自己的热情，感受到那种慷慨激昂的情绪，你必须表现出热情。站立时要挺直腰杆，直视你的听众，还要使用强调性手势。

9. 重中之重便是要张开嘴、大声讲。很多演讲者声音不够大，30英尺以外便听不到。如果面对的是大型听众，就要学会使用麦克风这个利器。

10. 一位乡村牧师曾询问亨利·沃德·比彻，如何能在一个闷热的周日下午让他的听众保持清醒？比彻告诉他，"可以让导引员拿一根尖尖的棍子来戳他"，这是关于公共演说术的最中肯的建议。

11. 不要用"在我看来，似乎""依鄙人粗陋的意见"这类词语来削弱自己演讲的力量。

12. 热爱你的听众。

13. 要按听众的理解水平来决定自己演讲词语的难度。

▶ 发声练习——控制声音

"如果让我这时候辅导一个小女孩唱歌，"著名的音乐会演唱家茱莉亚·克劳森宣称，"我的要求会很简单，就让她做个深呼吸，注意腰部膈膜上方扩张的感觉。接下来我会让她屏住呼吸，一口气说尽可能多的词，同时让膈膜两旁的肌肉来维持她的呼吸。也就是说，让她继续屏住呼吸，不要喘气，也不要继续吸气。这个练习的目的是让她能在呼吸最少——而非最多——的情况下持续发声，此时喉咙处的压力更小，一直处于一种气若游丝的状态，这令发声尤其困难……对我来说，最难的一个元音是'啊'，喉咙处完全敞开，气流处于最难控制的状态。所以我养成了一个习惯，每次练习都按'呜哦啊哎呃'的顺序来进行。"

第五章
不要让听众睡着

很棒，夫人。我们不是小女孩儿，对唱歌也不感兴趣，但我们会听从你的建议，用这种方法来提高我们演讲时的声音的质量。

首先，让我们像她建议的那样，来做一次深呼吸。一边呼吸，一边做打哈欠的样子。要深深地呼吸。好，现在开始深呼吸，感受一下你的肺部正在不断地膨胀，就像玩具气球一样。感受一下它们正在挤压两侧骶部和后部肋骨的感觉。感受气流向下走，挤压那个叫作膈膜的拱起的肌肉。要把主要注意力都放在膈膜上，这块肌肉很软，你需要加强它的力量。

好，在打哈欠之前，你的喉咙是敞开的，这时唱"啊"，一直唱到你这口气屏不住为止。你能唱多久？这要看你对呼吸的控制能力如何。在自然的情况下，你这口气会突然喷出，就像被针扎破了的气球一样。为何如此？因为我们的肺部是有弹性的，它们现在处于扩张的状态，需要收缩起来。游移的肋骨受到膨胀的肺部的挤压后，就会把肺里的空气挤出来。膈膜也一样，如果你不控制它，它就会迅速恢复自己原来拱起的形状，把你的呼吸从满胀的肺部中挤出来。

但是，如果让气流窜出，你的声音就会比较粗重，听起来既不清晰，也不好听，没有力量。那么，如何能防止气流窜出呢？卡鲁索曾说，如果想唱得优美动听，不对呼吸进行控制是完全行不通的。如果想在演讲时拥有理想的声音，不控制呼吸也行不通。

那么，该如何着手防止呼吸窜出呢？我们的第一反应通常都是收紧喉咙——除非我们特别小心。还有什么比这更糟糕的建议呢？按照夫人的说法，喉咙"一定要一直处于一种气若游丝的状态"。

喉咙与气流的窜出毫无关系。喉咙并没有压迫我们膨胀的肺部，所以我们应该把注意力集中在控制膈膜和肋骨上，把它们控制住，让它们在你唱"啊"时轻轻地、放松地进行挤压。观察一下自己在不颤抖的情况下，能把这个声音牢牢地发多长时间。

现在让我们尝试唱一些克劳森夫人所建议的"呜哦啊哎呃"。

第六章　成功演讲的基本要素

"在处理每个新问题的过程中，不是去看能不能达到你想要的结果，而是尽可能地发现真相，立足现实解决问题。你也许不会满意得到的结果，但即使是这样，你也有权尝试改变它。不过要记住，无论得到的实际情况是什么样的，你都不要欺骗自己。"

——伯纳德·M. 巴鲁克

"如果你会做梦且不会让梦成为你的主宰；

如果你会思考且不会让想法成为你的目标；

如果你有勇气面对胜利与灾难，

并且同等对待这两个骗子；

如果你能控制住你的心灵、你的神经和你的肉体，

在它们消失后，依然长久地坚守阵地；

即使肉身泯灭也不要泄气，

因为你还有意志，它在对你说：'坚持下去。'"

"如果你能花六十秒奔跑，去填补不可饶恕的一分钟，

那你将拥有整个世界。

当然，亲爱的孩子，你会成为一个真正的男人。"

这首非常有名的诗歌出自拉迪亚德·吉卜林之手。这首诗可以说鼓舞了一个多世纪以来的众多读者：发明家们把它贴在墙上，探险家们在探险前会读上一遍又一遍。如果我们所有人都跟随吉卜林的训谕，坚持努力，那我们也许就能在生活中成就许多。然而，自从我第一次投身教育事业，我就被一件事情吓到了：我目睹了好多上各种夜校的学生，他们还没实现目标就已经疲惫不堪，甚至昏倒在路边，其数量之多着实令人惊讶和痛心。这是对人性悲哀的阐述。

第六章
成功演讲的基本要素

本章是此书的第六章。按照以往经验，我也清楚，很多人在阅读过程中已经泄气了，因为他们到现在都没有做到前五章中所提到的"战胜面对听众时的惧怕和胆怯"以及"培养自信心"。真为他们感到可惜，"他们太缺乏耐心了。哪一个伤口会在一夜间治愈，不都是慢慢修复的吗"？

坚持不懈的必要性

当我们开始学习一切新事物的时候，比如法语、高尔夫球或是公共演讲，我们从来都不会稳步提升，也不会慢慢进步。我们只会突然间来一次飞跃，然后在一定时间内又会原地不动，甚至可能会退步，失去我们先前累积的优势。而停滞的这段时间或者称之为后退，是心理学家们研究的"老朋友"了，他们通常将其命名为"学习曲线中的稳定期"。学习公共演讲的学生有时会发现自己几周都没有进步——无论他们多么努力地学习，也摆脱不了这段稳定期。意志薄弱的人会在绝望中放弃，而那些有韧劲的人则会继续坚持。坚持下来的人最终会发现，一夜之间，也许自己都不知道发生了什么以及为何会发生这种情况，但他们的确会在一瞬间取得巨大进步。他们会忽然掌握一件事情的要领，会忽然在演讲时变得自然，并且充满力量和自信心。

我们在这本书的其他地方其实已经提到过，你也许一直会在一开始面对听众时常常感到恐惧、惊讶和焦虑。知名的演讲者、著名的演员，甚至是最伟大的音乐家都会有这种感觉——即便他们已经公开露面了无数次。你也会有和他们一样的经历。如果你有类似经历，却没有坚持下去并克服它，那你就永远都消灭不了最初的恐惧感，而只会失去更多。你应该学会控制自己，这样，你以后就能怀揣着正能量和愉悦的心情演讲了。

做一件事就要持之以恒

有一次，有位年轻的男士立志要学法律，于是他写信给林肯总统寻求建议。林肯回复道："如果你现在下定决心想成为一名律师，那么这件事情有超过一半的部分你已经完成了。永远要记住，你自己想要成功的决心，要比其他任何事情都要重要。"

林肯明白这个道理,因为他已经都经历过了。他此生从来都没有在学校里读超过一年的书。那么他看过书吗?他曾经说过,他家周围50英里范围内的书他都借过。他的小木屋里的柴火彻夜燃烧不灭,有时候他便借着这火光读书。他通常把书插在木柴间的缝隙中。当早晨的光线足够亮时,他就在树叶铺成的床上翻身,揉揉眼睛,打开书,津津有味地阅读。

在人群聚集在金特里维尔的琼斯杂货店之前,林肯会走二三十英里的路,就为了去听一个演讲,然后在回家的路上,在田地里、丛林里……在任何地方反复踱步,练习刚刚听到的演讲。他会加入新塞勒姆和斯普林菲尔德的文学和辩论社团,围绕时事话题练习演讲。

林肯总是感到自卑,一有女生在场就会害羞、木讷。当他向玛丽·托德献殷勤时,他经常坐在客厅中听她说话。他腼腆又安静,不知道能说什么,便只是静静聆听她的一字一句。然而,就是这样的一个人,通过不断练习和自学,最后成了一个能和才华横溢的雄辩家道格拉斯参议员辩论的人;就是这样的一个人,在葛底斯堡发表了他的第二次就职演说。他的辩才是人类历史上都十分少见的。

在白宫的总统办公室里有一张林肯的画像。西奥多·罗斯福说:"有时候我需要决定某件事情,但各种权力、利益牵涉其中,让我很难抉择。这时,我就抬头看向林肯的画像,想想如果他坐在我的位置上、遇到同样的情形会怎么做。这在你们听来也许很奇怪,但说真的,我每次这么做,都能很快想到问题的解决方法。"

为什么不去试试罗斯福的方法呢?如果你现在感到泄气,想要放弃成为一名演讲者,为什么不从钱包里拿出5美元纸币,看看上面的林肯画像,然后问自己:他会怎么做?你知道他会怎么做,你也知道他曾经确实是这么做的。斯蒂芬·道格拉斯在竞选美国参议员中打败了林肯之后,林肯劝告自己的追随者"一次失败、哪怕是几百次失败,都不要放弃"。

第六章
成功演讲的基本要素

努力终归有回报

我多么希望你能坚持一周,在每天的早餐桌上打开这本书阅读,直到你能够背诵哈佛大学著名心理学家威廉·詹姆斯说的这段话:

"不要让任何一个年轻人对教育的结果感到焦虑——不管结果会是什么。如果他在工作日的每个小时都保持着忠实的忙碌,他可能对结果很放心。他完全可以指望自己能一醒来就看到晴朗的早晨,又发现无论自己追求的是什么,自己都是同辈中具有竞争力、能够脱颖而出的。"

有著名的詹姆斯教授做后盾,我敢说,如果你愿意满腔热血地去追求本书传授的方法和知识,继续为之努力、勤奋操练,相信总有一天你会在一个美妙的清晨醒来,然后发现自己已经成为所在城市或社区中最具竞争力的演说家之一。

不管现在听上去有多么美妙,这其实都只是事物的普遍原则。当然,也会有例外。比如一个有自卑心理的人,如果他都不知道该说些什么,自然不会成长为当地的丹尼尔·韦伯斯特(美国著名政治家、法学家、律师)。这个断言在合理范围内还是正确的。

我再来举一个更具体的例子:

新泽西州的州长斯托克斯出席了在首府特伦顿举办的一个公共演讲课程的闭幕式。他评论道,那晚他听到的学生们的演讲和他在华盛顿众议院和参议院听到的议员们的演说一样棒。几周前,在特伦顿演讲的这群人,在面对听众时还张口结舌、心惊胆战。他们不是早期的西塞罗,他们只是你在任何一个美国城市里都能看到的普通人。然而,他们在某天早晨醒来,看到了明媚的阳光,发现自己已经成为城市中具有竞争力的演讲者。

能否成为一名成功的演讲者,只取决于两件事——你的天赋以及你个人欲望的深度和广度。

请你讲重点
卡耐基魅力演讲的艺术

威廉·詹姆斯说："无论你在学习哪一门学科，你对它的热情都会拯救你。如果只关注结果，那么你在很大程度上能如愿：若想变得富有，你就会富有；若想学富五车，你也一定能做到；若想成为一个更优秀的人，那你自然会得偿所愿。只要你真正渴望它，且只怀揣着这一个目标，而不是同时许下无数个不同的心愿，你就能成功。"

他很有可能还会补充一个相同的真相，"如果你想要成为一位自信的公共演讲者，你就会成为一位自信的公共演讲者，但你必须真正怀揣这个梦想"。

我了解并仔细观察过上千名想要提升自信和公共演讲技艺的人，但其中成功的那一小部分人都是天赋异禀的，大多数人都只是芸芸众生，和我们身边的人一样普通，但他们坚持了下去。有些学生有时会灰心丧气，或是深深投入到生活中的某些其他领域，所以不会走得很远，但那些有着智慧和唯一目标的普通人最终会成为佼佼者。

这只是人性而已，再自然不过。你难道没有看到在商界和职场中也一直存在着同样的情况吗？约翰·D.洛克菲勒曾说过，商业成功的第一个必要因素就是耐心。这同样也是公共演讲中成功的第一个必要因素。

福煦元帅——第一次世界大战中盟军的首席指挥官——宣称自己只有一个优秀品质：永远都不会泄气。

1914年，当法国人撤退至马恩时，杰弗尔将军率领手下的200万将士停止撤退，发起攻势。这次新的战役成了世界历史上决定性的一战。开战两天后，杰弗尔将军的上司福煦将军给他发来了一封密电（此密电成了军事记录中最重要的电报之一），密电说："现在形势极佳，你令指挥部和我的权力屈服了，我将准备进攻。"

这次进攻拯救了巴黎。

所以，亲爱的演讲者们，当斗争进入到最艰难、最无望的时候，当你的指挥者妥协和放弃权力时，这就是"大好时机"。进攻！进攻能拯救你个性中的闪光点——你的勇气和信念。

第六章
成功演讲的基本要素

攀登怀尔德皇帝岭

我非常喜欢爬山。有一次,我准备攀登奥地利境内的阿尔卑斯山脉中的怀尔德皇帝岭。贝第科说,上山的路很难,需要找向导来给业余登山者带路。我和我的朋友是纯业余的登山者,但我们没有找任何向导。然而,当有人问我们有没有想过自己会成功时,我们的回答是:"当然。"

他问:"你们凭什么对自己的成功这么有自信?"

我回答:"其他人没有向导能成功,我想我们也能做到。事实上,我无论干什么,都不去想自己会失败。"

作为一名阿尔卑斯山的登山者,我仅仅只是一个笨拙的新手,但这种心态是正确的——毕竟我是从写演讲稿过渡到向珠穆朗玛峰发起冲击。

当你运用从本书中读到的方法时,一定要想着自己能成功。想象一下自己正在公共场合演讲,泰然自若、镇定自如。

以你的能力而言,绝对能做到这一点。相信自己能成功,坚定不移地相信这一点,这样你就能做该做的事情,并最终取得成功。

海军上将杜邦——美国南北战争期间的舰队指挥官——给出了三个绝佳的理由,来解释自己为何没有将炮舰停入查尔斯顿港。法拉格特上将专心致志地听完他的解释后,回答道:"但是,还有另一个原因你没有提到。"

杜邦上将发问,"还有什么原因?"

法拉格特上将回答:"你不相信自己能够做到。"

通过参加公共演讲课程或是阅读相关书籍,大部分人能够学到的最珍贵的东西就是:自信心不断上升。他们相信自己一定能完成目标。对于一个人的成功,还有什么比这份信念更重要呢?

取胜的意志

我忍不住要引用埃尔伯特·哈伯德的一些明智的忠告。如果我们所有人都能将这里面蕴含的智慧运用到生活中,那我们的生活会更幸福、更美满。

"无论何时外出,都要收起下巴、抬头挺胸,在阳光下畅饮,微笑着与朋友相见,每次握手都饱含真情实意,不要害怕会被人误解,也不要将时间浪费在琢磨自己的敌人上。试着记住那些你喜欢做的事情,之后你就不会像无头苍蝇一样,而是能直抵目标。记住你喜欢做的一些快乐而精彩的事情,随着时间的推移,你就会发现,自己无心抓住的机会恰好能满足自己的愿望,正如珊瑚虫在流动的海水中吸收到了自己需要的食物。想象自己成为理想中的有能力、认真、有用武之地的人。你的想法每时每刻都会把你变成你想要的样子。想法是最重要的。保持正确的态度——勇敢、诚恳、乐观。正确的思考其实就是在创造。所有的事情都来源于欲望,每一个诚心的祈祷都会有答案。我们会成为自己心中所期望的那样。收起下巴,抬头挺胸,我们终将破茧成蝶。"

拿破仑、惠灵顿、李、格兰特、福煦、麦克阿瑟、艾森豪威尔,他们都是最杰出的军事领袖。他们认识到,如果一支军队想赢,拥有取胜的意志要比其他任何因素更能决定是否能打胜仗。

福煦元帅说:"九万个被征服者会在九万个征服者面前败下阵来,因为他们受够了,因为他们不再相信成功。他们丧失了士气,精神上放弃了抵抗。"

换句话说,这九万个被征服者之所以被征服,并不是因为肉体上受到侵害,而是因为心理上受到了打击,他们失去了勇气和信心。这样的军队是没有希望的,这样的人也是没有希望的。

当美国海军里最高的牧师被问及成为一名海军牧师必备的品质是什么时,他回答了四个 G 开头的词:"慈悲(grace)、气概(gumption)、勇气(grit)和胆识(guts)。"

这些品质同样也是演讲成功的必备要素。把它们视作自己的座右铭,把罗伯特·瑟维斯的诗歌视作自己的战歌:

当你迷失在荒野中,你会像一个受到惊吓的孩子。

死神俯视着你,在你眼前晃动。

第六章
成功演讲的基本要素

你呻吟着，好似全身都已患脓肿。

你就要扣动扳机，选择结束自己的生命。

但就在这时，有个声音高喊："你要努力战斗！"

于是，你的生命得以保留。

是的，在饥饿和痛苦中，自杀并不难受。

可地狱的早餐你不要轻易享用。

你已厌倦了这个游戏！是的，这是你的耻辱。

你正年轻，充满勇气且无比聪明。

"你受到了不公正的待遇！"这我知道——但你无须抱怨。

勇敢地迎上前去，尽你所能地去战斗。

除非耗尽你的能量，否则，现在没有什么能够把你击倒。

所以，不要成为一个胆小鬼，我的朋友！

重拾你的坚忍，绝不轻易逃走。

高昂起头应是你的追求。

不要轻易地认为自己已被击倒——然后等待死掉。

不要轻易后退，然后逃脱。

在看不到希望时，你还是要选择挺起胸膛。

为什么？因为这是人间最美好的写照。

虽然，每次历经风霜，

你早已伤痕累累、充满忧伤，

但是，让我们再次挺起胸膛

——轻易的是死掉，困难的是在生活中显示刚强。

本章小结

1. 我们从来都不会在学习任何事情的过程中慢慢进步，比如高尔夫、法语或是公共演讲。我们通常会到达一个基点后发生一次飞跃，随后可能会有一段时间的平稳期，甚至可能会失去之前积累的优势。心理学家称这段平静期为"学习曲线的平稳期"。我们很可能会长时间努力奋斗，却依然无法摆脱这个平稳期，无法迎来下一次飞跃。所以很多人并不知道我们成长的规律，便会在平稳期逐渐泄气，最终抛下所有的努力。太可惜了，其实只要他们坚持下去，只要他们继续努力，他们会突然发现自己像飞机一样冲上云霄，会在一夜之间取得巨大进步。

2. 也许在刚开始学习公共演讲时，你会因紧张焦虑而不敢开口。其实大部分演讲者都经历过这个阶段：紧张、不敢说话。但如果能坚持下去，也许除了紧张，其他问题都会消失殆尽。等你开口说上几句，这个紧张感便会消失不见。

3. 威廉·詹姆斯曾指出，一个人不需要对教育的结果太过烦忧。"如果他能够坚持忙碌，他就一定能在早上醒来后发现是阳光明媚的一天，而自己是同辈中的佼佼者。无论他在哪个领域，都能脱颖而出。"这个心理学的事实是哈佛大学的著名忠告，它也适用于你以及你在学习演讲的过程中所付出的努力。这是毋庸置疑的。根据普遍规律，成功学习公共演讲的人并非个个天资过人，但他们却充满了恒心和顽强的毅力，通过坚持不懈的努力，最终取得成功。

4. 在公共演讲学习过程中，要时常想着成功，这样你就会发现你做的任何事情都是有意义的，因为都有助于使你离成功更近一步。

5. 泄气的时候，可以试试西奥多·罗斯福的方法。他会望向林肯的画像，然后问自己："如果林肯处在我的位置，他会怎么做？"

6. 美国海军的高级牧师列出了成为一名牧师的必备品质。有四个单词，都是以 G 开头，他们分别是什么呢？

▶ 发声练习——运用舌尖

著名的男高音恩里科·卡鲁索认为，自己之所以能成为一名成功的歌唱家，是因为自己对舌头有超强的控制力。许多歌手其实也这么认为。卡鲁索

第六章
成功演讲的基本要素

将自己的舌尖训练得异常强劲敏锐。他基本上都是靠舌尖唱歌，所以他的舌头的后部可以休息。这其实是非常重要的，因为舌头后部的肌肉连接着喉咙，若是动用这一部分肌肉，就会导致喉咙产生不必要的绷紧和收缩。

如果想要锻炼舌头后部的力量和活跃程度，最好的方法之一就是不停地用颤音发 R 这个音。其实我们想达到的目的不仅仅只是让你连续发 R 音，而是希望你发颤音。你有没有听过响尾蛇在进攻前发出的愤怒的快速振动的声音？如果听过，你就知道自己的舌尖应该顶在门牙后面、口腔的顶部。这就是发出颤音的方式。有没有听过早春时节啄木鸟在腐烂的树枝上啄树的声音？你发出的颤音应该和它的节奏一样快。这个颤音就像水壶烧开时冒泡的声音。

可以尝试说"bur"。当你想要练习发 R 音，试着从发颤音开始。"Brrrrr"，同样的还可以练"cur"和"slur"。

现在再打哈欠，做一次深呼吸，感受体内的活动状态。在打哈欠之前，先试着发颤音 R。只要有足够大的肺活量，你就要尽可能坚持得久一些。可以参照本书第五章所提到的呼吸控制的方法。

发颤音 R 是一个很重要的练习，但是不要妄想每周只做 60 秒的类似练习就可以达到预期效果。提高嗓音的关键在于练习。不过，这些练习不需要占用你做其他事情的时间，你甚至可以在早上泡澡的时候练。

第七章　成功演讲的秘密

"拥有某种东西，要比单纯了解这个主题更重要。你必须认真地陈述。你必须觉得你有话要说，并且人们应该听到你说的话。"

——威廉·詹宁斯·布莱恩

在职业生涯的开始，我曾应两名探险家要求，帮他们准备一个关于他们的飞行之旅的演讲，并指导他们完成这样的演讲。他们在伦敦的爱乐大厅进行了为期4个月的分享，每天讲两场，一个讲下午场，另一个讲晚场。

他们有着非常相似的经历，演讲的内容也几乎一模一样。可是，奇怪的事情是，这两场演讲听上去一点儿也不像。

因为其中一场演讲中，除了内容，还有其他重要的东西——演讲风格。"这指的不是你说了些什么，而是怎么说。"

有一次，在一场公共音乐会上，我坐在一位年轻女士的旁边。她正在看肖邦创作的玛祖卡舞曲的曲谱，正好伊格纳西·帕德雷夫斯基——可能是当时最出色的钢琴家——演奏了这首曲子。这位女士很困惑，有件事她弄不懂：钢琴家的手指和她的手指一样，触碰的都是同一个钢琴键，弹奏的都是相同的音符，可她的弹奏却很平庸，钢琴家的演绎则震撼人心，有着动人的美感，令听众如痴如醉，达到了绝佳效果。这自然不仅归功于钢琴家弹奏的音符，还要归功于他弹奏的方式、他的情感、他的技巧和他在弹奏时展现出的特质，所有这些都将平庸者与天才区分开来。

伟大的俄罗斯画家卡尔·布鲁洛夫（Karl Brullof）曾经修改过一名学生的作品。这名学生对修改的部分非常惊讶，感叹道："为什么你只是稍加润色，这幅画完全就有了另外一种感觉？"卡尔回复道："艺术就是从这点细节开始的。"这就是演讲、绘画、演奏的真谛。

第七章
成功演讲的秘密

与文字打交道也一样。英国议会里有句老话说：一切都取决于一个人说话的方式，而不是说话的内容。早在英国还是罗马的一个外围殖民地时，古罗马修辞学家昆体良就说过这样的话。

我经常注意到，在大学的演讲比赛中，最后胜出的并不总是演讲内容最好的演讲者。相反，可能正因为演讲者讲得好，演讲内容才听起来最棒。

"有三件事在演讲中很重要，"一位专家观察后表示，"谁说的，怎么说的，以及说了什么。三者中，最后一个其实是最不重要的。"这是不是有点夸张？是的。但是，当你透过表面去看本质时会发现：真相蕴藏其中，闪耀着光芒。

爱尔兰政治家埃德蒙·伯克所写的演讲稿，在逻辑、论证和构架上都非常优秀，所以他的演讲稿在两个多世纪之后依旧被视作经典范例。然而，作为一名演讲者，他却败得"声名狼藉"，因为他没有能力把自己演讲稿中的精彩内容呈现给世人，让他们觉得有趣、有力。所以，伯克被人称为下议院的"晚宴铃"：每当他起身说话时，其他议员就会开始咳嗽，拨弄手头的文件，然后成群结队地走出门。

演讲究竟是怎么一回事

汽车销售员是怎样向你交车的？销售代表难道只是把钥匙和销售文件扔给你，之后的事情就不管不顾了吗？仅仅是把自己手中得到的东西给别人，就是交付了吗？信使可以将一份重要文件直接交给应该交付的人；而演讲者也在传递重要信息，可是这些信息往往未能被该接收的人接收到。

举一个时尚界的典型案例，很多人都曾用过这个案例。有一次，我碰巧在米伦村歇脚，这个村是瑞士的避暑胜地。我住在一家伦敦公司经营的旅馆里，这个公司通常每周都会从英国派来几位演讲者，给客人做演讲。其中一位演讲者是英国一位著名小说家，她演讲的主题是"小说的未来"。她承认，这个主题并不是她自己选的，总而言之，她并没有什么想表达的，也不关心自己说的每一句话是否有价值。她匆匆做了一些零散的笔记，便站在听众面前,无视所有听众,甚至不去看他们,有时她会盯着他们的头,有时她会看看笔记,有时又会看看地板。总之,她说话时总让人感觉声音和眼神都很遥远。

这根本就不是演讲,这是独白,整个过程都没有沟通的感觉,而优秀演讲应具备的第一个要素就是"沟通的感觉"。听众应该感觉到有某种信息正从演讲者的身心传递到自己的身心,而这位小说家所做的演讲就好像来自干涸的戈壁沙漠,根本就不像在面对一群活生生的人时要讲的东西。

实际上,演讲是一个既简单又复杂的过程,这个过程极易被人误解和滥用。

传递信息的秘诀

关于演讲,已经有了大量的无稽之谈和陈词滥调,它被掩盖在种种规则和礼仪之中,并被渲染出了一种神秘感。若你转而去图书馆或书店寻找有关演讲术的理论,大多数也是完全无用的。

古时流行的演讲术要求演讲者巧舌如簧,像出演莎士比亚戏剧的演员一样。但现今见多识广的听众不吃这一套。现代听众——无论是商业会议上的15人,还是礼堂里的1000人,抑或是电视屏幕前数以百万计的人——都希望演讲者通过扬声器说话的感觉要和他们平时跟别人闲聊一样自然,就像在和他们中的某个人交谈一样。

用与日常交谈相同的方式演讲,但表达要更加强大有力。演讲者为了让自己看上去很自然,就必须运用更多精力,与40人——而不是其中一人——交流,这正如建筑物顶上的雕像必须与英雄的大小一致,这样地面上的人抬头仰望时就会觉得逼真。

当你在社区成员面前演讲时,你就当自己在和张三、李四说话。归根结底,社区会议是什么?不过就是张三、李四的集合。这种在跟人单独交流时很成功的方式是不是也适用于集体交流呢?

我在前面描述了某位小说家进行演讲的故事。在同一个宴会厅里,我有

第七章
成功演讲的秘密

幸听到了奥利弗·洛奇爵士的演讲,主题是"原子和世界"。他一直致力于这方面的研究,已经积累了超过半个世纪的思想和研究、实验和调查,所以他想表达的基本上是他的内心、思想和生活的一部分。他忘记了自己是在做演讲,感谢上帝他确实忘记了,因为如此一来,他无须担心演讲这回事,只需关心自己是否准确、清晰地告诉了听众关于原子的一切,是否与听众有情感交流。他努力地想让我们看到他所看到的、感受他所感受到的。

结果如何?他完成了一个了不起的演讲。这个演讲既有魅力,又有力量,给人留下了深刻的印象。他的演讲能力超乎寻常。不过我相信,他并不这样看自己;我也相信,但凡听过他演讲的人,都不会将他当作公共演讲者。

如果在公共场合演讲时让听众怀疑你接受过公共演讲的训练,那你就有辱师门了。若想做真正有效的演讲,必须用一种强化过的、最自然的方式说话。如此一来,听众就不会想到你是受过任何训练的。能让光线照射进来的窗户是好窗户,好的演讲者也是一样,他们如此自然,以至于听众都不会去注意他们说话的方式,在意的只有演讲者传递的信息。

亨利·福特的建议

"所有福特汽车都一模一样,但没有两个人是一模一样的。"福特如是说,"每一个新的生命都是阳光下的新事物,以前从来没有这样的生命,以后也永远不会有。我们每个人都应该了解自己的想法,应该寻找体现自我个性的火花,这样我们就有别于他人,并能充分发展。社会和学校可能试图打造我们,他们倾向于把我们放在同一个模子里,但我想说的是:不要丢失个性的火花,因为这是你唯一真正值得自傲的资本。"

对于公共演讲来说,尤其如此。世界上没有和你一样的人。成千上万的人都是两只眼睛、一个鼻子和一张嘴,但没有一个人看起来和你一样,也没有一个人有你的特点、方法和头脑。世界上能像你这样说话、这样真实自然地表达自己的人屈指可数。换句话说,你拥有个性。作为一名演讲者,这是你最珍贵的财产,抓住它、珍惜它、开发它。这团火花能让你把力量和诚意注入自己的演讲中。"这是你唯一真正值得自傲的资本。"

1858年，在伊利诺伊州的大草原诸镇上，进行了一场美国历史上最著名的辩论，辩论双方是参议员斯蒂芬·A.道格拉斯和亚伯拉罕·林肯。林肯高大笨拙，道格拉斯矮小优雅，他们俩的特点、思想、性格和性情也截然不同，就像他们的外表一样。

道格拉斯可能是世界上最得体的人，而林肯却会打着赤脚开门迎客。道格拉斯的手势是优雅的，林肯的手势则很笨拙；道格拉斯完全没有幽默感，林肯则是有史以来最会讲故事的人之一；道格拉斯很少用比喻，林肯却经常用类比和例证来争辩；道格拉斯傲慢自大，林肯谦逊而宽容；道格拉斯才思敏捷，而林肯的思考过程则慢了许多；道格拉斯讲起话来如疾风骤雨一般，林肯则更安静、更深沉、更审慎。

这两个人虽然没有一点相像之处，但都是能言善辩的演说家，因为他们都有勇气，也很明智，知道该做自己。如果其中一个人试图模仿对方，则必然惨败。如果能最大限度地发挥自己的特色，那么每个人都能使自己与众不同，使自己更强大。来吧，照他们这样做。

说起来容易，做起来难。正如福煦元帅对战争艺术的评说一样："战争艺术的概念很简单，可惜执行起来特别复杂。"

若想在听众面前表现自然，则需要大量实践。演员们深知这一点。如果你是个四五岁的小孩子，你可能会登上舞台，很自然地"背诵"给听众听。但当你成年后，如果你登上讲台，开始说话，会发生什么呢？你还会保留你四五岁时那种自然状态吗？或许可以，但毫无疑问你会变得僵硬、呆板、机械。

因此，对人们进行演讲培训并不是强加给他们什么别的东西，而是帮助他们摆脱讲话的障碍，解放他们，使他们能以一种完全自如的状态出现在公众的面前。

我曾无数次让演讲者在演讲中途停下，恳求他们"像人一样说话"。我也曾无数次身心俱疲地回到家里，因为训练和强迫我的学生自然而然地说话消

第七章
成功演讲的秘密

耗了我太多体力和精力。相信我，这不像听起来那么容易。

若想做到更自然地演讲，唯一的诀窍就是不断训练。如果练习时你发现自己说话很呆板，就要立即叫停自己，反省一下："嘿！我怎么回事？快醒来，做个普通人！"还有，演讲时你可以在听众中选一个人——可以是坐在后排的，也可以是你能找到的最木讷的人，然后假设别人都不存在，自己只跟他一个人交流。你可以假想他提出了一个问题，你对这个问题进行解答；假想他站起与你谈话，你要回应他。这样一个想象出来的交流过程会让你的演讲显得亲切而自然。所以，演讲是一个想象的过程。

你可以更进一步，真的向听众提出问题，并去回答。比如，在演讲过程中，你可能会说："你们可能会问我，你有什么证据证明这个观点？我有足够的证据，那就是……"然后继续回答这个虚构的问题。这个过程会非常自然，因为它打破了一个人演讲时的单调乏味，使演讲变成直接而愉悦的交谈。

真诚、热情和诚恳也会助你一臂之力。人们在受到感情上的影响时，就会展现出真正的自我。人们在酒吧里的表现就是这样。情绪的热度会烧毁所有的障碍，他们想干什么就干什么，想说什么就说什么，所有行为都自然而然地发生。

所以，转来转去，演讲这件事又回到了这几页中反复强调的那句话上——要全身心地投入到演讲中。

克里斯托弗曾在电影《超人》中饰演超人一角。在一次事故中，他瘫痪了，后来成为瘫痪病人的代言人。当美国国会考虑拨款资助这些疾病的研究项目时，他出现在参议院财务委员会。尽管他当时已经瘫痪了，不得不坐在轮椅上说话，原先响亮的声音现在听上去非常虚弱，有时甚至很难听懂，但他仍能强有力地说出自己的想法，因为这些话来自他的内心深处——是他的心在说话。

"是他的心在说话"，这就是秘密。然而我知道，这样的建议并不受欢迎，因为它似乎很模糊、很空洞，不够具体，而学生一般都想要万无一失的规则。他们觉得确定的、可以着手操作的规则更可靠，希望能和操作计算机的规则一样精确……

这就是我想传授给我的学生的方法,这下我们都轻松了。有些演讲者和教授也公布了这类规则,但他们公布的规则中有一个小问题,只有一个:不奏效。他们的规则中剔除了演讲中应有的自然、自发、生动、鲜活。我年轻时也曾尝试运用这类规则,结果浪费了大量精力。放心,它们不会出现在本书中,因为——不奏效。

当你在公共场合说话时,你会做这些事情吗?

这一节我们将讨论一些自然演讲的特点,目的在于让这些特点清晰并生动起来,更易于掌握。我本来还在犹豫要不要讨论这些,因为肯定有人会说:"啊,我明白了。只要强迫自己这样做就可以了,我没问题的。"不,你会有问题的:强迫自己做事,你将会变得木讷且机械化。

可能你在跟别人交谈时就使用了其中大部分原则,只不过你没有意识到而已,就像昨晚你吃晚餐时不知不觉地消化食物一样。这就是它们的应用方法,唯一的办法。止如我们刚才所说的,对于公共演讲来说,想要达到这个境界,只能靠不断的训练。

第一,强调重要的词语,相对弱化不重要的词语

在交谈中,我们会加重一个词语的发音。在念句子时,我们也会这么做。我们会强调句中的关键词,然后略过其他词语。我所描绘的这种情形其实并不奇怪,也不异常。要注意,如果你去观察、去聆听,会发现周围的人一直都在这么说话。可能昨天你自己就这样说了一百遍甚至一千遍。毫无疑问,明天你还会说上很多遍。

这里有一个例子。读一遍下面引用的拿破仑的话,重读所有黑体字。然后快速读,看看有什么效果?

无论做什么,我都会获得**成功**,因为这是我的**意愿**。但凡是能给我**优势**、让我战胜别人的事,我做起来都**绝不迟疑**。

——拿破仑

第七章
成功演讲的秘密

重读这句话中的黑体字自然不是这句话的唯一读法。如果让另一个人来读，读法也许完全不同。所以，对于如何"强调"，并没有固定不变的规则。

认真诵读这些节选，试着将意思表达清楚，并使其具有说服力。在这个过程中，难道你没发现自己会不由自主地强调重要的部分、弱化不重要的地方吗？

如果你认为自己失败了，那么，你就失败了；
如果你认为自己不敢去做，那么，你就不敢去做；
如果你想取得胜利，但却认为自己做不到，
那你就根本不会取胜，一点也不可能。
在生活中打胜仗的人，并不一定都强大；
但有一点是共同的：他们都觉得自己能赢。

现在朗读西奥多·罗斯福说过的一段话：

"或许没有比矢志不渝更重要的品质了。那个立志要成为大人物、立志要名垂青史的小孩子，不仅要百折不挠地越过艰难险阻，还要在经历了无数失败与打击后，仍然保持取胜的决心。"

——西奥多·罗斯福

现在朗诵威廉·亨利的一首著名诗歌《不可征服》。

透过覆盖我的深夜，
我看见层层无底的黑暗。
感谢上帝曾赐我的，
这不可征服的灵魂。
就算被地狱紧紧攫住，
我也不会畏缩、惊叫。
一次又一次的打击，
我满头鲜血，但不屈服。

在这满是愤怒和眼泪的世界之外，

恐怖的阴影在游荡，

还有，未来的威胁，

终会发现，我无所畏惧。

无论我将穿过的那扇门有多窄，

无论我将肩承怎样的责罚。

我是自己命运的主宰，

我是自己灵魂的统帅。

第二，改变音调

当我们讲话时，我们的音调会一会儿高，一会儿低，一会儿又恢复到原来的样子，总是在变换，就像海面一样。为何如此？没人知道，也没人在意。这种起伏不定的音调听起来令人愉悦，而且很自然。我们从没有刻意学习这种发音方法，当我们还是孩子的时候，不知不觉、自然而然地就这样说话了。但是，当我们站起来面对听众时，我们的声音就可能会变得沉闷、乏味、单调，就像内华达州的沙漠一样。

如果你发现自己的音调很单调——通常这个音调会比较高，你只需停顿一下，对自己说："要和这些人交流！我是在和人说话，要自然些！"

这么说是否能帮到你一些呢？也许吧。在演讲中，停顿这个行为本身就有利于你，但你必须通过不断训练，才能真正解决这个问题。

你可以用突然提高或降低音调的方法来突出某个短语或单词，这就是所有伟大的演讲吸引听众的秘密武器。

在下面的引文中，试着用较低的音调念黑体字，看看会有什么效果。

"我只有一个优点，那便是永不**言败**。"

——福煦元帅

"教育的伟大目标不是灌输知识，而是**激发行动**。"

——赫尔伯特·斯宾塞

第七章
成功演讲的秘密

"我们唯一要畏惧的,便是**畏惧本身**。"

——富兰克林·D. 罗斯福

"不要问国家能为你做什么,要问**你能为**国家做什么。"

——约翰·F. 肯尼迪

第三,变换语速

小孩子讲话或我们日常谈话时,语速都是经常改变的。这让人感觉很舒服、很自然,虽是无心而为,却起到了强调的作用。事实上,如果想突出某个想法,这是最好的方法之一。

沃尔特·B. 史蒂文斯在他写的林肯传记中告诉我们,林肯在阐明观点时,最喜欢用这个办法。

"对于不重要的词,他会说得飞快;到了重要的、他想强调的词或短语,他就会放慢语速,说得比较重;随后,他便匆匆忙忙结束,像闪电那样快。他讲一两个重要的词的时间都够讲五六个不太重要的词了。"

用这种方法总能引起听众注意。这里有一个例子,可以很好地说明这一点。我经常在公开演讲中引用下文这段话,这是20世纪末马里兰州巴尔的摩大主教詹姆斯·吉本斯说的。我想强调的是"勇气"二字。因此,我反复琢磨和诵读黑体字部分,在演讲时候突出它们,就好像我已被深深打动一样——事实也的确如此。现在,也请你大声朗读这个选段,用相同的方法尝试,并记下结果。

在逝世前不久,红衣主教吉本斯说道:"我活了86年,我这一生中目睹了**几百人爬上成功的巅峰**。在所有获得成功的**重要因素**中,**最重要的就是信念。如果没有信念和勇气,任何人都干不成大事。**"

第四,在说重要想法前后做停顿

林肯在讲话中经常停顿。每当他有一个重要的想法,想深深打动听众时,他就会俯身向前,直视他们一会儿,然后什么都不说。这种突然的沉默与突然响起的噪声具有同样的效果:引人注意,使每个人都细心、警觉、清醒地意识到接下来会发生什么。例如，当他与道格拉斯的著名辩论接近尾声时，当所有征兆都指向他的失败时，林肯变得消沉起来，忧郁情绪习惯性地涌上心头，给他的每句话都蒙上一种悲怆感。在林肯的总结演讲中，他突然停下来，静静站了一会儿，环顾四周。在他面前都是半冷漠、半友好的面孔，以及一双双深沉又疲倦的眼睛，似乎噙着泪水。他交叠起双手，仿佛它们也厌倦了无助的战斗。他用自己特有的单调的音高说着："我的朋友，其实无论是道格拉斯法官还是我当选美国参议院议员，都没什么区别。但我们今天向你们传递的这个重要问题，其实远远超出了任何个人利益或任何一个人的政治命运。我的朋友们。"这里他再次停顿了一下，听众们则对每一个字都十分专注，"这个问题会一直存在，它会活下去，会呼吸，也会在道格拉斯法官和我的可怜、软弱、口吃的舌头在坟墓里沉默时燃烧。"

"这些简单的词，"他的一位传记记者评论道，"和他说话的方式，总能触及每个人的心中。"

林肯在说了自己想强调的短语之后也会停顿，他会通过这样一段沉默来增强短语的力量。如此一来，短语的含义就会完全渗透进听众脑海里，他的目的便达到了。"你的沉默，"拉迪亚德·吉卜林说，"其实就是你将要说的话。"如果在谈话中能谨慎、明智地运用沉默，那沉默就像金子一样珍贵。它会是一个强大的工具，它太重要了，千万不能无视它。遗憾的是，初学者往往会忽略这一点。

现在请充满力量、富有感情地朗读以下的引文，并留意自己自然停顿的地方。

"美国最大的荒漠不在爱达荷、新墨西哥，也不在亚利桑那。它就在每个普通人的帽子下面。美国最大的荒漠不是有形的荒漠，而是精神上的荒漠。"

——J. S. 诺克斯（J. S. Knox.）

"没有能医治人类罪恶的万能药，最接近万能药的就是将这些罪恶公之

第七章
成功演讲的秘密

于众。"

——福克斯韦尔教授

"我必须要讨好两个人——上帝和加菲猫。这辈子我要和加菲猫在一起，下辈子我会和上帝在一起。"

——詹姆斯·A. 加菲尔德

"生活的乐趣不在于做自己喜欢的事，而在于喜欢做那些令我们的生活更幸福的小事。"

——歌德

"一个人绝对不可在遇到危险时，就转过身去试图逃避。如果这样做，只会使危险加倍。但是如果立即面对它，毫不退缩，危险便会减半。永远不要逃避任何事情，永远！"

——温斯顿·丘吉尔

即便按照我在本课程中所传授的方法操作，演讲者仍然会有很多问题。他们可能在公共场合讲话时和私下交谈一样，这就意味他们的声音可能会不好听，会犯语法错误，会陷入尴尬，会冒犯到他人，还会做其他一些令人不快的事情。完善一下日常谈话中使用的讲话方法，然后把它带到讲台上。

本章小结

除了说话的内容之外，还有一点也很重要，那就是演讲的方式。"比起说什么，怎么说更加重要。"

许多演讲者都忽视自己的听众，自己盯着听众的头或地板。他们似乎只是在独白，没有沟通的感觉，听众和演讲者之间没有给予和接受。这种态度会扼杀谈话，也会扼杀一个演讲。

优秀的演讲应该采用会话的语气。当你在社区演讲时，你就当自己是在和张三、李四说话。归根结底，社区是什么？不过就是张三、李四的集合嘛！

每一个人都有能力做演讲。做公共演讲时，要像日常交谈一样自然。要想锻炼这个能力，必须多加练习。不要模仿别人。如果你自然而然地说话，就会有别于其他人。要把自己的个性和特色融进自己的演讲中。

演讲时要想象你在和听众交谈，假想他们下一刻会站起来，与你交流。如果这样做，你的演讲质量肯定会有明显的提升。想象有人问了你一个问题，你重复一遍，大声说："你问我怎么知道这一点？好，我告诉你……"这种交流是完全自然的，让你说话的方式更加温暖、更加个性化，而不是彬彬有礼地说着场面话。

演讲时要用心。真正的情感与诚意会比任何正式的规则或礼仪更有帮助。

以下是我们在热烈交谈时会无意识做的四件事。当你在公共场合说话时，也会这样做吗？大多数人不会。

你是否会强调句子中的重要单词并弱化不重要的部分？你是否会给几乎每一个词同样程度的关注？

你的音调会不会从高到低，又从低到高不断浮动呢？

你是否会改变自己的说话速度，在不重要的单词上快速滑过，而花更多的时间在那些你想要强调和突出的地方呢？

你在说出自己重要想法的前后会停顿吗？

第八章　登上讲台，展示个性

"虽然语言是必要的工具，但我们应清楚地认识到，语言本身也会阻碍思想的交流。记住，在表达简单的想法时，符号和手势有时更有力量。用手指门的方向，比说'离开房间'更有表现力；把手指放在嘴唇上，比对人耳语'别说话'更有力；用手比画'过来'，比直接说'过来'更好。没有任何短语能像睁大眼睛和抬起眉毛那样生动地表达惊讶之情。如果用文字来表达耸肩这个动作，可能很多意思就都流失了。"

——赫伯特·斯宾塞

在公共演讲中，个性可能是除了为演讲做准备以外最重要的因素了。"在雄辩中制胜的，不是语言，而是形式。确切地说，是形式加上思想。但个性是一个模糊而又难以捉摸的东西，我们无法对它进行分析，就像无法分析紫罗兰香水一样。它是一个人的整体：身体、精神和头脑，它包含了这个人的特质、偏好、倾向、气质、思想、活力、经验、训练。事实上，它包含了一个人生活的方方面面；它和爱因斯坦的相对论一样复杂，几乎很难被参透。

个性在很大程度上是遗传学的结果，在出生之前就已确定。诚然，一个人的个性与他的成长环境有关，但要想改变或完善个性是非常困难的。不过，我们可以通过思考，在一定程度上加强它，使它更具吸引力。无论如何，我们要竭尽全力，尽可能地从大自然给我们的这个奇特的赠予中获得最大益处，这对我们每个人来说都非常重要。虽然改进的可能性有限，但还有广阔的空间来让我们进行探讨和研究。

如果你想充分发挥自己的个性，就一定要在演讲前保证充足的休息。疲惫的人是没有吸引力的。不要临时抱佛脚，不要把演讲的准备和计划工作拖延到最后一刻才开始进行，然后便马不停蹄地疯狂工作，以期弥补失去的时间。如果这样做，你的身体里就会累积毒素，大脑就会累积疲劳。它们将拖累你、阻碍你，削弱你的活力，麻痹你的大脑。

如果可能的话，在开始演讲之前，可以尝试休息和放松几个小时。你需要休息，这样才能达到身体上、头脑上和精神上的放松。

第八章
登上讲台，展示个性

当你不得不发表重要讲话时，要小心自己会饿。许多在晚宴后发表演讲的人都不吃晚餐，只吃一些清淡的零食，或者干脆什么都不吃，直到完成演讲后再去进餐。

我从来没有意识到饱食会对演讲产生影响，直到我成为一名专业的演讲者。我试图每晚在吃了丰盛膳食之后做一个两小时的演说，结果自不必说。经验告诉我，不能在享用牛排和法式炸土豆、沙拉、蔬菜和甜点之后，站立一个小时。本该在我头脑里流动的血液，会流到我胃里，与牛排和土豆搏斗。帕德雷夫斯基是对的：如果他在音乐会前大快朵颐，他体内的动物属性得到了最大满足，就会占据主导地位，甚至会侵入他的指尖，令他迟钝，阻碍他演奏成功。

为何一名演讲者会比另一名演讲者出色？

不要做会让你精力枯竭的事情。我们的精力是有魔力的。精力充沛、活力十足、热情洋溢——这些就是我在选拔演讲者和讲师时所寻求的首要品质。富有活力的演讲者就是人形发电机，人们会聚集在他周围，就像秋天的大雁站成一圈，围住一片麦田。

我在伦敦海德公园的露天演说家身上经常看到这样的画面。在公园大理石拱门入口附近的某处，拥有各种信念和观点的人们在此交流、会合。在每个星期日的下午，你都可以自己选择要听哪个演讲：有素食主义者在讲述吃肉的危险，还有人在狂热地警告说世界即将灭亡。有的演讲者身边围着数百人，人头攒动，而另一名演讲者身边的听众却寥寥无几。这是为什么？难道是因为话题不同导致演讲效果有所差距吗？不。答案在演讲者身上：如果一个人对演讲主题的兴趣更浓厚，他的演讲也就更有趣，更能展现活力和精神。这样的演讲者总是会吸引人们的注意。

衣着打扮对演讲者的影响

有位心理学家兼大学校长曾对很多人进行过一次问卷调查，询问他们对于衣着的印象。这些人一致认为：当他们打扮入时、穿着得体、无懈可击的时候，他们对自己衣着的注意和这身打扮带给他们的感觉——虽然很难说清——很明确、很真实。这身打扮会给他们更多的信心，令他们做事更坚定，增强了他们的自尊心。他们说，当他们觉得自己看上去像成功人士时，会更容易联想到成功，从而取得成功。这就是衣服对穿着者的影响。

那衣着会对听众有什么影响呢？我一次又一次地注意到，如果一名演讲者衣着邋遢、不修边幅，听众就不会尊重他，他们可能会觉得：这个人的头脑肯定和他乱糟糟的头发、邋遢的衣服一样不堪。

格兰特将军一生的遗憾

当李将军来到阿波马托克斯的法庭投降时，他穿着崭新的制服，身佩一把价值连城的宝剑。而格兰特将军既没穿外套，也没有佩剑，只穿着二等兵的军装和裤子。"我肯定和他形成了强烈的对比，"他在回忆录中写道，"那么一个衣着华丽、身高6英尺、仪表堂堂的人。"事实上，未能在这个历史时刻得体地打扮自己，成了格兰特一生中最大的一个遗憾。

位于华盛顿的美国农业部在其实验农场里养育了好几百架子的蜜蜂。每个蜂巢里面都有一个放大镜，一按电灯按钮，这个内置的放大镜就可以将蜂巢里的一举一动放大显示出来。所以，无论白天还是黑夜，这些蜜蜂都会受到最细微的监视。演讲者也是这样。他们就处在放大镜和聚光灯下，所有眼睛都盯着他们。其个人形象哪怕出现最微小的不和谐之处，都会显得特别突兀，就像高高挺立在一片平原之中的派克峰。

"往往在我们开口讲话前，就已经被批评或称赞了"

几年前，我正在为《美国杂志》写一则纽约银行家的传记。我请他的一个朋友分析一下他成功的原因。他的朋友说，很大一部分原因在于他那胜利性的微笑。乍一听，这有点夸张，但我相信这是真的。其他人——数十人、数百人——可能更有经验，或者像他一样拥有良好的理财判断力，但他有一

第八章
登上讲台，展示个性

个额外的财富，是别人所没有的——一种令人愉悦的个性，而温暖、诚挚的微笑正是这种个性的显著特点，它能让一个人立刻获得别人的信任，还能让人看到他的善意。我们都希望看到这样的人成功，所以自然会十分乐意支持他们的事业。

有这样一句中国谚语：和气生财。在听众面前微笑不是和站在柜台后面微笑一样，都很受欢迎吗？说到这里，我想起了一个在纽约布鲁克林区参加公共演讲课程的学生。她总是站在听众面前，那样子好像在说：她喜欢待在那里，喜欢做这件事。她总是微笑，好像看到我们就很高兴。她的听众一看到她，便会立刻热情地欢迎她。

但我不得不遗憾地承认，有些演讲者总是以冷漠、敷衍的态度走上讲台，好像要去执行一个令人不快的任务似的。而当演讲结束时，他们会在心里谢天谢地。我们这些听众也会有同样的感受，会庆幸他总算讲完了。冷漠和敷衍的态度是会传染的。

"惺惺相惜，"哈利·奥弗斯特里特在《影响人类的行为》一书中写道，"如果我们对听众感兴趣，听众就很可能会对我们感兴趣。如果我们对听众怒目而视，他们就有可能从内心或在外表上对我们怒目而视。如果我们胆怯、慌张，他们同样也会对我们缺乏信心。如果我们厚颜无耻、自吹自擂，他们就会自我保护，对我们不屑一顾。往往在我们开口讲话前，他们就已经决定了是该对我们批评还是称赞。因此，为了让听众产生好感，我们必须注意自己的态度。"

把听众聚在一起

作为一名公共演讲者，我经常面对这种情况：下午在大厅演讲，听众稀稀拉拉；晚上还是在这个大厅演讲，里面却人头攒动。对于我说的同一件事，晚上的听众会开怀大笑，而下午的听众却只面露微笑；晚上的听众会慷慨鼓掌，而下午听众的反应却没有这么热情和激烈。这是为什么？

事实上，当听众较为分散时，演讲者很难感染他们每一个人，没有什么比开放的空间和空椅子更能抑制听众的热情了。

亨利·沃德·比彻○在耶鲁大学布道并进行演讲时说:

"人们常说:'你不认为与一大群听众交谈比一小群听众更能鼓舞人心吗?'我觉得没有。我对12个人也能像对1000个人一样,只要那12个人能围在我身边,紧紧地靠在一起,这样他们就能互相接触。但即使是1000个人,如果他们之间平均间隔4英尺,那也和在一个空荡荡的房间里没什么两样……让听众聚集在一起才会事半功倍。"

如果身处一大群听众之间,人们往往会失去自己的个性,他们成了人群中的一员,这令他们比独自一人时更容易动摇。当你讲到一些事情时,他们会大笑、会鼓掌,但如果他们只是五六名听众中的一个,当他们听到同样的内容时,却根本不为所动。

人群!人群!人群!一切伟大的运动和改革都是由从众心理推波助澜的。如果我们要和一个小团体谈话,就应该选择一个小房间。宁可让小房间的过道里都坐满人,也不能让他们稀稀拉拉地坐在空旷、死寂的大厅里。

如果你的听众坐得比较分散,请让他们到前面来,坐在你旁边。一定要坚持这一点,然后再开始讲话。

除非听众人数特别多,或者有什么特别的原因或需要,否则,千万不要站在讲台上。要站在和听众平齐的地方,站在他们附近,打破一切形式,和他们亲密接触,使演讲就像谈话一般自然。有些演讲者说话时会在房间里走来走去,并在房间不同的地方停下来,对着这一部分人讲。

还要保证空气新鲜。如果空气污浊,即使是西塞罗的雄辩和百老汇合唱团那一个个标致的女歌手也无法让听众清醒。所以,在我开始演讲之前,总会先把窗户打开,并让听众站起来休息两分钟。

作为亨利·沃德·比彻的经纪人,詹姆斯·B. 庞德少校在14年内走遍了

○ 美国牧师,是所处时代最具雄辩力的演说家之一。在美国南北战争期间,他在英国做了一系列演讲,呼吁废除奴隶制。——译者注

第八章
登上讲台，展示个性

美国和加拿大。期间，比彻成为布鲁克林区受欢迎的牧师。在听众到来之前，庞德总是会对比彻将要做演讲的大厅、教堂或剧院进行严格检查，查看照明、座位、温度和通风设备。庞德曾经是一个脾气暴躁、爱咆哮的老军官，喜欢行使权力。所以，如果这个地方太暖和，或是空气流通很差，无法打开窗户，他就会把书本扔过去，砸碎玻璃。他相信"上帝赐予传教士的另一个恩典是氧气"。

让光照在你脸上

除非你正在做一个关于招魂术的演讲，否则，可能的话，房间里一定要有光亮。要想在一个像暖水瓶内胆一样幽暗的房间里激发出听众的热情，比把鹌鹑驯养成家禽还要难。

一般的演说家压根想不到正确的照明会如此重要。要让光照着你的脸，因为人们想看见你。你脸上任何一点细微的变化都会成为演讲中自我表达的一部分，而且是最真实的一部分，有时，这部分要远比言语更为生动和重要。如果直接站在光线下，你的脸可能会被阴影遮蔽；如果你直接挡在光源前面，那就更是这个结果。所以说，在开始演讲前找到最有利的照明位置，这难道不是最明智的吗？

讲台上不能放中看不中用的东西

不要躲在桌子或讲台后面。人们想看你的全身，他们甚至会从过道里探出身子，只为看你的全身。

一些好心人肯定会给你准备一张桌子、一个水壶和一个杯子；但如果你的喉咙变干了，一小撮盐或一片柠檬比尼亚加拉大瀑布更有助于分泌唾液。

讲台上不要放水，不要放水壶，也不要放其他一切没用的、丑陋的物品，它们只会妨碍你的演讲。

各个汽车制造商在百老汇的销售处都很漂亮，井然有序，令人赏心悦目。香水公司和珠宝商设在巴黎的店面也装潢得既有艺术品位，又豪华大气。这是为什么？因为这样有利于开展商业活动，因为一个人会对这种经过精心装饰的地方有更多的尊重、信心和钦佩。

出于同样的原因，演讲者也应该有一个不错的背景。在我看来，最理想的布置就是——一件家具都不要放。演讲者的身后和两侧都不要摆放物品，那会干扰听众的注意力。什么都不要放，挂一面深蓝色的天鹅绒帘幕就可以了。

演讲者后面一般有什么？地图、标志和桌子，也许还有积满灰尘的椅子，上面还堆积着物品。这会产生什么效果？一种廉价的、邋遢的、无序的气氛，所以要清除所有中看不中用的东西。

亨利·沃德·比彻说："演讲中，最重要的是演讲者。"

因此，要让演讲者站出来，就像阿尔卑斯山白雪皑皑的雪峰一样，高高耸立，直入瑞士的蓝天。

讲台上不能有嘉宾

我曾在加拿大安大略省听加拿大总理讲话。当时，管理员拿着一根长杆，准备给房间通风，他用杆子把窗户一个接一个地捅开。结果怎样？有那么一阵，一位男性听众根本没听演讲者讲话，他的眼睛一眨不眨地盯着管理员，好像他在表演奇迹似的。

听众无法抗拒，也不想抗拒——看移动物体的诱惑。记住这条真理，你会避免麻烦和不必要的烦恼。

首先，不要玩弄你的拇指、衣服或珠宝，不要做一些可以缓解紧张情绪的小动作。我在纽约曾碰到过这样一位听众，他盯着演讲者的双手长达半小时之久，因为这位演讲者一直在玩弄讲台上台布的一角。

其次，如果可能的话，演讲者应该请听众坐下，这样他们就不会因为看到迟到者入场而分心。

最后，不要让嘉宾站在站台上。嘉宾有一种转移注意力的倾向，他们可能会把一条腿放在另一条腿上，然后再换回来。这样的动作会分散听众的注

第八章
登上讲台，展示个性

意力，使他们把目光从演讲者的身上转到嘉宾身上。

就座的艺术

在被介绍给听众前，不要先在他们面前坐下，这样岂不不更好？在主持人做过介绍后再出现在听众面前，岂不令他们耳目一新？岂不胜过让他们看到一张旧面孔？遗憾的是，我们通常享受不到这种待遇。当其他演讲者还在演讲或者在等待正式的介绍时，我们就已经在讲台上或一群人面前就座了。

千万要小心你的坐姿。千万不能做那种演讲者——他们四处寻找椅子，那样子和夜间匍匐在地上的猎狐犬没什么两样。当他们转过身，找到椅子时，就会弯下腰，重重地摔进在椅子里，像袋沙子一样，完全失控。

正确的坐姿应该是能感觉到椅子抵住你的双腿后部，身体从头部到臀部都呈笔直状，然后陷在椅子里。

姿势

我们在前几页说过，不要玩弄自己的衣服，因为这会引起别人的注意。还有另外一个原因：这种小动作会给人一种软弱的印象，会让别人觉得你缺乏自制力。任何不能提升你形象的动作都会损害你的形象。没有什么动作是中立的，一个也没有。所以，你要静止不动，控制自己的身体，让人感觉你有强大的心脏，镇定自若。

当你站起身来准备向听众发表演讲时，不要匆忙开始，这显得太业余了。应做个深呼吸，看一看听众。如果有噪声或其他干扰因素，就暂停，直到平息下来再开始。

抬头挺胸，可为何要等到站在听众面前才这样做？为何不每天都私下练习？这样，你才会在公共场合不知不觉地这样做。

卢瑟·H. 古利克在他的著作《高效率生活》中推荐了一个日常练习："慢慢吸气，尽可能地深深吸气。同时，将颈部向后靠，紧压在衣领上。然后牢牢固定在这个位置上。这个动作的目的是使你的颈项变得挺直，坚持做有助于挺胸抬头。"

手该如何摆放？忘记它们。如果它们自然垂落在身体两侧，那是最理想的。如果你觉得它们别扭，也别理会，不要以为别人会对它们有一点点关注，或对它们有一丝一毫的兴趣。

你的双手在你的身体两侧自然垂下是最好的，因为这样最不惹人注意。即使是最吹毛求疵的批评家也不会批评这个姿势。此外，当你自己感觉有必要的时候，你的手会自然而然地做各种手势，不会有任何阻碍。

但假设你很紧张，你发现把手放在背后或塞进口袋有助于缓解你的窘迫感，那该怎么办？用点常识。很多人——如果不是大多数的话——都会在演讲时偶尔把手放进口袋里。如果你觉得有些什么话值得一说，并且能够满怀信心、极富感染力地表达出来，那么你的手、脚所做的事情就不那么重要了。如果你头脑丰富、情绪饱满，那么不用理会这些次要的细节。毕竟，谈话中最重要的事情是心理层面，而不是手和脚的位置。

假借教手势，其实动作十分荒谬

这使我们很自然地想到手势被滥用的问题。我上的第一堂公共演讲课是由美国中西部一所大学的校长讲授的。我记得这一课的主要内容就是手势问题。这次授课不仅是无用的，而且是误导性的，甚至是有害的。校长告诉我，手臂要松松地垂在身体两侧，手掌半开，拇指贴着自己的腿。他训练我优美地抬起手臂，划一个弧线，然后先抬起食指，再抬起下一个手指，最后抬起小指。当整套具有美感的装饰性动作完成后，让手臂划一个同样优美而不自然的弧线，收回到体侧。整个表演过程中，我们就像木头人一样呆板造作。这个动作毫无意义，也缺乏真情实感，任何正常人在任何地方都不会做出这样的动作。

这位校长没有试图让我将自己的个性融入这些动作中，没有试着刺激我，让我主动想去做手势，也没有努力让这个过程流淌着生命和血液，让它自然而然地发生。他并没有鼓励我放松下来、舒展开来或是打破自身戒备之躯壳，

第八章
登上讲台，展示个性

没有鼓励我像一个真正的人那样讲话，做一个真正的人该做的动作。不，整个表演都令人遗憾，因为它像打字机一样机械，像被丢弃的鸟巢一样死气沉沉，像木偶戏一样滑稽可笑。

那些关于手势的文字，90%都是浪费，而且比浪费优质的白纸和墨水还要暴殄天物。任何从书中学到的手势可能都是这个德行。真正的手势来自于你自己，你的心，你的想法，你对这个主题的兴趣，你想让别人看到你看到的东西的欲望，还有你的冲动。只有一种手势值得你一而再再而三地去做，那便是你瞬间想到的动作。这种自发性远胜于种种规则。

手势不是晚礼服之类的东西，可以随意穿脱。它是一种从内而外的表达，就像亲吻、绞痛和笑声一样。

你的手势就像你的牙刷，是很私人的东西。每个人都不同，如果他们自然而然地做手势，那么他们的手势也会很个性化。

我们不可能训练两个人做一模一样的手势。在上一章中，我讨论了作为演讲者的林肯和道格拉斯之间的差异。想象一下，让讲话跟连珠炮似的、性情鲁莽、辞藻华丽的道格拉斯做出缓慢、笨拙、迟疑的林肯式手势。这太荒谬了。

"林肯，"他的传记作者和律师事务所合伙人赫恩登说，"是一位头部动作比手势要多的演讲者。他经常频繁地做头部动作，还会激情澎湃地突然转头。当他想强调其演讲内容时，这种动作的意义就特别重大。有时，林肯也会猛的一挺身、一梗脖子，就像把电火花扔进了可燃场里一样。可是，他却极少像很多雄辩家那样——剧烈地挥动着手，好像要把空气斩成碎片。他可不会为了追求舞台效果而刻意设计一些动作。在演讲过程中，林肯偶尔也会走上几步，这时，他看上去非常优雅、自在、自然，而且充满个性。从某种意义上说，此时的他显得高贵无比。林肯极度鄙视炫耀、卖弄、装腔作势和弄虚作假。当林肯用右手那细长、瘦削的手指戳戳点点时，这个动作的含义极其丰富。林肯是在强调什么，他想让听众接受他的想法。有时，为了表达喜悦、快乐，他会举起双手，手心向上，与地面几乎成50度角，好像在热切拥抱他所心爱的东西。如果想表达厌恶之情，例如他对奴隶制的憎恨，他会高举双臂，双手紧紧攥成拳头，在空中挥动。这是他的一个经典动作。由此，你可以看出他打倒自己厌恶的旧事物，并把它扔进历史垃圾堆的坚定决心。林肯总是规规矩矩地站在那里，双脚从不会一前一后，也不会扶着或靠着什么东西来支撑自己的身体。在演讲过程中，林肯的站立姿势和仪态几乎毫无改变。他从不慷慨激昂地咆哮，也不会在讲台上前后走动。为了放松胳膊，他经常会用左手抓住外套的翻领，腾出右手去做一些手势。"林肯的这个动作被刻成了雕像，屹立于芝加哥的林肯公园里。

而西奥多·罗斯福更有活力、更热情、更活跃；他的整张脸都充满了情感，表情极为丰富；他的拳头会握紧，全身都是表达的工具。布莱恩常常张开手掌。格莱德斯通经常用拳头敲打桌子，或咚咚地跺脚。当罗斯伯里勋爵在上议院讲话时，会习惯性地举起右臂，然后再用力放下。记住：演讲者先要让自己的思想和信念充满力量，这样手势才会坚定有力、一派自然。

伟大的演说家可能会使用手势，甚至很多手势，但他们自己并没有意识到这一点，他们只是自然而然地做着那些手势，就像呼吸空气一样。这是最理想的状态。如果你愿意去实践和运用本书中所讨论的那些原则，你会发现自己也在用这种方式做手势。我无法给出任何关于手势的既定规则，因为这一切都取决于演讲者的性格、所做的准备、拥有的热情，还取决于演讲者的个性、演讲主题、听众和场合。

一些可能有用的建议

不过，这里有一些建议，虽然有限，但可能会对你有所帮助。那就是，不要来回重复一个手势，这会显得特别单调。也不要匆匆忙忙地结束一个手势。如果你借助食指来阐明观点，那么，在你阐明观点的整个过程中，要让这个手势贯穿始终，否则，你会犯一个虽然常见却很严重的错误，它会混淆你想强调的重点，突出并不重要的内容，淡化重要的内容。

当你在真正的听众面前做真正的演讲时，只需要自然而然地做手势就

第八章
登上讲台，展示个性

可以了。但是，当你在公共演讲课的学员面前、在朋友或家人面前或在演讲俱乐部会议上练习时，你要强迫自己在必要的时候使用手势。正如我在本书第五章中指出的那样，强迫自己做手势会唤醒你、刺激你，你的手势很快就会变得自然、得体。

合上书，因为你不可能从书本上学会做手势。在演讲时，你的冲动比任何老师教给你的任何东西都更可信赖、更有价值。

如果可以的话，把演练过程录下来，然后一遍又一遍地重看录像带，你会看到自己的手势是如何出现的，并确定自己想要做什么改变，然后做出改变，并将它们运用到下一轮训练中。如果情况允许，可以让你的朋友或更有经验的演讲者和你一起观看录像，让他们对你的表现做出评价，从中学习。

如果你忘了我们所说的关于手势和演讲的其他内容，请务必记住这一点：如果演讲者完全沉浸在自己想说的内容之中，急不可待地想要向听众表达自己的想法，非常投入，以至进入忘我境界，随心所欲地演讲，随心所欲地做动作，那么，他的演讲和动作——即使未经设计——也不会受到批评。

本章小结

个性与生活中的成功有关，而不是拥有极其丰富的知识。然而，个性是一种无形的、难以捉摸的、神秘的东西，我们几乎不可能就如何培养个性做任何指点，但本章中给出的一些建议会帮助你成为一位更有效的演说家。

累了的时候不要说话，而要休息，疗养，储存能量。

演讲前要少吃点东西。

不要做任何事来消磨自己的精力。你的精力是有吸引力的，人们会聚集在它周围，就像秋天的大雁围住一片麦田。

衣着要整洁美观。穿着得体能增强一个人的自尊和自信。

微笑。在你的听众面前以一种"你很高兴他在那里"的态度讲话。如果我们对听众感兴趣，听众很可能也会对我们感兴趣。在开始演讲前，听众就已经对我们做出了该批评还是该称赞的判断。因此，一定要确保我们的态度能够引起听众热情的回应。

让听众聚集在一起，分散的听众不易受到影响。如果某个人和其他听众聚集在一起，他就会对演讲者讲的某些内容报以大笑或是掌声；相反，如果他是唯一的听众，或是分散坐在大房间里的一群听众中的一员，同样的内容就会令他质疑或反对。

如果和一小群人说话，一定要让他们待在一个小房间里。不要站在讲台上，要和听众平齐。而且演讲要亲切、非正式、口语化。

保持空气清新。

让光照进房间的每一处。在你站立的地方，光线要能直接照在你的脸上，这样听众就能看到你的整个面部表情。

不要站在家具后面，把桌椅推到一边，清除所有堆积在讲台上的物品，包括一切不雅观或是中看不中用的东西。

如果讲台上有嘉宾，他们一定会偶尔走动；每次他们稍稍移动时，就会转移听众的注意力。听众无法抵抗任何移动的物体、动物或人的吸引力；那么，为什么要为自己制造麻烦和竞争呢？

不要重重地坐到椅子上，要使双腿贴住椅子，然后把身体挺直，坐下去。

演讲时要站稳，不要乱动，不要做很多令人紧张的动作，那会给人一种软弱的感觉。任何不能提升你形象的动作都会损害它。

把手放在你身旁的两侧，放松垂下。这是最理想的位置。不过，如果你觉得手背在后面更舒服，甚至感觉把它们插在口袋里更舒服，也可以这样做，问题不大。如果你头脑丰富、情绪饱满，就无须理会这些次要的细节。

不要试图从书本中学习如何做手势，它们来自你的感觉。放松下来。自发、生命力和恣意是手势不可缺少的必备条件，而不是精雕细琢后的优雅和对规则的服从。

在做手势时，不要重复一个动作，这会使它变得单调，最重要的是，要保持住一个手势，让动作的高潮与思想的高潮同步。

第八章
登上讲台,展示个性

▶ 发声练习——复习

下面介绍一位著名的意大利发音教师每天坚持做的练习,它是呼吸技术的基础练习。放松下巴,自然张嘴,体会喉咙里刚开始打哈欠的感觉。好,现在开始用嘴吸气,并进行非常短的呼吸。提高呼吸的速度,直到你的呼吸听起来像一只不停奔跑的小狗喘息的声音。这种喘息声应该是呼出的空气撞击口腔硬腭的结果。它并非来源于狭窄封闭的喉咙。那么,喘息的动力到底来源于哪里呢?

喘息是从膈膜而来,因为它就像一个波纹管,迫使空气迅速喷出。但你感觉不到膈膜在你身体中央的作用,可以把手直接放在自己的胸骨下面,试着感受一下膈膜的运动。

放松。感受喉咙里即将到来的哈欠的凉爽、愉悦的感觉;深呼吸,感觉你的肺在你的两侧推开下肋骨,推动并压扁膈膜。现在,让我们试着用膈膜来控制空气的释放。在你的嘴边放置一个点燃的蜡烛。看看你现在是否能缓慢且均匀地清空你的肺,这样即使蜡烛的火焰紧紧地贴在你的嘴边,也几乎不会闪烁。你应该不断地用这种方法进行练习,直到能稳定地呼气 30 秒或 40 秒,而不会干扰蜡烛的火焰。空气的释放必须由身体的中心来控制,而不是由喉咙。这样,当你喘气时,你的感觉会和抽水动作很相似。试着做这个练习,可以做三次或四次,然后再剧烈收缩膈膜,像一阵风一样把蜡烛吹灭。

我们还要附上哈姆雷特对演奏家们不朽的忠告。对学习公众演讲的学生来说,这也是一个很好的建议。大声朗读,把我们迄今为止所学到的关于膈膜呼吸和呼吸控制的知识付诸实践。把音调想象成打呵欠、哭泣的感觉。保持喉咙畅通,保持肺中有充足的呼吸储备。靠舌尖的力量强调重要的信息。感受你的前牙后部和口腔上部整齐、快速地敲打。如果这样做,毫无疑问,你就会对自己说话时的音调非常满意。它们会听上去会又圆润、又清晰。

第九章　如何开篇

"有一条黄金法说得很清楚：要尽快进入演讲主题，长驱直入。一定要严格遵守这条规则，抵制说客套话和漂亮辞藻的诱惑。永远，永远，永远不要为任何事情道歉。用简单、清晰的口语，直入主题……写演讲稿和写文章一样，我们通常可以倒回去，删除第一段……从你觉得你的介绍结束的地方开始演讲。"

——西德尼·F. 威克斯

如果你问任何一名职业演讲者,他们从自己的经验中学会了什么,大多数人都会回答:"要有一个能吸引人的开场白,要能立刻抓住注意力。"要做到这一点,就要提前准备好最精准的演讲词来表达开头和结尾。实际上,每位成功的演说家都会这么做。

但是初学者呢?很少有人能这么做,因为做计划需要时间,需要思考,需要意志力。思考是一个痛苦的过程。托马斯·爱迪生引用了约书亚·雷诺兹爵士的话,并把它钉在墙上:"一个人没有办法逃避对现实的思考。"

诺斯克利勋爵[一]从开始只拿微薄的周薪,后来他一路向上奋斗,最后成为当时英国最富有、最具影响力的报业老板。他说,布莱士·帕斯卡说过的这五个字比他读过的任何东西都更能助他成功:"预见即统治。"

这也是一句非常好的座右铭。当你在计划自己的演讲时,一定要想到这句话。当你还头脑清醒,能够掌握你说出的每一个字时,你就要预见到自己将如何开始演讲,预见到自己最后会给听众留下什么样的印象。

自亚里士多德时代以来,有关演讲这一主题的书籍就把演讲分成了三个部分:引言、正文和结论。早前,引言部分往往是慢悠悠的,像是在乘坐一驾马车。演讲者们总是娓娓道来,慢慢诉说。那时的演讲者既传播消息,又进行表演。几个世纪以来,演讲者一直扮演着一个角色,现在这个角色已经

[一] 即北岩勋爵,英国现代新闻事业创始人。

第九章
如何开篇

被报纸、广播、电视和网络所取代。

可形势已经发生了惊人的改变，现在的世界已经完全被颠覆了。发明创造的速度空前绝后，远比 100 年前——甚至是从创始之初算起的所有时代——都要迅猛的多。演讲者必须适应时代不耐烦的节奏。如果你要说一段引言，相信我，它最好简短地像广告牌上的广告语。没办法，这就是现代普通听众的脾气。你必须能迅速抓住他们的注意力，然后才能继续自己的演讲。

20 世纪最伟大演说家之一是马丁·路德·金。他有一种能力，能够立即打动并感染他的听众。让我们重读一下他是如何开始那个著名的"我有一个梦想"的演讲的。

"100 年前，一位伟大的美国人签署了解放宣言。我们今天就站在他雕像的庇荫下。这一重大法令对数百万黑人奴隶来说是一个巨大的希望之光，他们被野蛮的、不公正的火焰灼伤。欢乐的黎明结束了他们被囚禁的漫漫长夜。

"但是 100 年后，黑人仍然是不自由的。100 年后，黑人的生活仍然被种族隔离的镣铐和歧视的链条所折磨。100 年后，黑人生活在一个贫穷的孤岛上，而孤岛却置身于物质繁荣的汪洋大海中。100 年后，黑人仍然在美国社会的角落里憔悴煎熬。明明是在自己的土地上，却发现自己是一个流亡者。"

玛丽·费舍尔的演说经验并不丰富，但是，当她于 1992 年在共和党美国全国代表大会上发表演讲时，她的话触动了所有与会代表和全世界所有坐在电视机前听她演讲的人。她的开场白就立即引起了听众的注意：

"不到 3 个月前，在盐湖城的听证会上，我请求共和党公开在艾滋病毒/艾滋病问题上的态度。我今晚来，正是为了结束我们的沉默。

"我带来的是挑战，而不是庆祝。我希望能得到你们的注意，而不是你们的掌声。我并不想感染艾滋病毒，但我相信，凡事都会有一个好的目的。所以我站在你们面前，站在全国人民的面前。"

但是，大多数没有经验的演讲者在开口时通常不具备她这样令人称赞的利落且简洁的风格。大多数未经训练和不熟练的演讲者，一般都会以两种方式开始自己的演讲——而这两者都是不可取的。

若想以一个幽默的故事开头，就要多注意了

出于某种可悲的原因，演讲新手经常觉得作为演讲者，自己应该极为风趣。从本质上看，他们就像百科全书一样庄严肃穆，完全没有那种轻松感；然而，当他们站起来说话的那一刻，他们会想象或感觉自己被马克·吐温或鲍勃·霍普的灵魂附了体。因此，他们倾向于以幽默故事开场——特别是晚宴后的演讲。这到底是怎么一回事呢？有5%的可能性是，他讲述的内容像字典一样沉重，很有可能他那些故事无法逗笑台下的听众。用不朽的《哈姆雷特》中不朽的话来说就是，这位演讲者要讲的故事"萎靡、无趣、沉闷、无用"。

如果一个艺人在听众面前说了很多话却都无法逗笑他们，那他就会被嘘下舞台。但是一般人会怀着同情心倾听。因此，出于纯粹的做慈善的心态，他们会尽力制造出一些笑声，而在内心深处，他们会怜悯这位"幽默"的演说家！

难道我们不是一次又一次地目睹这种惨败吗？在所有演讲时会遇到的困难中，还有什么比让听众笑更难的呢？幽默是一触即发的事情，它与一个人的个性有很大关系。一个人要么天生有幽默感，要么天生没有，这就像你天生长着棕色眼睛，又或者没长一样。

请记住，很少有故事本身就很有趣。如何让它有趣，完全在于演讲者如何讲述和演绎这个故事。同样一个让马克·吐温名噪一时的故事，如果由其他人来讲，就很可能会遭到失败。你可以读一读林肯在一个酒馆里复述的故事。根据在场的人所说，人们会彻夜聆听这个故事，有时还会被逗得"大笑，甚至从椅子上摔下去"。你也可以把这个故事说给家人听，看看你是否能引发同样的爆笑场面。这里有一则林肯过去常常说的故事，它已经取得了重大的成功。那为什么不试试呢？私下里试哦，请不要在听众面前尝试。

第九章
如何开篇

一位走在大草原泥泞道路上的晚归旅行者遭到了暴风雨的袭击。夜色像墨一样黑；雨特别大，好像天上的水坝裂了一道口子，雨水便倾泻而下；雷声轰隆隆，好似爆炸一般，连云层都好像愤怒了似的。一个又一个的闪电仿佛要劈开周围的树木，炸裂声几乎震耳欲聋。最后，又一声雷鸣响彻云霄，这是这个无助的人一生中听到的最可怕的声音。他突然想到跪地祈祷。他从不这么做，此时此刻他却说："噢，上帝，反正对您来说也没什么区别，那就请您给我们多一点光，少一点噪声。"

你可能很幸运，是一个极其罕见的天生具有幽默感的人。如果是的话，那你一定要好好培养这种幽默感，因为无论你说什么，都会受欢迎。但是，如果你在其他方面有天赋，却想尝试当个喜剧演员，那就实在太愚蠢了。

优秀的演说家从不会为追求幽默而去讲一个好笑的故事，他要讲的故事必定和主题本身相关，并且必须通过讲故事的方式来阐明自己的观点。幽默应该仅仅是蛋糕上的糖霜，或是一层层蛋糕中间的巧克力，而非蛋糕本身。既然这样，我们一定要用沉闷、笨重、严肃的语气来开始自己的演讲吗？当然不是。如果可以的话，我们可以适当地插科打诨，开一些当地人的玩笑，或者调侃其他演讲者；还可以观察一些不协调的地方，再夸大它。这种幽默的成功概率是大多数人以前听过的陈旧笑话的数十倍。

创造快乐最简单的方法也许就是讲一则关于自己的笑话，或是描述一些发生在自己身上的荒谬和尴尬的故事。这可以归结为幽默的本质。几乎任何一个人都可以通过把格格不入的想法或品质编排在一起而使听众大笑，例如某个报纸的作者声明自己"讨厌孩子、狗和民主党人"。

不要以道歉开始

初学者容易犯的第二个大错误就是在演讲的开头道歉，称"我不是演说家……我没有准备好说什么……我不知道可以说什么……我不习惯在公众面前演讲……"

不要！不要！吉卜林（英国小说家、诗人）的一首诗的开头部分是："没有继续的必要了"。这正是当演讲者以道歉的方式开始演讲时，听众心里的感受。

不管怎样，如果你还没有准备好，听众中的一些人很快就能发现，而其他人则不会。那为什么要引起他们的注意呢？为什么侮辱你的听众，为什么要暗示他们，这些听众是不值得你为他们准备的吗？难道你觉得，信手拈来的一件陈旧往事都足以对付这些听众吗？不，不，听众不想听到你的道歉。要记住，听众坐在那里是等你传递信息，等你吸引他们的。

在你走到听众面前的那一刻，你自然会不可避免地吸引他们的注意力。前5秒的关注度不难获得，但要在接下来的5分钟继续吸引他们，则非常困难。你一旦失去了他们的注意，就很难再赢回来。所以从第一句话开始，你就要讲一些有趣的事情。不是从第二句话开始，也不是第三句。是第一句！第一句！

你会问："那怎样才能做到呢？"我承认，做到这一点并不容易。而且，当我们试图用丰富的信息撑满第一句话时，我们不得不踏上一条曲折蜿蜒的道路。因为这全都取决于你，取决于你的听众、演讲主题、演讲场合等。然而，我们希望在本章的最后几个部分能和你们讨论并提出一些初步建议，这将会给你带来一些有用和有价值的帮助。

引起听众的好奇

下面是我的一个学生曾经用过的开场白，会立即引起你的兴趣吗？

"82年前的这个时候，伦敦出版了一本小册子。这注定会是一个不朽的故事。很多人都把它称为'世界上最伟大的小册子'。当它第一次出现时，每当朋友们在布兰德或帕尔梅里相遇时，都会问一个问题：'你看过了吗？'答案总是：'是的，上帝保佑他，我看了。'

"这本小册子在上市当天便售出1000本；在接下来的两周内，共售出了

第九章
如何开篇

15000 本。从那时起，它被重印了无数次，并已被翻译成多种语言。几年前，J. P. 摩根购买了这本精致的小册子。现在，小册子就摆放在他在纽约的那座宏伟的美术馆里，是他的无价之宝。

"这本世界著名的小册子是什么呢？狄更斯的《圣诞颂歌》。"

你觉得这个开场白成功吗？它有没有引起你的注意？随着剧情发展，你的兴趣是否会不断提高？为什么？难道不是因为它激发了你的好奇心，让你感受到许多悬念吗？

好奇心！谁抵抗得了它？我看见树林里的小鸟欢快地飞来飞去，好奇地看着我。我认识一个住在阿尔卑斯山的猎人，他通过在他的身边丢一张床单然后在上面爬行，来诱骗羚羊。狗有好奇心，小猫和各种动物都有，人也有。

因此，你说的第一句话要唤起听众的好奇心，并引起他们的兴趣。今天，"阿拉伯的劳伦斯"已闻名世界，有很多书都写了他的故事，还有一部宏大的电影也讲述了他的经历和遭遇。但事实并非总是如此。当年还没有收音机、电视和电影，通过我和我的同事洛厄尔托马斯先后在伦敦、曼彻斯特做的一系列演讲，他的故事才得到了广大人民的注意。

我是以这样的方式开始的：

"劳埃德·乔治说，他认为劳伦斯上校是现代最浪漫、最有传奇色彩的人物之一。"

这种开头有两个好处。首先，引用一位杰出的人说的话，总会赢得很多关注。其次，它引起了人们的好奇心，人们会非常自然地提出疑问："为什么浪漫？为什么富有传奇色彩？我以前从未听说过他……他做过什么呢？"

我的一名学生用这个问题作为开场白："世界上依旧有 17 个国家存在奴隶制吗？"这个问题不仅激起了好奇心，而且还能震惊他的评委。"奴隶制？今天？17 个国家？这听上去简直不可想象。是哪 17 个国家呢？他们在哪里？"

一个人往往可以从开头就能激起听众的好奇心，让他们渴望知晓答案。

例如，一名学生在开场时说出了一番惊人的言语："我们的一个立法机构的成员最近在立法大会上站了起来，提议通过一项法律，禁止任何学校周边两英里内的蝌蚪变成青蛙。"

你笑了。可演讲者是在开玩笑吗？这多么荒谬啊！但，这是真的吗？

"是的"。演讲者继续解释。

安妮·费舍尔在《财富》杂志上写了一份关于就业和职业的专栏文章，引起了读者的好奇心："办公室里的人不如以前热情？" 12个词的文章标题引起了读者注意，到底是什么原因让员工失去热情的呢？

每一个渴望在公众面前发言的人都应该赶快学习这位杂志作者的写作技巧，来吸引读者的兴趣。比起单纯研究演讲稿，你其实可以从他们身上学到更多。

为什么不用一个故事开始呢？

人们喜欢听故事。自古以来，讲故事的人都是在娱乐、教育和启蒙聆听者。而聆听者一直在变：从蹲在篝火旁的原始人，到聚集在广场上的民众，再到礼堂和剧院里的听众。行吟诗人唱民谣，吟诵诗歌和传说，讲述英雄的故事，讲述部落的历史和风俗，讲述战争和冒险故事。我们都喜欢听故事。我们之所以买书和杂志、看电影、听收音机、看电视，都是为了听故事。

我们特别喜欢讲述一个人的经历。拉塞尔·H. 康威尔曾经的一个演讲"钻石就在你家后院"，给广大听众讲述过6000多次。许多人一遍又一遍地听这个鼓舞人心的演讲。

这场精彩的演讲是如何开始的呢？

"1870年，我们在底格里斯河沿岸游览。我们在巴格达请了一个向导，让他带领我们参观波斯波利斯、尼尼微、巴比伦……"

他没有把这个故事讲完，这就是他的演讲吸引听众的原因。这种开放式的开头几乎是万无一失的，几乎不会失败。这种开头潜藏有无数发展方向，而听众只能跟随，因为他们想知道会发生什么。

第九章
如何开篇

这是两个故事的开场白。

"来自左轮手枪的劈裂声打破了沉寂。"

"当男人和女人在一起工作时,很可能会两情相悦,还会有浪漫故事,甚至会有婚姻,这会给公司带来什么特殊的问题?"

要注意,这些开场白有各自的作用,它们都在开启一样东西——激发你的好奇心。你想继续阅读,你想知道更多,你想知道它到底是什么。

即使是没有实战过的演讲新手,也可以通过讲故事的技巧来激发我们的好奇心。这样,吸引注意力的目的也就达到了。

用一个具体的例子作为开场

普通听众很难听懂抽象的陈述。如果有例证,听众就会更容易理解。那为什么不从开场开始就用例证的方式陈述呢?很难让演讲者这么做,因为我试过了。演讲者总觉得自己必须先做一些一般性陈述。其实真的不是这样。你要用例证的方式唤起听众兴趣,然后他们才会跟着你一起思考。如果你想看使用这个技巧的例子,请翻到本书第五章的开头,或者第七章。

使用展品

也许世界上最容易获得注意的方法就是拿一些东西给人们看,这个方法有时可以在最高傲的听众面前使用。例如,我的一个学生在演讲时,是通过拿出一张优惠券并不断在头顶上挥舞作为开场的。自然每个人都会看看她。然后她问:"这里有没有人收到过这样的优惠券?它上面写着,消费者将可享受乘船游和晚餐,还可以参观哈德逊河上美丽的、崭新的住宅区。顾客所要做的就是打电话,并出示这张优惠券。"

这引起了听众的注意。她接着分析了这一伎俩是如何诱使人们一步步进入圈套的,然后便会不知不觉地面对一场高压推销……

问一个问题

这个学生的开场白还有一个值得称赞的特点。她会以一个问题开场,邀请听众和自己一起思考,进入自己构建的世界。请注意,那篇关于办公室恋情的文章,在开头就问了一个问题:"这给公司带来了什么特殊的难题吗?"这种一问一答确实是打开听众思路的一种最简单、最可靠的方法,这样,你就能走进每个听众的心里。当其他工具被证明无用时,你总是可以依靠问答的力量。

为什么不用名人提出过的问题作为开场呢?

杰出人物的话语总是具有吸引注意力的力量。所以,合适的引用是做长篇演说的最好方式之一。你喜欢下面这个关于人类信仰的讨论吗?

"你不能对人性失去信心。人性就像海洋,如果海洋中的几滴水是脏的,海洋是不会变脏的。"

作为初学者,这有几个值得称赞的特点。第一句便引起了人们的好奇心:我们为什么要相信人性呢?它让我们不断跟进,因为我们希望听到更多。如果演讲者在说出名人名字后技巧性地停顿一下,"圣雄甘地……",就会引起悬念。"印度人民经历了所有的动荡、贫困和苦难,他怎么会有这样的信仰呢?"我们可能会有这个疑问。快,快告诉我们!我们可能不同意你的观点,但无论如何还是要告诉我们你的观点……第二句话把我们带入了话题的中心,然后他升华了他的主题。当然,这个世界上会有可怕的事情,但它们就像是浩瀚海洋中的一滴污水,不会影响到整个海洋的纯净美好。

说一些听众感兴趣的话题

在演讲一开始,演讲者就要直接说一些听众可能会感兴趣的事物。这是最好的开篇方式之一。它一定会引起听众的注意,因为我们会对那些触动我们的事物充满兴趣。

这只是常识,不是吗?然而,很少有人用这个方法。例如,我听到一位

第九章
如何开篇

演讲者开始谈论定期体检的必要性。他是如何开启这个话题的呢？通过讲述医疗机构的历史。因为他与之相关，所以知道医疗机构是如何运作和提供服务的。荒谬！我们的听众对一些组织的形成并没有任何兴趣，他们只对自己有最强烈的兴趣。

为什么没有意识到这个最基本的事实呢？为什么不去告诉听众，这个组织对他们来说很重要呢？为什么不去做这样的事情呢？"你知道根据社会保险管理局的精算表，你能活多久吗？他们已经算出来了。例如，一个30岁的男人和一个年龄在50岁的女人，可能都会再活44年。如果这个人能活到60岁，他可能还有18年；而对于一个女人来说，她可能还能活23年……这够长吗？不，还不够。我们都热切地渴望能活更久，然而这些表格是在数以百万计的真实记录基础上做出来的。希望你和我能在今后打破这些纪录。是的，只要有适当的预防措施，我们就可以做到。但第一步，你必须进行彻底的体检……"

然后，如果我们详细解释为什么定期体检是必要的，听者可能会对某个提供该服务的组织感兴趣。但如果你一开始就不从个人角度谈及这个组织，效果就是灾难性的、致命的！

再举一个例子。我的一个学生要谈论保护森林的紧迫性。他是这样开始的："我们，作为美国人，应该为我们的国家资源感到自豪……"他接着又说："我们现在正以无耻和不可原谅的速度浪费我们的木材。"但是这样的开幕式很糟糕，因为它太笼统、太模糊了。他没有使自己的主题听起来像是对听众而言至关重要的。听众中很可能就有印刷工人，森林的毁灭将给他的事业带来最直接的影响。如果人群之中有一位母亲，这也一样会影响到她，因为这会影响她的孩子们的生活……那么，为什么不先说："我要说的话题会影响到你的事业；在某种程度上，还会影响你们吃的食物的价格和你们要付的房租。它不仅触及我们这一代人的幸福和繁荣，还会触及遥远的未来。"

这是否夸大了保护森林的重要性？不，我认为并没有。这只是遵循了一个演讲的关键因素："将画面尽可能地描述得更宏大、更普遍，把事情放在一个引人注意的地方。"

令人震惊的事实具有引人注意的力量

震撼你的听众，让他们集中注意力听你说话。你要说一些能让他们停止做白日梦的话。要想有效地做到这一点，你就必须吸引听众的注意力。一位以"无线电奇迹"为主题的演讲者从这句话开始："你有没有意识到，在纽约，如果把一只苍蝇在一块玻璃上漫步的声音用无线电广播放出来，它便会像尼加拉瀑布一样，发出隆隆的咆哮声。"

还有一个学生谈及犯罪时，开场白是这样的："'我们的刑法对人民的管束，'美国最高法院首席法官威廉·霍华德·塔夫脱宣称，'是对文明的侮辱。'"

这种开场白具有双重优势——不仅是一番令人震惊的言论，而且还源自一位法学界的权威人士。

另一位谈论犯罪的演讲者这样开场："美国的犯罪问题是全世界最严重的。这是真的，而且确实出乎意料。俄亥俄州克利夫兰市的谋杀率是伦敦的6倍。若假设人口数量相同，那这里的抢劫案的发生数量是伦敦的170倍。在克利夫兰，每年被抢劫或遭到抢劫者袭击的人比英格兰、苏格兰和威尔士的同类受害者加起来还要多，每年在圣路易斯被谋杀的人比英格兰和威尔士的受害者加起来还要多。纽约的谋杀案比法国、德国、意大利或英国都多。这个问题的可悲之处在于，罪犯没有受到惩罚。如果你犯了谋杀罪，你被处决的可能性只有1%。你若是一个爱好和平的公民，那即便你开枪打死了一个人，你被绞死的概率也仅仅是死于癌症的十分之一。"

那次演讲之所以成功，是因为演讲者把成功演讲所需的力量和真诚融进了自己的言语中，焕发了生机，绽放出光彩。然而，我也听过其他学生谈及犯罪的开场白，用的也是些类似的例证，但他们的演讲给人的感觉总是平庸的。这是为什么呢？因为他们用的词语平庸啊！他们组织演讲的技巧无可挑剔，但他们传递给听众的精神却几乎为零。他们说话的方式使他们所说的一切都变得黯淡无趣。

第九章
如何开篇

看似随意的开场白背后蕴含的价值

你是否会喜欢下面列举的开场白,为什么喜欢?社会工作领域的先驱玛丽·E. 里士满在纽约州妇女选民联盟年会上发表了讲话,她的主题是"纽约州的童婚"。

"昨天,当火车经过一个离这儿不远的城市时,我想起了几年前在那里出现的一桩婚姻。因为在这个州,有许许多多的婚姻都像这场婚姻一样,既匆忙又是灾难性的。所以今天我和大家诉说的,是这个例子中的一些细节。"

"12月12日,那座城市的一名15岁的高中女生在附近的一所大学里初次见到一位刚刚成年的青年。12月15日,仅仅过了3天,他们便宣誓结婚。他们说女孩已经18岁了,因此不需要获得她父母的同意。就这样,他们离开了办事员的办公室,拿到了结婚证,然后立即向一个牧师提出申请,而牧师其实很不情愿为他们主婚。女孩的母亲不知怎么知道了女儿结婚的消息——也许是牧师告诉她的。然而在她找到女儿之前,一位治安法官⊖已经宣布他们为合法夫妻了。新郎把新娘带到一家旅馆,在那里住了两天两夜。最后他抛弃了她,再也没有和她住在一起。"

就我个人而言,我非常喜欢这样的开场白。第一句话就很好,它预示着一个有趣的回忆。我们想听听细节,想静下心来好好听一个故事。除此之外,一切都似乎非常自然,不会受研究的影响,也不正式……"昨天,当火车经过一个离这儿不远的城市时,我想起了几年前在那里发生的一桩婚姻。"这听起来就会让人觉得很自然、很顺畅、很有人情味,像是有人把一件有趣的故事和另一个故事联系起来。听众喜欢这样的开场白。但它又很容易变得过于复杂和正式,让人觉得这是在刻意吸引大家的注意。所以,我们想要的是隐藏在艺术之下的艺术。

⊖ 也译为"地方法官",是法、英、美等国基层法院法官的职称。

本章小结

1. 开场白往往很难，但也很重要，因为听众的头脑是新鲜的，所以比较容易给他们留下深刻印象。正因为重要，我们才不能随意为之，而要对其提前进行计划和构思。

2. 引言应该简短，只需要一两句话，有时甚至根本用不着它。最好用最少的词语，直击话题中心。相信没有人会反驳这一点。

3. 新手倾向于在开场时尝试讲一些幽默故事或者向听众道歉。这两种情况通常都很糟糕。很少有人——甚至可以说非常、非常少——能够成功讲述幽默轶事。这种尝试通常会使听众尴尬，而不是逗乐他们。演讲者所讲述的故事应该和主题相关，而不是画蛇添足。幽默应该是锦上添花。另外，永远不要道歉，这通常是对听众的侮辱；道歉会让他们感到厌烦。你最好直截了当地说，快点说，再坐下来。

4. 说话者可以通过以下方式赢得听众的即刻关注：

    a. 引起好奇心。（例如狄更斯的《圣诞颂歌》）

    b. 讲述一个故事。（例如《钻石就在你家后院》讲座）

    c. 举一个具体的例子。（参见此书第五章和第七章的开场）

    d. 用一个展品。（例如赠送给接收者免费乘船和吃饭的优惠券）

    e. 问一个问题。（例如"这里有人收到过像这样的优惠券吗？"）

    f. 以一个会震惊众人的引用作为开场。（例如圣雄甘地的人性论）

    g. 告诉听众你所说的主题与他们利益十分相关。（例如"这是精算表测算出的你的寿命，但你可以通过定期的健康检查来增加你的寿命"，等等）

    h. 说一个令人震惊的事实。（例如"美国的犯罪问题是全世界最严重的"）

5. 开场白不要说得太正式、太僵硬，要尽量让它显得自由、随意和顺畅。你可以在开头讲一些刚刚发生的事或名人前不久说过的话。

第九章
如何开篇

▶ 发声练习——放松下巴

在第三章和第四章的发声练习中，我们指出了放松的必要性，尤其喉咙的放松。当然，下巴也应该放松。我们大多数人的下巴都倾向于一动不动、僵持很久，结果会是什么呢？音调会被迫挤压，声音听上去就会又薄又硬。在这种条件下发出的声音往往不好听。我们的呼吸通过嘴唇和舌头——而且是以舌头为主，在嘴中形成一个个单词。下巴变形会改变嘴巴这一"模子"，如此一来又会干扰声音，让它不够动听、不够精确。

此外，僵硬的下巴很容易导致舌头笨拙，而我们珍视的恰恰就是舌头的速度、硬度和弹性。

尝试这些练习，看看能否放松你的下巴。

把头低下，向胸前靠，直到你的下巴接触到皮肤。

现在缓缓抬起头，但下巴保持不动。如果你能彻底放松下巴，重力会压下它。这就像你放松时，重力会自动把你的手拉到身体的两侧。

坐的时候，下巴放松，嘴巴张开，表情保持呆滞，直到感觉下巴像是从头部垂下的重物。

把手指放在耳朵前方约半英寸处，这是你下颚骨类似"转轴"的地方。你可以有意识地张开下巴，像在咀嚼食物一样，做咀嚼状。注意自己指尖下的动作。现在闭上嘴巴，让下巴下垂，使其中心下移。如果你做对了，如果你还没有用过任何力气，你就不会感觉到此时你指尖下的动作。

当你试图偷听远处的谈话时，你几乎很难听清他们在说什么。那你该怎么做呢？会先不知不觉地深吸一口气，然后张开嘴巴，用心倾听，不是吗？想象一下你在这种情况下正在用心倾听，突然间听到那个遥远的谈话中提到了一件让你吃惊的事情，你应该做些什么呢？你可以做扩胸运动、深呼吸，这样你的喉咙就会不知不觉地打开。现在，你说"哦，你知道他说了什么吗"，音调是不是会流出得更自然、更容易？

记住，你能掌控下巴的唯一方法就是放松它。所以多做这些练习，直到你的下巴成为你温顺的仆人，不再僵硬、顽固。

第十章　如何瞬间吸引听众

几年前，洛克菲勒财团旗下的科罗拉多燃油与钢铁公司发生了劳动纠纷，有人开了枪，致使几人流血、受伤。仇恨的情绪在蔓延，空气变得异常紧张，一触即发。洛克菲勒这个名字成了人们的眼中钉、肉中刺。可是，小约翰·D.洛克菲勒却想和与这一事件有牵连的员工谈话。他想向他们做出解释，劝说他们理解自己的想法，让他们接受自己的信念。他意识到，在讲话的一开始，他就必须要消除所有的仇恨、不满和反对意见。他这次讲话的开篇极其漂亮、极其真诚。大多数公共演说者都可以研究这篇讲话的开头，并从中获益。

"今天是我人生中非常重要的一个日子。我头一次能荣幸地与我们这个伟大公司的员工代表、各级主管代表和监督人代表见面。请各位相信，能出席这次会面我感到非常荣幸，我将终生铭记这个与你们相聚的日子。假如这次聚会在两个星期前召开，那么站在你们面前的可能就是个陌生人。

"他几乎不认识你们当中的任何人。上个星期，我有机会去拜访了南方煤田的所有煤矿，有机会与几乎所有在座代表进行了单独交谈——当然，那些出门在外的代表除外。我去了你们的家中，拜会了你们的妻儿。此时，在这里相聚，我们已不再是陌生人，而是朋友。正是本着这一相互友爱的精神，我很高兴能有这个机会与你们讨论一些与我们的共同利益息息相关的事情。

"这是一次公司主管和员工代表的会议，所以承蒙你们的允许，我才能来

第十章
如何瞬间吸引听众

到这里,因为很遗憾,我并非你们中的一员。尽管如此,我依然感觉与你们紧密相连,因为从某种意义上说,我既代表股东,又代表公司管理层。"

这就是技巧——太有技巧了。尽管当时乌云密布、怨气冲天,但这次讲话依然非常成功。在洛克菲勒就当时的形势做出各种具体解释后,那些采取罢工行动、强烈要求增加工资的人再也不说什么了。

蜂蜜与双枪手

有一句古老的格言说得特别有道理:用一滴蜂蜜抓的蜜蜂,比用一加仑[一]胆汁抓的蜜蜂要多。对人也一样。如果你想赢得别人的信任,让他们加入到你的事业中来,就要先让他们相信你是他们的朋友。这就是可以抓住人心的那一滴蜂蜜,是通往理性的阳关大道。一旦打通这条路,你就可以不费吹灰之力地让人们相信:你所从事的事业是一个正义的事业。当然,前提是它的确是正义的。

林肯用的正是这个方法。1858 年,在美国国会竞选活动中,他要在当时被称为"埃及"的南伊利诺伊州的半野蛮地区发表演说。那个地区的人很粗野,腰带上别着丑陋的刀子和手枪,即使出席公共场合也是这身打扮。他们仇视所有反对蓄奴的人,就像喜欢喝玉米威士忌那样喜欢打架。有些南方人是从肯塔基州和密苏里州来的,他们本身也是蓄奴者。这些人渡过了密西西比河和俄亥俄河,来这里寻衅滋事。这里的空气异常紧张。那些蛮横粗野的捣乱分子已经发誓:如果林肯发表演说,他们就会"把那个可恶的废奴主义者赶出城",还要"把他的脑袋打开花"。

林肯听到了这些威胁,他知道这里的人们对他怀有仇恨,也知道自己身处险境。"可是,只要他们给我一个好机会,让我说几句开场白,"他说,"我就能把他们摆平。"可以说,这次演讲的开场白是我所听到过的最有策略的。

[一] 1 美加仑 = 3.78541 立方分米。

请你讲重点
卡耐基魅力演讲的艺术

"南伊利诺伊州的居民们、肯塔基州的居民们、密苏里州的居民们！有人告诉我，今天来的各位当中，有人想给我惹麻烦。我不明白他们为何要这样做。我是一个平凡的普通人，和你们一样，我为什么就不能和你们一样，拥有表达自己情感的权利呢？亲爱的朋友们，我也是你们当中的一员，并不是什么入侵者。和你们大多数人一样，我也出生在肯塔基，成长在伊利诺伊，辛辛苦苦地过日子。我了解肯塔基人，了解南伊利诺伊人，我觉得我也了解密苏里人。我是他们中的一员，所以我应该了解他们，他们也更应该了解我。如果他们真的很了解我，就会知道：按我的性子，我是不会为难他们的。既然这样，他们，或他们当中的任何一位，为何要为难我？不要干这样的傻事了，让我们成为朋友吧，以朋友之礼相待。我是这个世界上最谦恭、最与世无争的人之一——我不会冤枉任何人，也不会侵犯任何人的权利。我想要的一切只是想说点什么，想让你们认真地听一听。作为勇猛无畏的伊利诺伊人、肯塔基人和密苏里人，我相信你们会这样做的。现在就让我们这些老实人一起聊聊吧！"

他在说这些话的时候，脸上是一副真诚、善良的神情，声音因激动和同情而颤抖着。这个极富策略的开场白平息了即将到来的风暴，也让敌人们闭上了嘴。事实上，这次演讲令很多人化敌为友，他们为林肯的演讲欢呼。后来，这些粗鲁、野蛮的"埃及人"成为他竞选总统之路上最坚决的拥戴者。

"真有趣，"你可能会说，"可这一切跟我有什么关系呢？我不是洛克菲勒，面对的不是一群恨不得把我勒死、揍扁的饥饿的罢工者。我也不是林肯，面对的也不是手持双枪、带着满腔仇恨和一嘴玉米威士忌味的亡命之徒。"

可是，难道你不是几乎每一天都要与一些见解不同的人就某个话题进行讨论吗？难道你不是时时想让人认同自己的思维方式——无论是在家、办公室还是其他公共场合？你的方法还有改善空间吗？你是如何开场的呢？你是否用了林肯或洛克菲勒所用的策略？如果是，你便是一个难得一见的、心思巧妙的人物，而且极度审慎。大多数人在开场时根本不会考虑到其他人的观点和想法，他们不去努力寻找共识，而只是急于发表自己的见解。

第十章
如何瞬间吸引听众

比如，我曾听过几百个关于目前备受争议的枪支管理话题的演讲。几乎每个演讲者在一开篇都会发表某个肯定的、可能会引起冲突的论断，极其鲁莽、武断，毫无策略可言。他们一上来就摆明自己的方向，宣布自己的立场。他们传递给听众的信息是：他们已下定决心，丝毫不会有任何改变。可他们却希望别人能放弃自己宝贵的信念来接受他们的观点。其结果如何？和所有辩论的结果差不多——没有人被说服。

唐突、激进的开场白令他们瞬间失去了所有与他们意见相左的听众的好感与关注。在那一瞬间，听众对他所说的一切都失去了兴趣；在那一瞬间，他们对演讲者的陈述产生种种质疑；在那一瞬间，他们开始藐视他的观点。他的演讲除了能令他们更好地防御自己的信仰外，没起到任何作用。

瞧，他们在一开头便犯了个致命的错误：刺激了听众，令他们向后退去，从牙缝里挤出了这样几个词："不对！不对！不对！"

如果一个人想说服别人，让他接受自己的思维方式，这样做岂不是犯了一个非常严重的错误？下面一段话引自哈利·奥弗斯特里特在纽约市社会研究新学院○所做的讲座，他极其鲜明地阐述了这个观点。

"否定反应是一个很难克服的障碍。当一个人说'不'时，他的全部自尊都要求他要保持一致。或许他后来可能会感觉这个'不'字说得不妥，但他必须要考虑到自己宝贵的自尊——一言既出，驷马难追。所以我们在一开始就要让他人有一个正面、积极的反应，这一点极其重要。"技巧丰富的演讲者会"在开场时让听众做几次附和"，这样他们就设定好了听众的心理程序，令它朝正面、积极的方向走下去。这就跟打台球一样：朝一个方向推它，它就会借位发生偏移；可如果用力过大，它就会朝反方向弹过去。

哈利·奥弗斯特里特补充道："这个心理模式非常清楚。如果一个人说'不'，而且心里的确是这样想的，他做的可不仅仅是说一个字，情况要复杂得多。他的整个有机体——腺体、神经有机体、肌肉有机体——都集中在一

○ The New School for Social Research，该高等教育机构以人文社科领域的研究著称。

起,呈现出一种排斥状态。他的身体通常会出现一种极为细微的退缩或准备退缩的动作,但有时这些动作也会明显可见。简而言之,他的整个神经肌肉系统开启了防御模式,拒绝接受任何事物。而当一个人说'对'时,情况则恰好相反,他不会发生任何退缩行为,他的身体呈现出一种向前行动,接受和开放的态度。所以我们在演讲开篇时得到听众的肯定反应越多,就越可能成功吸引听众的注意力,令他们接受我们的最终主张。"

"肯定反应是个非常简单的技巧,但大多数人都忽视了它!好像一上来就发表反对意见能显得自己特别重要似的。事实上,这样做有何意义?如果他仅仅是想自己找乐,那还可以原谅。但是,如果他想做成点什么事,那么从心理学来看,他就太愚蠢了。"

如果让你的学生、客户、孩子、丈夫或妻子在一开始便说"不",那么你必须要有智慧和天使般的耐心,才能把愤怒的拒绝变成接受。如何能在演讲开始时便获得这些令人欣喜的肯定反应呢?很简单。"我在演讲开篇和辩论时取胜的方式,"林肯坦陈,"是先找到共识。"即便是讨论蓄奴这个极富争议、一触即发的话题时,林肯也找到了共识。"在最初半小时内,"一位报道林肯某次演讲的一位持中立态度的记者说道,"他的对手几乎同意他说的每个字。可接着他就把他们引开了,一步步、一点点,直到让他们全都落入自己的圈套中。"

洛奇参议员的办法

第一次世界大战结束后不久,摆在美国国会面前的一个重大问题便是对缔造了国际联盟的协议予以批准。马萨诸塞州议员亨利·卡伯特·洛奇是反对批准该协议的主要人物之一。他和哈佛大学时任校长阿博特·劳伦斯·洛厄尔在波士顿听众面前就这一问题进行了辩论。洛奇参议员感觉大多数听众的观点都怀有敌意,可他必须要扭转他们的看法,让他们接受自己的思维方式。该如何做到呢?与他们的看法发生正面、直接、激烈的冲突吗?不,当然不行。洛奇参议员是个极其精明的心理学家,他绝对不会用如此原始的战

第十章
如何瞬间吸引听众

术来毁掉自己的诉求。他一开始便使用了个妙招，出奇制胜。下面的段落中摘录了他的演讲的开头部分。注意他说的前 10 句话——即使是他的仇敌，也不可能对他用这 10 句话表达出的情感有任何反对意见。注意他如何在对听众的称呼上激发了他们的爱国情感，他用的是"我的同胞们"。注意观察他如何将自己与听众在观点上的分歧减至最少，以及如何巧妙地突出了他们共同珍视的事物。

看看他是怎么赞扬自己的对手的，再看看他如何坚持这一事实：他和听众只是在一些细微的、具体的方法上有分歧，至于在美国的福祉和全球和平这些重大问题上，他们根本没有任何分歧。他甚至还更进一步，承认自己其实是支持某种国际联盟的。所以，说到最后，他其实只在一点上与对手有分歧：他觉得我们应该建立一个更为理想化的、更能达到预期效果的国际联盟。

"校长阁下，女士们、先生们，同胞们：

"感谢洛厄尔校长给我机会站在这么优秀的听众面前。我和他是多年好友，也同为共和党人。哈佛大学是一所了不起的大学，是美国最重要、最有影响力的一个地方。洛厄尔校长也是一位出色的政治与政府管理学学者、一位卓越的历史学家。我和他可能对摆在我们面前的这一重大问题的具体解决方法持不同观点，但我相信，就全球和平、安全与美国福祉而言，我们的目标并没有任何不同。

"关于我的立场，请允许我只说一个词。我曾一次次地试图说出这个词。我以为自己已经用直白的英语将它说出来了，但有些人却把曲解、篡改他人的意思当成一件挑起争端的有力武器；还有一些人，他们非常优秀，但或许未能明白我所说的话，也可能误解了我的意思。有人说我反对任何形式的国际联盟。不，根本不是！我热切盼望全球的自由国家结成我们所说的联盟，或结成法国人所说的协会，但我们结盟的目的是要竭尽全力捍卫世界和平，实现总体裁军。"

请你讲重点
卡耐基魅力演讲的艺术

无论你在演说开始前是多么坚定且旗帜鲜明地反对演讲者，在听了这样一段开场白之后，你可能就没有那么坚决了，甚至会有一点动摇，对不对？这样的开场白是否让你产生了继续听下去的欲望？它是否让你相信演讲者特别公正无私？

假如洛奇议员在演说一开始就对那些国际联盟的支持者说："你们居然会相信一个骗局，实在是大错特错。结果会怎样？肯定是落花流水一场空。"

下面这段文字引自詹姆斯·哈维·罗宾逊撰写的那本给人以启迪的畅销书《理智的形成》，它揭示了开场就进行言论攻击会导致演讲失利背后的心理学原因。

"有时候我们会发现，在没有任何抗拒或强烈情感波动的情况下，我们就会改变主意；但如果别人说我们错了，我们就会讨厌别人的指责，心肠就会硬起来。令人难以置信的是，我们对于自己的信念的形成并不在意，但我们会发现，如果有人想剥夺我们对这些信念的所有权，我们就会对其产生一种不正当的、强烈的热爱。显然，这并非是因为我们珍视这些想法本身，而是因为我们的自尊受到了威胁……'我的'这个小词是人类事务中最重要的一个词，能正确地去面对它便是智慧的开始。无论是我的饭菜、我的狗、我的房屋、我的信念、我的国家，还是我的上帝，'我的'拥有的力量都是相同的。"

我们不仅痛恨别人说我们的表不准、车太破，当别人说我们的一些观点有问题、应当改进时，我们也会大为光火，比如火星上的沟渠、柳苷的医疗价值、萨尔贡一世的年代等。我们喜欢坚持自己早已习惯并认为是正确的事情，如果别人对我们的任何假设表示怀疑，我们的愤恨就会被激发起来，进而会寻找各种各样的借口，死死地抓住自己的观点不放。其结果便是：在大多数情况下，我们所谓的思辨其实不过是为了能继续相信自己现在相信的事物寻找理由而已。

第十章
如何瞬间吸引听众

最好的辩论是做出解释

演讲者与听众争论，根本不能让听众改变自己的想法，只会令他们更加顽固，还会使他们进入防御状态。这一点已经是显而易见了，对吧？假如演讲者一上来就说"我要证明这个，还有这个"，这样的做法够明智吗？他的听众会把这视作挑战，并在心里默默地说"看你怎么证明"。

在演讲开始时讲一件你和所有听众都相信的事情，然后再提出某个与此相关的问题，让每个人都想回答，这样岂不是有利得多？接下来，你就可以带领你的听众走上热切寻找答案之路了。在这个过程中，可以摆出一些事实。此时，你对听众已经有了非常清晰的了解，他们会不知不觉地被你引导，接受你的结论，而且还以为是自己得出了这些结论。如果他们认为是自己发现了某个真理，那么他们对这个真理的信念就会更强烈。"最好的辩论给人的感觉只不过是在做解释。"

在每场争端中，无论双方分歧多么大、多么深，总会找到某个共同点或某种共识。演讲者可以邀请在场所有人为这个共同点或共识寻找事实，然后再将这些事实摆出来。例如，即使美国劳工结合会和美国财产工会团结会主席在美国银行家协会的某次大会上发言，他也能找到与听众共同拥有的一些信念和相似的愿望：

"贫困一直是人类社会所面临的一个残酷问题。我们美国人一直把救助穷人、帮助他们脱贫当成我们的职责；无论何时，无论何地，只要有可能，我们就会这样做。我们是一个慷慨的国度，大度地贡献出我们的财富，无私地帮助不幸的人。

"现在让我们秉承着同样的慷慨与无私的精神，一起来审视我们的工业状况，看看能否找到某种公平、公正且能让所有人都接受的途径，来预防并减少贫困这一社会罪恶。"

谁还会反对这样的提议呢？

这和我们在第五章中所大力颂扬的力量与激情的原则冲突吗？并不冲突。万事伺机而动，但在演讲的开头并不适合发力，此时更需要的可能是策略。

帕特里克·亨利㊀如何发起轰动性演说

有史以来最经典的演说之一，同时也是每个孩子在开始学习美国历史时要读的一个演讲片段，便是帕特里克·亨利在1775年弗吉尼亚大会上发表的著名演说的慷慨激昂的结束语"不自由，毋宁死"。但相对而言，这篇暴风骤雨般激情澎湃、载入史册的演说的开头却比较平静。北美殖民者是否应脱离英格兰并向其宣战？人们对这个问题展开了激烈的、如火如荼的讨论。各种各样的情绪已经到了白热化的阶段，一触即发，可帕特里克·亨利在演讲的开头却不慌不忙地赞扬了那些与他对立的人的才干和他们的爱国精神。下面是该次演讲结束语的节选，请注意他在第二段中是如何通过提问来让听众得出自己的结论，并引导他们一道思考的。

"主席先生：

"没有人比我更钦佩刚刚在会议上发言的先生们的爱国精神与见识、才能。但是，人们常常从不同的角度来观察同一事物。因此，尽管我的观点与他们截然不同，但我还是要毫无顾忌、毫无保留地讲出自己的观点，并希望不要因而被认为是对诸位先生们的不敬。此时不是讲客气话的时候，摆在各位代表面前的是国家存亡的大问题。我认为，这是个关系到享受自由还是遭受奴役的大问题。正因为事关重大，我们的辩论才应该各抒己见。只有这样，我们才有可能弄清事物的真相，才有可能不辱于上帝和祖国所赋予我们的伟大使命。在这种时刻，如果我因害怕冒犯各位的尊严而缄口不言，那才是对祖国的背叛，是对比世界上任何君主都更为神圣的上帝的不忠。

"主席先生，沉湎于希望的幻觉是人的天性。我们天生便不愿正视痛苦，

㊀ 美国政治家、革命家，弗吉尼亚州首任州长。

第十章
如何瞬间吸引听众

宁愿避而不见；天生便容易被塞壬海妖的歌声诱惑，可那是能够将人化为禽兽的惑人的歌声。在这场为获得自由而进行的艰苦卓绝的斗争中，这难道是一个聪明人所应持的态度吗？有人对关系到我们是否会被奴役的重大问题不闻不问、充耳不闻，难道我们愿意做这种人吗？就我个人而言，无论在精神上承受何种痛苦，我都想了解真相，知道最坏的情况，并为之做好一切准备。"

莎士比亚剧作中最精彩的演说

莎士比亚借其作品中的人物之口说出的最著名的演说是马克·安东尼在裘利斯·凯撒的葬礼上所做的悼词。这段话是演讲高级策略的经典典范。

当时的情形是这样的。凯撒已经成为独裁者。他的几个政治对手自然会眼红，他们迫不及待地想把他推翻，把政治大权夺过来。这其中的23人结成了同盟，由布鲁特斯和卡西乌斯领导，他们将匕首刺进了凯撒的身体。

这位安东尼先生英俊潇洒、文采斐然，还是位能言善辩的演说者。他能在公共事务中代表罗马政府，难怪凯撒会相中他，让他做自己的左膀右臂。现在凯撒已经出局，这些谋反者该怎样处置安东尼呢？清除他？杀掉他？流血事件已经够多了，何不把这位安东尼争取过来？可以利用他无可否认的影响力和令人动容的口才巩固自己，进一步达成自己的目的。这听起来很稳妥，也很合理，于是他们便采用了这个方案。他们看到了他，甚至还允许他在那个几乎要统治全世界的男人的尸首面前"说上几句"。

安东尼登上罗马广场的讲坛。他面前横着被刺杀的凯撒的尸身，暴民们在他周围吵嚷着示威——这是一群与布鲁特斯、卡西乌斯和其他刺杀者一伙的乌合之众。安东尼的目的是把老百姓的热情变成强烈的仇恨，让平民们掀起暴动，同时要稳住那些推翻凯撒的人。他抬起手臂——喧哗声消失了，人群静了下来。他开始讲话。注意，他一上来便赞颂布鲁特斯和其他一些谋反者，多么聪明、多么机敏！

"因为布鲁特斯是一个值得我们尊敬的人。他们都是，都是值得我们尊敬的人。"

注意，他并没有辩解，而是慢慢地、平静地讲了一些关于凯撒的事情：他如何用俘虏缴纳的赎金填充国库，当他看到穷人死了的时候，哭得如何伤心；他如何拒绝接受王位，如何在遗言中说将自己的个人财产留给公众。他给出了一些事实，向暴民们提了几个问题，然后让他们自己得出结论。他并没有提出什么新的论据，而只是给出了一些人们当时已经忘却了的事实。

"我讲的这些你们自己都知道。"

他的整个演讲都使用这种富有魔力的语言，抽打着听众的良心，触动了他们的情绪，激发了他们的同情，点燃了他们的愤怒。我们在下文中完整给出了安东尼这篇精彩绝伦、聪敏机巧、充满辩才的演说。你可以到处去找，在浩瀚的文学和演说领域去寻找，我怀疑你能找到的能与它媲美的演讲可能不足五六部，它值得每个渴望在演说这个影响人性的艺术领域中有所建树的人去认真研读。而我之所以推荐每个识字的人去反复阅读莎士比亚的作品，却是出于另外一个原因，它与我们现在谈到的这个原因截然不同。莎士比亚是所有英语世界的作家中词汇量最丰富的，他使用的词语也更有魅力、更优美。每个人在研究《麦克白》《哈姆雷特》和《裘利斯·凯撒》的时候都会在不知不觉中使自己的词汇更亮丽、更丰富、更精致。

下面是一部伟大剧作中的一个长篇选段，它可以被称为是修辞的典范，异常精美，难以超越。注意安东尼是如何吸引并维持听众的注意力的，注意他如何使充满敌意的听众的态度发生了转变：先是让他们对自己的观点产生同情，接下来又让他们采取行动，为凯撒之死复仇。

安东尼：各位朋友，各位罗马人，各位同胞，请你们听我说；

我来是埋葬凯撒，不是来赞美他的。
生前做了恶事，死后也不会消弭；
生前做的善事，却要一起入棺埋葬；
让凯撒也这样吧。

第十章
如何瞬间吸引听众

尊贵的布鲁特斯和你们说,凯撒野心勃勃;
若真是如此,确是一个严重的错误,
而且凯撒也为此付出了惨痛的代价。
在此,获布鲁特斯及其同僚们之允许
——因为布鲁特斯是一个正人君子,
他们都是正人君子——
我来到这里,在凯撒的葬礼中说几句话。
他曾是我的朋友,对我忠诚公正;
但布鲁特斯说他野心勃勃,
而布鲁特斯是一个正人君子,
他曾经掳回众多战俘返归罗马,
所交赎金都归入公库。
凯撒这样做是野心勃勃吗?
穷苦人哀哭时,凯撒为他们流泪——
野心者不应该是心如铁石吗?
然而布鲁特斯却说他野心勃勃,
而布鲁特斯是一个正人君子。
你们大家都看见在卢柏克节的那天,
我三次向他呈献王冠,
三次他都拒绝不受。
这是野心勃勃吗?
然而布鲁特斯却说他野心勃勃,
好吧,的确,布鲁特斯是一个正人君子。
我不是要推翻布鲁特斯所说的话,
但我既然来了,就要说出我所知道的事实。
你们过去都曾热爱他——那并不是没有理由的;
那么,是什么原因阻挡你们去哀悼他呢?

啊，判断力啊！你已经泯灭于残忍的野兽群中，

人们已经失去了他们的理性！

原谅我；我的心已随凯撒一起进入了他的棺木，

我必须停顿片刻，等它回归我的胸膛。

市民甲： 我认为他的话说得很有道理。

市民乙： 如果你认真想想，凯撒是死得太冤枉。

市民丙： 列位，他死得不冤枉吗？我怕换了一个人来，比他还不如呢！

市民丁： 你们听见他的话了吗？他不愿接受王冠，所以他的确没有一点野心。

市民甲： 若是果真如此，有几个人要为此付出重大代价。

市民乙： 可怜的人！他的眼睛哭得像火一般红。

市民丙： 在罗马，没有比安东尼更高贵的人了。

市民丁： 现在听听看，他又开始说话了。

安东尼： 就在昨天，凯撒的一句话可以抵御整个世界；

现在他却躺在那儿，没有一个穷苦的人向他致敬。

啊，诸君！要是我有意想要刺激你们的心灵，引起一场叛乱，

那我就要对不起布鲁特斯，对不起卡西乌斯了；

你们大家知道，他们都是正人君子。

我不愿做对不起他们的事；

我宁愿对不起死人，对不起我自己，对不起你们，

也不愿对不起这些正人君子。

可是这儿有一张羊皮纸，上面盖着凯撒的印章

——我在他的卧室里找到的——这是一张遗嘱。

但凡让民众听到这张遗嘱上的话

（原谅我，我现在还不想宣读它），

他们就会去亲吻凯撒尸体上的伤口，

第十章
如何瞬间吸引听众

用手巾去蘸他神圣的血,

还要取走他的一根头发作为纪念,

在他们临死之际,在遗嘱上郑重提起,

作为传给后嗣的一份贵重的遗产。

市民丁: 我们要听那遗嘱,读出来,马克·安东尼。

众市民: 遗嘱!遗嘱!我们要听凯撒的遗嘱。

安东尼: 不要激动,善良的朋友们;我不能读给你们听。

你们不应该知道凯撒多么爱你们;

你们不是木头,你们不是石块,你们是人。

既然是人,听见了凯撒的遗嘱,

一定会激起你们心中的火焰,一定会使你们发疯。

你们还是不要知道你们是他的后嗣;

要是你们知道了,那会引起一场什么乱子来呢!

市民丁: 读那篇遗嘱!我们要听,安东尼!

市民们: 你必须把那遗嘱读给我们听,读凯撒的遗嘱。

安东尼: 你们不能忍耐一些吗?你们不能等一会儿吗?

是我一时失口告诉了你们这件事。

我怕我对不起那些用刀子杀死凯撒的正人君子,我怕我对不起他们。

市民丁: 他们是叛徒!什么正人君子!

众市民: 遗嘱!遗嘱!

市民乙: 他们是恶人、凶手。遗嘱!读那篇遗嘱!

安东尼: 你们一定要逼迫我读那篇遗嘱吗?

好,那么你们大家环绕在凯撒尸体的周围,

让我给你们看看写下这遗嘱的人。

我可以下来吗?你们允许吗?

众市民: 下来。

请你讲重点
卡耐基魅力演讲的艺术

市民乙：下来。

（安东尼下坛。）

市民丙：我们允许你。

市民丁：大家站成一个圆圈。

市民甲：不要挨着棺材站着，不要挨着尸体站着。

市民乙：留出一些位置给安东尼，最尊贵的安东尼。

安东尼：不，不要挨得我这样近，站得远一些。

众市民：退后！让出地方来！退后！

安东尼：要是你们有眼泪，现在准备流出来吧。

你们都认识这件外套；

我记得凯撒第一次穿上它，

是在一个夏天的晚上，在他的营帐里，

就在他征服纳维人的那一天。

瞧！卡西乌斯的刀子是从这地方穿过的；

瞧那狠心的卡西乌斯割开了一道多深的裂口；

他所深爱的布鲁特斯就从这儿刺了一刀进去，

当他拔出他那万恶的武器的时候，

瞧凯撒的血是怎样汩汩不断地跟着它流出来，

好像急于涌到外面来，

想要知道究竟是不是布鲁特斯下的这样无情的毒手；

因为你们知道，布鲁特斯是凯撒心目中的天使。

神啊，请你们判断一下凯撒是多么爱他！

这是最无情的一击，

因为当尊贵的凯撒看见他行刺的时候，

负心，这一柄比叛徒的武器更锋锐的利剑，

就径直刺进了他的心脏，

第十章
如何瞬间吸引听众

那时候他的伟大的心就碎裂了；

他被外套蒙着脸，

他的血不停地流着，

就在庞贝像座之下，伟大的凯撒倒下了。

啊！那是一个多么惊人的陨落，我的同胞们；

我、你们，我们大家都随着他一起倒下，

残酷的叛变却在我们头上耀武扬威。

啊！现在你们流起眼泪来了，

我看见你们已经天良发现，

这些是真诚的泪滴。

善良的人们，怎么？你们只看见凯撒衣服上的伤痕，

就哭起来了吗？

瞧这儿，这才是他自己，你们看，

被叛徒们伤害到这个样子。

市民甲：啊，伤心的景象！

市民乙：啊，尊贵的凯撒！

市民丙：啊，不幸的日子！

市民丁：啊，叛徒！恶贼！

市民甲：啊，最残忍的惨剧！

市民乙：我们一定要复仇。

众市民：复仇！——动手！——捉住他们！——烧！放火！——杀！——杀！不要让一个叛徒活命。

安东尼：且慢，同胞们！

市民甲：静下来！听尊贵的安东尼讲话。

市民乙：我们要听他，我们要跟随他，我们要和他死在一起。

安东尼：好朋友们，亲爱的朋友们，不要让我把你们煽起，这样一场暴

动的怒潮。

　　干这件事的人都是正人君子。

　　唉！我不知道他们有些什么私人的怨恨，

　　使他们干出这种事来，

　　可是他们都是聪明而正直的，

　　一定有理由可以答复你们。

　　朋友们，我不是来偷取你们的心，

　　我不是一个像布鲁特斯那样能言善辩的人；

　　你们大家都知道，我不过是一个老老实实、爱我的朋友的人；

　　他们也知道这一点，所以才允许我为他公开说几句话。

　　因为我既没有智慧，又没有口才，又没有本领，

　　我也不会用行动或言语来激起人们的血性；

　　我不过照我心里所想到的说出来；

　　我只是把你们已经知道的事情再说一遍，

　　给你们看看亲爱的凯撒的伤口，

　　可怜的、可怜的无言之口，让它们代替我说话。

　　可是假如我是布鲁特斯，而布鲁特斯是安东尼，

　　那么那个安东尼一定会激起你们的愤怒，

　　让凯撒的每一处伤口里都长出一条舌头来，

　　罗马的石块也会大受感动，奋身而起，向叛徒们抗争了。

众市民：我们要暴动！

市民甲：我们要烧掉布鲁特斯的房子！

市民丙：那么去！来，捉那些奸贼们去！

安东尼：听我说，同胞们，听我说。

众市民：安静些！——听安东尼说——最尊贵的安东尼。

安东尼：唉，朋友们，你们不知道你们将要去干些什么事。

第十章
如何瞬间吸引听众

凯撒什么地方值得你们这样爱他呢?

唉!你们还不知道,让我来告诉你们吧。

你们已经忘记我对你们说起的那张遗嘱了。

众市民:不错。那遗嘱!让我们先听听那遗嘱。

安东尼:这就是凯撒盖过印的遗嘱。

他给每一个罗马市民七十五个德拉克马[一]。

市民乙:最尊贵的凯撒!我们要为他的死复仇。

市民丙:啊,伟大的凯撒!

安东尼:耐心听我说。

众市民:静些!

安东尼:而且,他还把台伯河这一边的

他的所有步道、他的私人园亭、他新辟的花圃,

全部赠给你们,

永远成为你们世袭的产业,

供你们自由散步休息之用。

这样一个凯撒!几时才会有第二个同样的人?

市民甲:再也不会有了,再也不会有了!来,我们去,我们去!

我们要在神圣的地方把他的尸体火化,

就用那些火把去焚烧叛徒们的屋子。

抬起这尸体来。

市民乙:去点起火来。

市民丙:把凳子拉下来烧。

市民丁:把椅子、窗门——什么东西都一起拆下来烧。(众市民抬尸体下。)

安东尼:现在让它闹起来吧;

[一] 古希腊的货币单位。

一场乱哄已经发生，随它怎样发展下去吧！

本章小结

1. 演讲开始时要寻找共同点，让大家同气相求。

2. 不要开宗明义，这样听众可能一开始就会说不。一旦一个人说了不，他的自尊心就会要求他坚持下去。如果我们能在演讲开头让听众做出更多肯定反应，就更有可能成功吸引他们的注意力，让他们接受我们的最终主张。

3. 不要一上来就说你要证明这个或那个，这样会引起听众反感，他们可能会想"我倒要看看你怎么证明"。可以提一些与话题相关的问题，让听众跟随你一起寻找答案……

4. 莎士比亚剧作中最著名的演讲之一是马克·安东尼在凯撒尸体前做的悼词。这是在演讲中使用高超策略的一个经典例子。罗马民众本来对谋反者是友好的，注意安东尼如何巧妙地将这种友好转变成仇恨。注意，他并没有进行任何争辩，他只是摆出事实，然后让听众形成自己的看法。

第十一章　如何结束演讲

"结论部分也有着明确功能。此部分可以给你的演讲画上句号，可以让听众在片刻之间对整个演讲保持热切关注；它还能把各种思想线索集中在一起，好似飞针走线，把演讲这块布料织好……一定要构思好你的结论，并注意它的行文和措辞；千万不要嘟囔一句：'我想我要说的就这么多。'然后就匆忙而尴尬地结束演讲。完成你的演讲任务，同时还要让听众知道你完成了。"

——乔治·罗兰·科林斯

你是否想知道演讲中的哪些地方最能体现出一名演讲者的水平是缺乏经验还是深谙此道，是能力低下还是技艺娴熟？让我来告诉你：是演讲的开头与结尾。戏剧界有一句关于演员的古老谚语，也说明了同样的道理："通过演员的出场和退场，你便可以很好地了解他们的水平。"

的确如此！在几乎所有的活动中，开头与结尾总是最难灵活处理的环节。君不见，在各种重大的社会庆典活动中，开始与结束的场面总是力求宏伟壮观吗？在商业会晤中，最难做到的难道不是营造成功开始的氛围和圆满结束的场面吗？

毫无疑问，演讲的结尾是整个演讲中最具有全局意义的一环，当演讲结束后，演讲者的结束语将会长久地留在听众的心中。然而，演讲新手极少意识到这一环节的重要性，他们有太多的功课待补。

那么，通常说来，演讲新手会犯哪些错误呢？让我们试着对其进行分析并找出相应的对策。

首先，有的演讲新手在结尾时会这样说："我要说的就这么多，所以我想我该结束演讲了。"这其实不能算作一个结尾，而是一个错误。它恰恰反映了一名演讲初学者的缺陷，而且这缺陷在演讲中几乎是不可原谅的。如果你已经知无不言了，那么不妨马上坐回原位，而并不需要告诉众人你已经讲完了。其实，通过无声的动作，听众们已明确地知晓演讲结束了。

其次，还有一些演讲者虽然也说了自己该结束演讲了，但却又不知如何中

第十一章
如何结束演讲

止。记得乔治·比灵斯建议人们使牛停下来时,不要去抓牛角而要去拽牛尾巴。所以,这些演讲者正如那些抓牛角的人,虽然花费九牛二虎之力,却总也不能停止下来,只得原地转圈,结果给众人留下了一个极坏的印象。

那么,我们该采取什么样的补救措施呢?有一点是确定无疑的:我们必须对结尾部分进行精心的准备。可是,是在演讲开始后,经历了演讲过程中的紧张和沮丧,以及时刻小心翼翼地注意自己的措辞后,才去准备呢?还是在演讲之前就悄悄地备好万全之策呢?

我们知道,即使是出色的演讲者,比如温斯顿·丘吉尔、比利·格雷厄姆和马丁·路德·金……虽然已具备了高超的语言技巧,也会把结尾部分一字不漏地写下来并且烂熟于心。

初学者如果能像这些出色的演讲者那样,在事前精心地准备,对自己的结束部分做到心中有数,自己的演讲才不会留下什么遗憾。为了确保万无一失,初学者可以在演讲前认真排练几次,当然,我们不必要求每次排练时的措辞完全一致,但一定要保证意思准确、完整。

在即席演讲过程中,为了应付突如其来的变故并适应听众的要求,我们应该有两三个演讲结尾部分的方案,以备不时之需。

然而,不幸的是,有一些演讲者从未真正做过一次完整的演讲。每当话至中途,他们就变得语无伦次、不知所云了,就像机器耗尽了燃料似的,在经过一番挣扎后,他们只好草草收场。这些演讲者当然需要更充分的准备和更勤奋的练习了。

还有许多初学者在演讲结束时过于突然,缺乏平滑顺畅的感觉。更确切地说,他们的演讲没有一个明确的结尾,只是在突然之中停顿下来,给人一种非常不适的感受,显得很不专业。这就好似在朋友的聚会中,一个人突然之间不告而别一样。

林肯,在其第一次就职演讲的草稿中就犯了与上述同样的错误。当时美国的国内形势万分紧迫,不和与憎恨笼罩在人们心头,在演讲后的几个星期后,血雨腥风就降临到了美国。林肯要向美国南部省份宣讲的演讲草稿是以这样的内容结尾的：

"心怀不满的同胞们，是否发动内战这一重大问题的决定权不在我手中，而在你们手中。政府不会向你们发起攻击。只要你们不主动进攻，我们之间就不会有冲突。你们并没有向天发誓要毁灭政府，但我却曾庄严宣誓要保护它、捍卫它。如果有人攻击它，你们可以忍住不管，我却不能退缩，我必须要保卫它。现在，'要战争还是要和平'这一严肃问题，是由你们，而不是由我来回答。"

他把这篇演讲稿交给了时任国务卿西沃德。西沃德在阅读后适时指出，演讲的结尾部分太过唐突、草率，煽动性也太强。于是，西沃德亲自操刀，重写了结尾。实际上，他写了两个版本，林肯采用了其中一个，并对其稍做了修改，用它替代了自己最初准备的结尾部分的最后三句话。其结果便是，我们现在读到的林肯的《第一次就职演说》不唐突，也没有煽动性，相反，它一步步地铺垫，并最终在友好、富有美感和诗意的语言中达到高潮：

"我不想结束这次演讲。我们不是敌人，而是朋友。我们绝不能成为敌人。尽管情绪有些紧张，但我们不能任由它割断我们之间的亲密纽带。记忆的神秘琴弦从每一个战场、每一位爱国者的坟墓上空响起，在我们这片辽阔的土地上的每一颗跳动的心、每一个通红的炉膛中回旋，当我们用善良的天性再度拨动这琴弦时，它必将让我们的联邦大合唱愈加响亮。"

初学者如何才能找到感觉、恰当地结束演讲呢？肯定不能靠机械的法则——结尾太微妙，无法套用任何框架。要靠你的感觉，甚至可以说是直觉。如果你能自然而娴熟地结束演讲，就一定能感觉到它。

不过，这种感觉可以培养，我们可以通过研究著名演说家的结尾方式来打造这种专业性。这里便有一个例子，比尔·克林顿总统曾发表一篇演说，纪念马丁·路德·金逝世，号召全美国的人民重新团结起来。他是这样结束演讲的：

第十一章
如何结束演讲

"我们必须合作——所有的政府机构、所有的企业,我们必须合作起来。如果没有了家庭,没有了秩序,如果我们因在冷战结束后不得不裁减军队力量而失去了工作,那谁来给这些孩子以支撑,当他们的楷模、管教他们、给他们爱和希望?你们必须联合起来,我们会对你们予以援手。《圣经》上说:'你们是大地的盐,世界的光。'《圣经》上还说:'若你的光照耀人,他们会给天父带来荣耀。'这就是我们的当务之急。我会与你们共同努力。"

这才是一个演讲该有的结束方式。每位聆听这个演讲的听众都会感觉到它结束了。它没有悬在半空中,像根绳子那样;它也没有犬牙交错;如锯齿一般。它给演讲圆润地画上了句号。

"勿以恶意对待任何人,务用善心对待所有人,对正义事业要胸怀坚定信念,因为上帝让我们看到正义。让我们努力完成我们现在的事业,治愈这个国家所受到的创伤,让我们关爱奋勇作战的将士以及他们的孤儿寡母——让我们为了我们自己、为了全世界各国的公平、持久的和平,做我们能做的一切。"

亲爱的读者,在我看来,您刚刚读到的这段结尾是所有演说中最漂亮的。您是否同意我的看法?在浩如烟海的演讲资料中,您还能找到比这更富有人性、更极致优美、更能引起共鸣的作品吗?

威廉·E. 巴顿在《亚伯拉罕·林肯的一生》中说:"'葛底斯堡演说'固然很高贵,但这一篇演说却将高贵提升到了一个新高度……这是亚伯拉罕·林肯所有演说中最精彩的,淋漓尽致地展示了他的过人才智和精神力量。"

"宛如一首神圣的诗,"卡尔·舒尔茨写道,"从没有哪个美国总统对美国民众说过这样的话,美国历史上从没有过这样一位从心灵深处挖掘出肺腑之言的总统。"

不过,你不需要进行一次流芳百世的演说。你的问题可能是:如何在一群和你一样的人面前结束一次简短的讲话。该如何去做?让我们来探讨一下,看看能否找出一些有益的建议。

总结要点

即使一个演讲只有三五分钟这么短,其信息量依然可能相当大,这就导致演讲结束时,听众对于演讲者究竟讲了哪些要点,依然有些糊涂。可是,几乎没有哪位演讲者能意识到这一点。他们总是先入为主地认为,既然自己对演讲的要点了然于胸,听众便也应该对它们很清楚。绝非如此。演讲者已经就这些观点思考了一段时间,而对于听众来说,它们却是全新的。它们就像朝听众扔去的一把弹珠,有的可能会落在听众身上,但大部分却会滚落下来。听众会听到很多东西,但能清楚记得的,却几乎没有。

据说,有位爱尔兰政治家曾为成功演讲开出了这样的药方:"首先告诉他们你要说什么,然后说出你要说的,最后告诉他们你说了什么。"怎么样?有道理吧?其实很多人都会大力推荐"要告诉他们你说了什么"。当然,是要简明扼要、迅速地总结一下——概括要点就行。

下面有一个优秀的范例。

演讲者是一位女性,她在为一次"行走马拉松"公益活动寻求支持。这次活动筹集到的全部款项将用于乳腺癌研究。

"简而言之,女士们,先生们,我刚才给大家提供的数据表明,每年被确诊患乳腺癌的女性的数量在不断攀升。我们已经掌握了很多医学知识,知道如何减轻患者的病痛,但是我们要学的东西依然很多。我们的研究已经取得了很大的突破,但我们要做的还有太多太多。如果您下周加入我们的行走马拉松,将会给我们带来极大的帮助,为我们这一重要事业筹集到更多资金。"

看到她是怎么做的了吧?无须听完演讲,听众就能看到并感受到这次演讲的主旨。仅用寥寥几句话、几个字,她就几乎把演讲中的全部要点都概括了出来。

你难道不觉得这样的总结很有用吗?如果同意的话,就把这个技巧变成自己的吧!

第十一章
如何结束演讲

呼吁行动

上文引用的结尾方法是一个呼吁行动式结尾的典型范例。演讲者想要做成一件事：为乳腺癌研究筹款。她谈到这次活动将会筹集到的款项，谈到这个研究将会防止更多的人罹患病痛，她用这些来打动人们，呼吁她们来参加活动。这不是一次简单的演讲练习，而是一场实战。演讲者面对的是一个由大约50名女性组成的群体，她们聚集在社区中心，来聆听演讲。这次演讲的直接结果便是：30多名女性报名参加这个活动，在剩下的人中，大多数也都允诺对这次活动给予财政支持。

本书第十五章将会详细讲述演讲者在呼吁行动时会遇到哪些问题，以及如何解决这些问题。

简短而真诚的称赞

"在座各位都是本市文化界的领导人。正是因为你们的辛勤付出，才使得我们能把高水平的歌剧演出带到威奇托市，也正是因为你们对艺术的奉献精神，才使这所大学拥有了歌剧工作坊，使学校在课程设置上有了古典音乐入门等课程。我们歌剧协会的全体人员都深深地为你们感到骄傲。我们感谢你们，威奇托市感谢你们，所有的音乐爱好者都对你们的奉献精神深表感激。"

堪萨斯州威奇托市歌剧协会会长波顿·佩尔的这番话让听众无不欢欣鼓舞。这种结尾方式令人啧啧称赞，但若想让它起到作用，内容必须要真诚，不能有华丽的、奉迎的辞藻，更不能夸大其词。这种类型的结尾，要么极其真诚，要么极其虚伪，令人避之不及。

以诗歌形式结尾

在所有演讲结尾类型中，用诗句或名言来结尾是最精彩不过的——如果运用得当的话。

当一家财富五百强公司的总裁向该集团的员工就"忠诚与合作"这一话题发表讲话时，他用吉卜林的《续丛林之书》（Second jungle Book）做了结束语：

"这就是丛林法则——它古老而真实，像蓝天一样；
生活在其中的狼群如能遵守这一法则，就能兴旺，
否则，就必然灭亡。
这法则就像绕树的藤条一样来回摇荡——因为
狼群兴则狼兴，狼群亡则狼亡。"

萨拉博士的一生都献给了教育事业，她开发出了一些令我们的儿童教育更有效、更有意义的项目。当时，美国很多学校的科目设置都流于肤浅，在一次纽约长岛举行的教师会议上，她对这一现象提出了质疑。在运用强有力的论据对自己的观点进行论证后，她用亚历山大·蒲柏的名句结束了自己的演讲：

"一知半解是件危险的事情。
要么畅饮缪斯女神的甘泉，要么碰都别碰。
低斟浅酌令头脑昏沉，
唯有畅饮方使我们清醒。"

如果你去自己所在城市的公共图书馆，告诉图书管理员你正在就某个话题准备做一次演讲，需要用一些诗句来表达这样或那样的观点，他可能会帮你在一些参考书中找到合适的内容，比如巴特利特的《名言大全》。

高潮

在高潮中结束是一种很流行的演讲结尾方式，但这种方式往往很难把握，因此，它并不适用于所有演讲者，也不适用于所有演讲主题。但是，如果运用得当，高潮式结尾会令你的演讲大放光彩：每一句都越来越有力量，精彩

第十一章
如何结束演讲

逐级攀升。第三章中提到的那个关于费城的演说，可以算是在高潮中结局的一个典型范例。

林肯在准备一个以尼亚加拉瀑布为主题的演讲时，在笔记中使用了高潮式结尾这一手法。注意，他的每一次对比都比前一次更强烈，还要注意看他是如何通过将自己的时代与哥伦布、基督、摩西、亚当的时代进行对比来取得越来越震撼的效果的。

"它令我们想起苍茫的过去：那时哥伦布首次登上这个大陆，那时基督被钉上了十字架，那时摩西领着以色列人穿过了红海的西奈半岛，就连亚当也在那时从造物主的手中诞生。那时，尼亚加拉瀑布就在这里咆哮，现在，它依然如此。那个已经灭亡的巨人族的骨骸覆盖了美洲的群山，他们的双眼曾凝视着尼亚加拉，正如我们现在做的一样。自从有了人类，就有了尼亚加拉瀑布，它比世界上的第一个人类出现得还要早。现在的尼亚加拉瀑布和十万年前一样健壮、一样丰沛。早已灭绝的猛犸象和乳齿象的残骸印证了它们的存在，在那远古时期，它们也曾凝望尼亚加拉，它从未静止、从未干涸、从未上冻，不眠不休。"

温德尔·菲利普斯是美国南北战争前的一位反对奴隶制的演说家。他曾在一次关于杜桑·卢维图尔的演说中使用了同样的技巧。杜桑·卢维图尔是19世纪初在海地发生的反法奴隶起义的领导人。他后来被拿破仑骗到法国监禁起来，之后被处死。现在世人已几乎将他忘却，但在19世纪，他曾是一位万人景仰的英雄——不仅在海地如此，美国的废奴主义者也将他奉为神明。

下文引用了这次演说的结尾部分，很多关于公共演说的书籍都会选取这个片段，它富有极强的生命力，经久不衰。尽管对于我们这个比较讲求实际的时代来说，这样的演说有点太过于华丽，但它依然非常有趣。这个演说撰写于100年前，现在看来，很不幸，他关于约翰·布朗和杜桑·卢维图尔对历史的影响的预言"50年后真相自然大白于天下"是错误的，这是不是很有意思？显然，预测历史的发展就如同预测下一年的股市一样难。

"我愿意称杜桑·卢维图尔为拿破仑,但拿破仑是靠背信弃义、血腥屠杀来建立他的帝国的,杜桑·卢维图尔却从来不会违背自己的诺言。他的伟大人生格言和人生戒律便是'绝不报复'。他在法国对他的儿子说出了这样的遗言:'我的儿子,有一天你会回到海地,请你忘记,是法国人杀了你的父亲。'我愿意称他为克伦威尔,可克伦威尔只是一名士兵,他建立起的国家与他一起被埋葬在坟墓里。我愿意称他为华盛顿,但华盛顿这位来自弗吉尼亚的伟人却是位蓄奴者。杜桑·卢维图尔宁愿自己的王国毁于一旦,也不允许别人在他地盘上——最贫穷的村庄里进行奴隶贸易。

"今晚你们可能以为我在口吐狂言。非也。你们并非是用双眼在阅读历史,而是用你们的偏见。50年后,当真相大白时,书写历史的缪斯女神将会把福基翁和希腊、布鲁特斯和罗马、汉普顿和英格兰、拉斐特和法国这些名字与国家紧密联系在一起;会把华盛顿写成在我们美国文明早期怒放的鲜花,会把约翰·布朗写成正午的成熟果实。接下来,她会把她的笔蘸满阳光,在湛蓝的天空上,在所有这些名字的上面写下这位士兵、这位政治家、这位烈士的名字:杜桑·卢维图尔。"

单腿站立

你要不停地寻觅、搜索、试验,直到找到精彩的开头和结尾,然后,你就可以把它们连缀在一起。

我们生活在一个快节奏的时代,如果你不能删减自己的演说,让它契合这一时代的节奏,那么你的演说就不会受欢迎,有时候甚至会被嗤之以鼻。

在这一方面,很多圣徒都犯了错。索尔便是一个例子。他的布道极其冗长,听到后来,人群中的一个人——一个"叫尤图霍斯的年轻人"——睡着了。他从窗户那儿摔了下去,几乎摔断了脖子。即使这样,索尔还是没有停止布道。怎么会这样?我还记得有位演说家,也是位医生,有一天晚上他在布鲁克林的大学俱乐部待到很晚,等着发表演说。当晚的晚宴已经进行了很长时间,很多演讲者都已经发了言。如果他天生机灵、感情细腻、会审时度

第十一章
如何结束演讲

势,就会讲上五六句话,然后让我们回家。可是他没有。他发表了一场长达45分钟的长篇大论,对活体解剖进行了义正词严的批评。他还没讲到一半儿,听众们就在祈祷他像尤图霍斯一样从窗户掉出去,摔断某个部位,任何部位都行,只要能让他闭嘴。

某邮报的编辑贺拉斯告诉我,他总是在邮报刊登的连载文章最受欢迎的时候将它们撤下,这时读者就会吵嚷着抗议,要求他们继续刊登:为何停发?为何偏偏在这时候停发?"因为,"洛里默先生说——他最有资格回答,"文章大热之后不久,人们就会餍足。"

我们应该把同样的智慧运用到演说当中。当听众还在热切盼望着你能继续下去的时候,就要止住。

基督耶稣发表过的最伟大的一次演说——《登山宝训》,5分钟之内就能讲完。林肯的《葛底斯堡演说》也不过只有十句话。读完《创世纪》中讲述的创世故事所花的时间,比研读早报上刊登的凶杀案的时间还要短……简短,一定要简短!

尼亚萨副主教约翰逊博士曾撰写了一本关于非洲土著民族的书。他曾在他们中间生活了49年,观察他们的日常行为。他说,如果有人在村中集会上的讲话时间太长,听众就会大喊"伊米托沙!伊米托沙!"(够了!够了!)让他闭嘴。

另一个部落会让演讲者单脚站立,如果他的脚尖碰到地面,就必须结束讲话。

世界各地的听众都和这些非洲土著民族一样,不喜欢冗长的演讲,虽然他们可能更彬彬有礼,更能克制自己的不满。

所以请你们引以为戒。

我知道你们一定会向他们学习如何演说。

回答听众的提问

在演讲过程中或演讲之后,听众往往会问你一些问题。大部分演讲者都不希望自己的讲话被打断,所以他们要求听众在正式演讲结束后再发问。如果演讲者对演讲主题有比较深刻的了解，或许能预测到听众会问哪些问题。这些问题一般都与你演说中提及的、但当时没来得及充分讲述的问题相关。不过有些问题却是防不胜防。如果你能多积累一些与演讲主题有关的知识，比正式演讲能用上的多出 10 倍，那么大多数问题你都能应付。

　　有两种提问方式。如果你主持的是一个工作坊或论坛，那么提问便是整个项目不可或缺的一个环节。为了更方便地开展这一步骤，可以向参加者提供一些小卡片，让他们把问题写在卡片上。在你讲完最后几句话后，把卡片收集上来。这种方法的好处是你可以快速浏览卡片上的问题，先选择与演讲相关度最高的来回答。这还可以让你有机会在做出回答之前先思考一下自己想要说什么。你可以先向听众大声读出问题，然后发表一下自己的评论。一定要简洁！你可没时间再做一次长长的演说。如果回答比较花时间，可以向听众解释一下。可能的话，让他们去寻找一些可以获得信息的参考资料。这个方法的另一个好处便是你可以浏览一下问题，忽略那些不太重要的或是可能引起争议的问题。

　　但是让听众把问题写下来这种方法也并非总是可行。在很多会议上，听众都是直接提问的。如果是这种情况，可以按下面的方法来做：

　　1. 重复问题。这一点很重要，因为听众中有很多人可能没听到问题，这可能是提问者声音不够大，也可能是没说清楚。

　　2. 回答要清晰、要点题。不要重复自己发言中说过的内容，一带而过便可。如果听众的问题让你感觉还需要进一步澄清自己演讲中的观点，你可以举一些亲身经历的实例来说明。

　　3. 不要与提问者发生争执。如果他提出了一个与你的观点相左的看法，你可以说自己尊重对方的观点，然后再提出能够证明自己观点的一些要点。

　　4. 不要让任何提问者成为会议的主导。做出回答后，你可以让对方再提一个问题，但如果他坚持不懈地要与你争辩，你可以态度友好地说："感谢您的评论。不过，让我们看看其他人是否有什么看法或有什么问题。"

　　偶尔听众中也会有人刁难或诘问演讲者。此时，千万不要用讽刺的语气

第十一章
如何结束演讲

说"请下一位提问者",这样做只会让听众们更加支持这位发难者。你可以面带微笑,然后沉默一分钟,面向听众,问他们"谁还有问题?"在大多数会议上,主持人都会判断一下提问的时间是否已结束,他们通常会站起来说:还可以提最后一个问题,然后请最后一个听众提问。回答完最后一个问题后,不要去理会那些依然有问题的听众不断挥舞的手臂,感谢听众,然后坐下就好。

本章小结

1. 演讲的结束部分其实是整篇演讲中最讲究策略的地方。最后说的可能会被记得最久。

2. 不要用下述方式结尾:"这个话题我要说的就这么多。我想我可以结束了。"直接结束就行,不用说自己要结束。

3. 要仔细排练自己的结尾部分。要熟悉每个词。要让自己的演说比较柔和顺畅,而不要生硬突兀,像块有棱有角的石头那样。

关于结尾方式的几种建议:对前面所讲的要点进行总结、重述和简要概括;呼吁行动;衷心赞美听众;引用合适的诗句;在高潮中结束。

4. 找个精彩的结尾和精彩的开头,把它们串联在一起。一定要在听众不想听之前就结束演讲,"到了最精彩的地方,听众也满足了"。

5. 做好回答听众提问的准备。如果可能,让参与者先把问题写在一张纸片上。

▶ 发声练习

优美发声的三个基本法则是:正确的呼吸控制、放松和共鸣。我们已经讨论过前两个法则,现在让我们看一看第三个:共鸣。我们的身体就像是我们的声音的共鸣板,它和小提琴或钢琴对音乐家演奏的乐声进行放大和美化的原理差不多。原始声音是由声带发出的,但声音碰到胸腔、牙齿、上颚、鼻腔和面部其他器官等骨状结构时会上升或回弹。这种回弹给声音带来其最重要的品质。可以把声音想象成一艘火箭，它从你的膈膜处向上蹿起，穿过黑暗的、放松的喉咙，然后在鼻腔和头部其他骨状部位爆发，就像下了一场声音的阵雨。

我们的问题并不是发音时没有共鸣。你这一辈子说话时都带有共鸣，如果没有共鸣，10英尺①外人们便听不到你的声音。我们的任务是在讲话时要加强共鸣。该如何着手来做呢？让我从福希托（Fucito）和拜厄（Beyer）撰写的《卡鲁索和歌唱艺术》（*Caruso and the Art of Singing*）中引用一段有趣的文字吧。

"关于哼唱对于发声训练的意义，这方面的著述已经很多……如果能正确地练习哼唱，就能提升声音的共鸣。很多人哼唱的声音很像猫的叫春声，这是因为它们的下巴、嘴唇、舌头和声带薄膜都很僵硬，所以发声很痛苦。当然，当我们哼唱时，发声器官所处的位置应该和发出优美声音时所处的位置相同，面部肌肉、下巴、舌头都应该处于完全放松的状态，就像我们在休憩或睡眠时它们所处的状态那样。双唇应轻轻闭合，这样声音的振动就不会因肌肉的阻碍而减弱，也不会因为受到压力而从鼻腔中穿过；相反，它们会在鼻腔中形成共鸣，令音符更圆润、更动听。"

---

① 1英尺＝0.3048米。

第十二章　如何清晰地表达意思

"仔细研究你想要说的内容,提笔把它们写成文字,或者对着一个想象出来的听众把它们讲出来。按逻辑关系整理一下你的要点,按照观点的重要性来给它们分配演讲时间,讲完就停下。"

——爱德华·埃弗里特

如果听众不能理解演讲内容，那么无论演讲者的演讲技巧多么高超，也无法有效地与听众进行沟通。良好的沟通始于对听众的理解。要选择能让你的听众直接听懂的词语。如果听众有技术背景或专业背景，你可以使用一些他们所在领域中经常使用的行话和术语，你的听众便可以轻松直接地理解你要传达的信息。但是，如果在面对并不熟悉这些术语的听众时你依然这么用词，就无法吸引他们。

　　比如，在纽约州白原市举行的一次扶轮国际的会议上，一位杰出的律师正在向一群听众发表演说。他们中的大部分人都在社区拥有自己的小型企业，很想听听这位律师对近期通过的一些会影响他们企业的法律的理解。在进行简单的介绍后，他开始讨论起这些法律来，满口法律术语。你可以想象听众是什么反应。他滔滔不绝地讲，可此时谁都能一眼看出听众已经对他的演讲失去了兴趣。他们在椅子上不安地挪动，有些人本来拿着笔准备记笔记的，现在则开始在笔记本上用笔乱写乱画；有些人甚至站起来，在屋子里四处走动，还有人干脆转身离开了。

　　这些人都有文化，也很想就他们关心的问题听听演讲者的看法。可是他们听不懂演讲者使用的法律术语，在他们听来，这些术语和外语差不多。

　　一个讲求实效的演讲者会考虑到听众的知识水平，他会意识到，那些对于律师界人士来说耳熟能详的法律术语对于在场听众来说却烦冗难解，这样他就会换一种方法来讨论这个话题。

第十二章
如何清晰地表达意思

把意思表达清楚，这是你的责任，而不是听众的责任。如果你可以用外行能听懂的话来解释一些技术问题，就请务必这样做。如果非得使用技术、法律或其他一些听众们不熟悉的术语，在首次使用这些术语时，就一定要花些时间来解释清楚；如果你觉得需要强化一下听众对这些专业术语的理解，至少需要再解释一次。

了解发言的目的

当有人邀请你对一群人发表讲话时，通常都有一个原因：人家请你过来，并不仅仅是让你来聊天的。一定要保证自己演说的内容能够达到目的。无论演说者是否意识到，每个演说都至少具有下面四个主要目的中的一个。

1. 把某事阐述清楚。
2. 打动、说服。
3. 谋求行动。
4. 娱乐听众。

让我们用一些具体事例来说明。

林肯一直对机械学有一定兴趣，他曾经发明了一种把船从沙滩和其他拥堵的地方拉出来的装置，并为它申请了专利。他在自己律师事务所附近的一家机修店里做了一台这种装置的模型。虽然这台装置最后没有派上用场，但毫无疑问，林肯对设备的可能性充满热情。当朋友们来到他的办公室参观这个装置模型时，他不遗余力地向他们进行解释。他做解释的目的便是要讲清某事。

当他在葛底斯堡发表那篇不朽的演说时，当他发表自己的第一次和第二次就职演说时，当亨利·克雷去世时他去吊唁、回顾其生平时，他的主要目的是打动和说服听众。当然，在能说服听众前，他必须把事情讲清楚，不过，在这几种情况下，表达清楚显然并非他主要考虑的事情。

在面对陪审团发言时，他力图让他们做出有利于自己的决定。在政治演说中，他力图赢得更多选票。在这些情况下，他的目的也是谋求行动。

在当选总统前两年，他曾准备了一篇主题为发明的演讲。他的目的是娱乐听众，这本该是他这次演讲的目的，但很明显，他做得并不成功。事实上，他作为大众演说家的生涯明显是个败笔。有一次，他到一个城市进行演讲，居然没一个人来听。

可是我前面谈到的林肯的其他演讲却非常成功，令他声名远扬。这是为什么呢？因为在这些情况下，他非常清楚自己演讲的目的，也知道如何来达到这一目的。他知道自己想去何方，也知道该如何抵达那里。但太多演说家根本不清楚这一点，所以他们往往勉力挣扎，最终以失败收场。

举个例子。我曾经亲眼看到一位美国国会议员被听众轰下台：他们冲他发出嘘声，强迫他中止演讲，就是因为他无意识地选择了把事情讲清楚作为自己的演讲目的——这无疑是个愚蠢的决定。他准备就他向国会提出的一个议案的重要性进行演讲，但人们并不想听他讲解。他们是来找乐儿的，但仍耐心地、有礼貌地听了 10 分钟、15 分钟，心里却盼望着这场表演赶紧结束，可它却没有。这位国会议员漫无边际地讲啊讲啊……人们的忍耐终于到了极限，他们再也听不下去了，有人开始发出讥诮的欢呼声，一会儿就有人跟了上来，很快上千个人都在吹口哨、高声叫喊。这位国会议员非常迟钝，没有感觉到听众心情的变化，居然还在滔滔不绝地讲个不停，实在是愚蠢至极。听众们忍无可忍，他们的耐心变成了愤怒，开始向他宣战。他们决定让他闭嘴。他们的抗议声越来越大，像一团风暴席卷过来，最后他们的怒吼声淹没了他的声音——就连站在离他 20 英尺远的地方的人都听不到他在讲什么。于是他被迫中止演讲，被迫认输，灰溜溜地下了台。

一定要吸取他的教训，一定要清楚自己的演讲目的，在开始准备演说之前就要做出正确的选择。着手准备演说时，要思考一下如何实现这个目的，然后你就可以开始准备了。要注意技巧，多研究一些演讲技巧。

所有这一切都需要你具备充足的知识，能够进行专门的技术性的讲解。演讲的构建阶段极为重要，本书将用四章的篇幅来专门讲述它。本章剩下的部分将会讲述如何令演讲清晰明了。第十三章将为大家介绍一些能打动和说服听众的演讲方法。第十四章会分享另一个令你的演讲生动有趣的方法。第

第十二章
如何清晰地表达意思

十五章将为大家示范一种能够让观众听完演讲后付诸行动的科学方法。

比较法使表述更清楚

有经验的公共演讲者一致认为,演讲成功的几个最重要因素是:关于演讲主题的知识、对演讲的准备,以及如何让听众听得懂。

伟大的冯·毛奇将军在普法战争爆发时曾对手下军官说:"记住,先生们,任何命令只要能够被误解,就一定会被误解。"

拿破仑也意识到了同样的危险。他一再对秘书强调一个指示,那便是"清楚!清楚!"

耶稣的门徒问耶稣为何用寓言故事来教化大众,他的回答是:"看的人,看不到;听的人,听不到。他们都没有明白。"

如果你讲的话题对你的听众来说完全陌生,令他们如坠云里雾里,就像听耶稣的话一样,那能指望他们听懂吗?

几乎不可能。那么我们该怎么做呢?耶稣遇到了类似的情况,又是怎么做的呢?他用的是你能想象到的最简单、最自然的方法:把人们不熟悉的事物比拟成人们熟悉的事物。天国……会是什么样子?那些蒙昧的巴勒斯坦农民如何能得知?于是,耶稣用他们熟悉的一些物体和行为活动来描述天国。

"天国好像酵母,有妇人拿来,藏在三斗面里,直到整个面团都膨胀起来。"

"天国又好像一个寻找完美珍珠的商人。"

"天国又好像一张渔网,撒到海里去捕鱼。"

这样就很清晰明了,能让人听懂。听众中的主妇们每周都用酵母发面,渔夫们每天都撒网捕鱼,商人们每天都在贩卖珍珠。

大卫是如何让人们明白耶和华的警示和仁爱的呢?

"主是我的牧羊人,我不再有所求。他让我躺在绿油油的草原上,带我来到静静的小河边……"

在那个荒芜的地方出现了一片碧绿的草场,还有静静的小河,羊儿可以

请你讲重点
卡耐基魅力演讲的艺术

在这里饮水——这些话游牧民族能听懂。

下面这个例子鲜明地阐述了成功演讲的这个原则,而且颇为有趣。几位传教士正在想方设法地把《圣经》翻译成居住在非洲赤道附近一个部落能听懂的方言。他们翻到了这句话:"即使你带有鲜红的罪恶,它们终将像雪一样洁白。"这该怎么翻译?直译吗?毫无意义,而且荒唐。当地人可从未在二月份的清晨把雪从人行道上铲掉。他们的语言中甚至没有雪这个词。他们不知道雪和煤炭有什么区别,但他们曾无数次地爬上椰子树,摇下几个椰子当作午饭。所以传教士们用已知描述未知,把这句话换成了"即使你带有鲜红的罪恶,它们终将像椰子肉一样洁白"。

没有比这再好的翻译了,对不对?在密苏里州华伦斯堡的国家教师学院,我曾经听到过一个关于阿拉斯加的演讲。这个演讲的很多地方都有问题,要么不清楚,要么很枯燥,因为这位演讲者的做法和那些非洲传教士不一样,他忽视了听众的感受,并未用他们熟悉的语言来进行讲解。

比如,演讲者告诉我们,阿拉斯加的总面积约是 59 万平方英里[⊖],总人口是 64356 人。50 多万平方英里对于普通人来说意味着什么呢?几乎没人明白。我们大多数人在思维上并不习惯于用平方英里来表达面积。这种表述无法在我们脑海中形成图像。我们不知道 500 平方英里大概有多大:究竟是像缅因州那么大,还是像得克萨斯州那么大?假设演讲者说阿拉斯加大陆和岛屿的海岸线比绕地球一圈还要长,它的面积相当于佛蒙特州、新罕布什尔州、缅因州、马萨诸塞州、罗得岛州、康涅狄格州、纽约州、新泽西州、宾夕法尼亚州、特拉华州、马里兰州、西弗吉尼亚州、北卡罗来纳州、南卡罗来纳州、佐治亚州、佛罗里达州、密西西比州和田纳西州这些州的总面积之和,这样大家对阿拉斯加的面积不就有了特别清晰的认识了吗?

他说阿拉斯加的人口是 64356 人。问题是十个人中也不会有一个能记住人口普查的数据,就连一分钟都记不住。为什么呢?因为当演讲者飞快地说

⊖ 1 平方英里 $= 2.58999 \times 10^6$ 平方米。

第十二章
如何清晰地表达意思

出"64356"这个数字时,人们并不会对它留下清晰的印象。相反,它给人们留下的印象很淡,并不牢固,就像在海边沙滩上写下的字一样。人们的注意力很快就会被后面的内容所吸引,将这个数字完全忘却。用人们熟悉的事物来描述这个人口普查数据不是更好吗?比如,离演讲所在城市不远的地方便是圣约瑟市,当时阿拉斯加州的人口比圣约瑟市的人口少1万人。另外,用你演讲所在城市的人口来对比阿拉斯加的人口岂不是更好?如果演讲者说:"阿拉斯加的面积是密苏里州的8倍,可它的人口仅仅是华伦斯堡现居住人口的13倍。"这样听众岂不是理解得更好?

下面两句话中,哪句更清楚,1.还是2.?

1. 离我们最近的恒星与地球的距离是30万亿英里㊀。

2. 如果一辆火车的速度是1分钟1英里,那么它到达离我们最近的恒星的时间是4800万年。如果有人在这颗恒星上唱歌,如果歌声能传到地球,那么要过380万年我们才能听到这首歌。如果蜘蛛吐的丝能连到这颗恒星,那么丝的重量会是500吨。

1. 世界上最大的教堂——圣彼得大教堂,长为232码㊁,宽为364英尺。
2. 它的面积相当于两座大楼叠在一起。

世界著名的物理学家奥利弗·洛奇爵士在面向普通大众讲述原子的大小和性质时,曾愉快地使用了这一方法。我曾听到他在对欧洲听众演讲时说道,一滴水里的原子的数量相当于地中海中的水滴的数量。这是因为他的听众中有很多人都曾在从直布罗陀海峡到苏伊士运河的游轮上度过一周。为了让大家拥有更直观的感受,他还说:地球上有多少片草,一滴水里就有多少个原子。

小说家理查德·哈丁·戴维斯曾经向纽约的听众这样描述圣索菲亚大教

㊀ 1英里=1609.344米。

㊁ 1码=0.9144米。

堂:"它和第五大道剧院的大礼堂一样大。"当他描述意大利海港布林迪西时,他说:"他看起来就像从后面进入长岛市一样。"

在你的演说中运用这个原则吧!如果描述大金字塔,可以先告诉听众它的高度是450英尺,然后把它与听众每天看到的熟悉的建筑物做对比,来解释它有多高。还可以告诉听众,金字塔底座的宽度相当于多少个街区。讲到液体时,不要仅仅说几万几万加仑或几十万几十万桶[⊖],还要告诉听众这些液体可以装满多少房间——以你演讲时所在的那个房间为标准。与其说高度为20英尺,不如说是这个房间从地面到屋顶的高度的1.5倍。讲述距离的时候,与其用英里这样的单位名称,不如说从所在地到某车站或者到某某街的距离,这样岂不清楚得多?

避免使用技术性术语

如果你从事的是技术含量比较高的职业——比如律师、医生、工程师或者其他专业性很强的行业,在面对外行听众进行演说时,一定要格外注意:要使用简单的词汇,还要给出一些必要的解释。

之所以要你们格外注意,是因为出于我的职业责任。我曾听过上百次演讲,它们都在这方面栽了跟头。很明显,普通大众对某个专业领域毫不了解,而演讲者却似乎完全没有意识到这一点。结果如何?就像本章开头提到的那位律师一样——他们自顾自地讲个不停。他们表达的思想、使用的语言都是从自己的经验中得来的,只对他们自己有直接和连贯的意义,但对于迷茫的听众而言,这些思想和语言就像一场暴雨过后的河水一样浑浊、模糊。

演讲者该怎么办?他应该认真研读印第安纳州前议员阿尔伯特·贝弗里奇所写的令人一目了然的一段话:

"一个好办法是在听众中挑出看起来智力水平最低下的那个人,然后竭尽

⊖ 1美桶 = 158.9873 立方分米。

第十二章
如何清晰地表达意思

全力地让他对你的观点产生兴趣。只有清晰地陈述事实并清楚地加以论证，才能做到这一点。还有一个更好的办法，那就是把跟父母一道前来的某个小男孩或小女孩当成你的主要听众。

"你可以跟自己说：发言一定要简单，一定要连孩子都能听懂，并能记住自己对所探讨问题的阐述，还要能在会议结束后说出你讲了什么。"

我记得曾听过一名医生的演讲，他是我的课程的一名学员。他在发言中谈到"膈膜呼吸对肠蠕动有明显促进作用，有益人体健康"。他准备用一句话结束演讲的这部分，然后匆匆开始下一个问题。这时我打断了他，然后让大家举手，看谁清楚地听懂了膈膜呼吸与其他呼吸的区别，为何膈膜呼吸特别有益健康，以及什么是肠蠕动。只有几位听众举手，这一结果令医生大为吃惊，于是他又重新回到这个话题上，对内容进行了扩展，这样解释了一番：

"膈膜是薄薄的一层肌肉，它位于肺部之下，是胸腔的地板，腹腔的房顶。它呈拱起状态，当它处于静止状态或是当我们用胸腔呼吸时，它就像一只倒扣的洗脸盆。

"当我们采用腹部呼吸法时，每次吸气都会挤压这层肌肉，令它向下弯曲，最后它会变成几乎扁平的样子，你会感觉胃部肌肉在顶你的腰带。膈膜的这种向下的压力会按摩、刺激腹腔上部的脏器——胃、肝脏、胰腺、脾，以及腹腔神经丛。

"当你向外呼气时，你的胃部和肠道会受到挤压，顶住膈膜。这样，它们就又得到了一次按摩。这种按摩有助于我们排便。

"我们的身体是否健康，绝大部分取决于我们的肠道。如果胃部和肠道能通过膈膜式深呼吸进行正确的运动，那么大多数消化不良、便秘、身体中毒的问题都会消失。"

听众们听懂了吗？那还用说。

如何把事情讲清楚？林肯自有一套

林肯喜欢把自己的观点讲得特别清楚透彻，让每个人都能立刻听懂。他对这一点有着深厚而执着的热爱。在对国会发表的第一篇演说中，他曾使用"糖衣"这个词汇。公共出版人德夫里斯先生是林肯的密友，他曾向林肯提出建议：这个词在伊利诺伊州发表的政治演说中可能很适用，但对于一份具有历史意义的国家级文件来说，它不够庄重。"好吧，德夫里斯先生，"林肯回答道，"你要是觉得人们永远也不可能懂得糖衣的意思，那我就改掉它；否则我就维持原状。"他曾向诺克斯学院的院长格列佛博士说，自己对朴素的大众语言产生了一种激情。他是这样表述的：

"我还记得，当我还是个小孩子的时候，如果有人跟我说话，而他讲话的方式却让我听不懂，我就会发怒。生活中任何其他事情都不会让我生气，但这种事儿却总是令我大发脾气，历来如此。我记得有一次，听到邻居们谈论他们和我父亲某天晚上发生的事情。我回到自己那间小卧室，来来回回地走了大半宿，试图弄明白他们那些话的确切含义。在我看来，他们说的东西很阴暗。虽然我也想睡觉，但根本睡不着，在床上辗转反侧，一直到我把它弄明白了。即使弄明白了我也不满意，我会无数次重复它，直到我能用大白话说出来，让我认识的每个男孩都能听懂，这时我才心满意足。我对这种事有一种难以抑制的激情，后来我便爱上了这种感觉。"

是的。林肯肯定对此产生了激情，因为他的导师——新萨勒姆学校的校长格雷厄姆曾经作证："我知道，林肯为了在三种表达观点的方法中找到最好的一种，会钻研上几小时。"

为何有些人无法将意思表达清楚？有一个原因几乎人所共知：这些人对于想表达的东西连自己都不清楚。他们的脑海里，只有些朦胧的印象和本能的、模糊的观点。这造成他们的大脑就像陷在一团泥沼中，无法有效工作。他们应该像林肯那样，对于模糊不清、含糊其辞的表达感到痛苦。他们应该

第十二章
如何清晰地表达意思

采用林肯的方法。

视觉效应

正如我们在第四章中所提到的,从眼睛到大脑的神经比从耳朵到大脑的神经要长很多。科学显示,我们给予视觉信号的注意力,比给予听觉信号的注意力要多出 25 倍。

有句日本谚语说道:"看一回胜过说百回。"

所以,如果你想清楚地表达自己的意思,就要把自己的观点和想法视觉化。这正是国家收银机公司总裁约翰·H. 帕特逊所采用的方案。他给《体系》杂志撰写了一篇文章,概括了自己在对员工和销售团队进行演讲时使用的方法。我觉得一个人不可能完全依靠讲话来让别人理解自己的意思,或是吸引和抓住别人的注意力,必须要用一些形象的东西来辅助,最好尽可能地用图片来展示正确的和错误的方法。图表比单纯的语言更有说服力,而图片则更胜一筹。最理想的展示方法是每个部分都有图片,词语只是用来连接这些图片的。我很早就发现:一幅图片胜过我说的千言万语。

"一些古怪的图画能起到神奇的作用……我有一整套的卡通展示方案,也可以叫'图表语言'。一个圆圈里面放一个美元的图案,指的是一笔钱;一个袋子上面加上美元的图案指的是很多钱。笑脸图案可以有很多有效用途。你可以拉扯一些线条,让它产生表情;嘴角向下可表示一个落伍的人,嘴角向上翘可以表示一个活泼新潮的人。这些图案都很平常,但那些最受人喜爱的卡通画家画的也并不是最漂亮的画,最重要的是要表达出想法,能显示出对比。"

把一大袋钱和一小袋钱并排放在一起,人们便能一眼看出哪个方法对,哪个方法错:一个能让你挣大钱,另一个让你挣小钱。如果你一边讲,一边快速地画图,听众们便根本不可能分心,他们肯定会一直盯着你,看你在做什么。这样,他们就会在你的引领下一步步地接受你想要阐明的观点。再者,那些有趣的图形也很赏心悦目。

"我曾经雇用了一位艺术家，让他陪我在商店里逛。我会让他把那些员工做得不好的地方悄悄画下来，然后我会让他把这些速写进一步加工成一幅幅图画。我把所有的工人都召集起来，给他们看他们做的事情。我一听说有投影仪这种产品，就毫不犹豫地买了一台，在屏幕上放映出图画。这当然比在纸上更有效。后来又出现了视频。我当时买了首批问世的放映机。现在我们有一个很大的部门，里面存放着很多影像资料，还有六万张彩色幻灯片。"

我们现在处于计算机时代，越来越多的演讲者开始使用 PPT 来展示自己的要点。

当然，并非所有的主题和场合都适合进行展示或使用图案。但一旦适合，我们就用这种方法吧！它能吸引听众的注意力，激发他们的兴趣，而且还能帮助我们清楚地表达自己的想法，起到事半功倍的效果。

洛克菲勒拂硬币

还记得小约翰·D.洛克菲勒是如何打动科罗拉多燃油与钢铁公司的工人们的吗？（参见第十章）让我们看看他如何利用视觉效果来阐明公司的财政情况。"我发现他们（科罗拉多燃油与钢铁公司的员工）以为洛克菲勒家族从他们在科罗拉多州的企业中赚取了巨额利润，因为很多人都对他们这样说。我向他们解释了当时的具体情况，让他们明白，在我们与科罗拉多燃油与钢铁公司有联系的这 14 年间，他的普通股从未发过一分钱的分红。

在一次会议上，我给他们实际演示了一下公司的财务状况。我在桌上放了一些硬币，然后把代表他们工资的那部分硬币从桌上拂掉——因为他们向公司提起的第一个诉求便是涨工资。接下来，我把代表公司各级主管工资的那部分硬币也拂掉，最后剩下来的硬币就是总监的收入了。桌上没有代表股东收益的硬币。这时，我问大家：我们都是这家公司的合伙人，现在合伙人中有三方都拿到了自己的收益——无论拿得多还是拿得少，可第四方却一无所获，这公平吗？

在我演示完毕后，其中一名工人发表了一篇争取更高工资的演说。

第十二章
如何清晰地表达意思

我问他:"还有一方合伙人一分钱都没拿到,你却想要更高的工资,你觉得这样公平吗?"他也承认这看起来的确有失公正。后来,我便再也没有听到过要求涨工资的声音了。

用的视觉手段一定要具体和明确,在听众脑海中描绘的图像一定要特别清晰,就像夕阳西下时鹿角映在天空中的剪影一样。比如,"狗"这个字令人想起一个这种动物的比较具体的画面——可能是可卡犬或苏格兰牧羊犬。注意,如果我说斗牛犬,那么你脑海中就会跳出一幅更为清晰的图像——这个词语的内涵更窄。波士顿斗牛犬是否令你的图像更为清晰?"一匹马"与"一匹黑色设特兰小马驹"这两种说法相比,哪个更生动?"一只断了腿的白色大公鸡"与"家禽"相比,肯定更明确,在你脑海中生成的画面更清晰,对不对?

用不同的表述法重复重要观点

拿破仑宣称:重复是修辞的唯一重要法则。他知道,虽然自己清楚地了解某个观点,但这并不能证明别人也能立刻理解它;他知道,理解新观点是需要一定时间的,人们的大脑必须对它们保持关注;简言之,他知道,观点必须不断地被重复。不一定非要使用完全相同的语言,如果这样,人们会反抗,而且他们有道理这样做。但如果用全新的语言来重复这些观点,如果让听众产生新鲜感,他们就根本不会觉得你是在重复。我们举一个具体的例子。威廉·詹宁斯·布莱恩说过:"如果你自己都不了解某个话题,你也无法让别人了解他。你的脑海中对某个话题的掌控越清晰,就越能向其他人清楚地表达这个话题。"此处的最后一句话其实只不过是对第一句话的重述,但当你读到这些话时,你的大脑并不将它理解为重复,它产生的感觉只是:"这个话题被阐述得更清楚了。"

我上过这么多课,听过这么多次演说,每次总有那么一两个或六七个演讲,让我感觉如果演讲者运用了重复这一法则,可能会表达得更清晰,给人留下的印象更深刻。但初学者几乎完全忽视了这一法则。太遗憾了!

阐述要宽泛，举例要具体

如果想清楚地表达观点，有一个最轻松且最万无一失的方式，那便是：阐述要宽泛、举例要具体。这两者有何区别？只有字面上的区别：一个宽泛，另一个具体。

让我们用一个具体的实例来说明一下两者的区别，以及如何使用这两种方法。假如我们做这样一个表述："一些职业男性和职业女性的收入高得惊人"。

它足够清晰吗？你能清楚地理解演讲者的真实意思吗？不，不能。演讲者自己也不知道这样一句话会在听众的脑海中产生什么印象。他可能会让奥索卡山的一位乡村医生想起某个小城市的一位家庭医生，这位家庭医生的年收入为25000美元；也可能让一位小有成就的企业主管想到那些年薪为几十万美元的职业经理人。这句表述本身实在太含糊、太笼统，应该将它具体化，还要再提供几个细节来证明观点，让听众知道演讲者指的是哪些职业，以及"高得惊人"是什么意思。

"有些职业，比如律师、职业拳击手、作曲家、小说家、剧作家、画家、演员和歌唱家，他们的收入比美国总统还要高。"

这样一来，听众能否对演讲者的意思一目了然？不过这个信息依然没有个人化、具体化。

这也只是比较空泛的阐述，并没有给出具体的例子。如果演讲者能给一些高收入者的具体的名字，比如某些著名的演员或歌唱家，那么他的观点会更有说服力，就像下面这段表述那样：

"萨缪尔·翁特内尔（Samuel Unterrnyer）和麦克斯·施托伊尔（Max D. Steuer）是他们那个时代的两位了不起的辩护律师，据说他们的收入是每年100万美元。本尼·莱昂纳多是20世纪20年代的一位轻量级拳击冠军，据估计，他的年收入已经高达30多万美元。据传，重量级拳击冠军杰克·邓普西的年收入已经达到了50万美元。据报道，欧文·柏林创作的繁音拍子音乐已

第十二章
如何清晰地表达意思

经给他带来了 25 万美元的年收入。"

在当时，一天 5 美元就已经是很不错的收入了，你可以想象听众们听了这些会作何反应。

现在对于演讲者想要确切表达的意思，你是否已一目了然？

要确切，要具体。表述明确不仅能令你的演说的意思更清晰，给人留下的印象更深刻，同时还能传达出你的信念，激起听众的兴趣。

别学山羊跳来跳去

在给教师们进行的一次讲座中，威廉·詹姆斯在中间稍作停顿，他讲到：一次讲座只需讲述一个观点，而他提到的这次讲座时长为一小时。我最近听了一次演讲，规定的演讲时间为 3 分钟，但这位演讲者一开场便说他想请我们注意十一个要点。每个要点只讲 16.5 秒！这听上去是不是有些不可思议？一个智商正常的人居然想做这种人人都看得出的很荒唐的事情。的确，我这里举的是一个比较极端的例子。但是，几乎每个演讲新手都可能会犯这种错误——虽然没有到这么严重的程度，而这种错误也让他们的演讲举步不前。这就好像那本能让你一天游完巴黎的《库克指南》，并非做不到——你也能在 30 分钟内逛完美国自然历史博物馆，但你却没有留下任何清晰的印象，也没有享受到什么。很多演讲之所以无法表达清楚，正是因为演讲者似乎一门心思地想要在给定时间内把尽可能多的内容塞进去，好像要在这方面创造世界纪录似的。这样的演讲者从一点跳到另一点，就像山区里的山羊一样伶俐、敏捷。

在我的演讲课堂上，学生们的演说必须要简短，因为我给他们限定了时间。我提醒学生要量体裁衣。比如，如果他们想就工会发表演说，就不要试图在 3~6 分钟内向我们讲述工会的建立过程，它们采用的方法，它们起到了哪些好处、还有哪些缺陷，以及如何解决劳务关系上的一些争端。不，不行。如果你拼尽全力这样做，没人会对你所讲的内容产生清晰的印象，他们只会在大体上有所了解，他们留下的印象一定会特别模糊不清、朦朦胧胧。只讲工会的某一个阶段，充分讲述并举例说明——这不是更明智吗？当然，这种演讲会给大家留下单一、明确的印象——它简单明了、意思清晰，容易听得懂，也容易记得住。

不过，如果你一定要讲述关于演讲主题的好几个阶段，我建议你们在最后进行简短总结。让我们看看这个建议该如何操作。下面就是这堂课的一份总结。读了它，你能否对我们在本节中讲述的内容有更清晰、更透彻的理解？

本章小结

1. 一定要将意思表达清楚，这相当重要，但也非常难。基督通过讲述寓言来教化人们"因为他们（耶稣的听众）看，却看不见；听，也听不着。他们也无法理解。"

2. 基督用人们熟悉的语言来讲述人们不熟悉的事物。他把天国比作酵母，比作撒向海里的渔网，比作商人贩卖珍珠。"去吧，去这样做。"如果你想把阿拉斯加州的面积描述清楚，就不要用平方英里来表述，可以说出能放进阿拉斯加州的其他州有哪些，可以用你做演讲的所在城市的人口来对比描述阿拉斯加州的人口数量。

3. 在对外行听众演讲时，不要使用技术性术语。可以采用林肯的方法，用每个孩子都能听懂的大白话来表述自己的观点。

4. 要确保你对自己想表达的观点拥有极其清楚的了解。

5. 注重视觉效果，如果有可能，尽量使用一些图片或图表。表述一定要确切，如果你想说的是"猎狐犬"，就不要仅仅说"狗"这个词。

6. 要对一些重要观点进行重复。不要简单地重复，不要来回使用相同的语言。可以改变一下句式，用听众无法察觉的方式来重新表达一下观点。

7. 在进行比较抽象的表述之后，可以进行宽泛的阐释，这样会令你的表述更清晰；如果能加上具体的实例，那会更好。

第十二章
如何清晰地表达意思

8. 不要妄想讲述太多观点。如果是一个比较简短的演说，一般只能讲述一个重大主题的一两个阶段。

9. 演讲结束前，简单总结一下你的要点。

▶ 发声练习

可以试一下下面这个练习。

还记得你小时候干过的事吗？把头伸进一个接了一半雨水的桶里，然后在里面吐出声音，然后发生了特别奇妙的事，那声音会在你的耳边回响。之所以有这个效果，是因为发生了共鸣和共振。你发出的声音与雨水桶上方半封闭空间的空气发生接触，被多次放大。所有乐器——鼓的鼓身、钢琴的音板、小提琴的用风干木材做成的琴身——它们的构造原理都是让一个相对比较弱的原始声音与合适的弹性媒介接触，如空气、木头或金属，从而使其得到加强，在力量上翻倍。

人类的声音便是这样一种乐器。声带发出的微弱的蜂鸣声便是原始声音，它使胸腔和部分敞开的咽腔、口腔和鼻腔发生振动，在振动中，声音被奇妙地放大、加强，变得极其雄浑。如果我们只听到声带的原始蜂鸣声，那么这个声音只能传几英尺远，也丝毫不具备我们人类言语的任何特征。胸腔的共鸣在很大程度上是本能、自动的，而头部的咽腔、口腔和鼻腔的共鸣却可以被我们的意志控制。如果我们能熟练地运用这些共鸣，就能发出强大而动听的声音。我有一位演说家朋友，从前他的声音单调、沉闷，还很空洞，通过细心钻研和坚持不懈的练习，他能充分利用头部共鸣，现在，他已经接连好几年因为声音雄浑有力、能轻松响彻整个大礼堂而远近闻名了。在指导下正确使用共鸣体——特别是嘴和鼻子——必须成为一名公共演说者的训练内容的重要一部分。

振动中的声音离开咽腔或喉头后，向上穿过空阔的喉咙，最后碰到了软腭——张开嘴，你便可以看到它垂在嘴巴后部。一部分气流从它的穹隆穿过，进入口腔；另一部分气流从这个帘幕后面的通道上升到了鼻腔里。

请你讲重点
卡耐基魅力演讲的艺术

　　与口腔相比,鼻腔表面不规则、起伏不平,就像山洞内壁一样。你是否曾在山洞里大声说话,或者大声打招呼?你会感觉回音特别大,以前从未听到过,令你吃惊。同样,在鼻子和头部奇形怪状的洞穴般的空间里,你的声音也被赋予了美妙、丰富的品质。这叫"头部共鸣"。与此同时,从软腭穹隆下面进入口腔的另一股气流也发生了截然不同的变化。

　　这第二股气流与从后门进入鼻腔的气流一样,在音量上得到了增强,除此以外,由于灵活的舌头和不断开合的嘴唇使口腔的内部形状发生变化,这股气流被改变。这些微弱的原始音在口腔中的各种变化被称为元音。这样我们就知道,元音根本不是由声带产生的,它们其实是口腔的各种共鸣。所有元音在咽喉部位都是一样的。口腔内部这种主要由舌头造成的临时变形决定了我们会发哪个元音。这样,我们的口腔便是元音室,那些被称为辅音的干扰性气流也在这里产生。现在我们将告诉你如何最有效地使用这三个共鸣腔。

　　正如我们在第五章中学到的那样,当我们控制住呼吸、用一口气牢牢撑住声音时,我们的胸腔便会自动产生回响。如果你把手放到胸部上方,就能感觉得到。如果是比较深沉的低音,共鸣感便会更强。每说一个词便用深呼吸来保持住你的声音,这样你就能获得胸腔共鸣的全力相助了。

　　而鼻腔共鸣这种作用极大的辅助手段只能通过特殊训练才可得到。最开始,我们必须先弄懂鼻腔共鸣和鼻音的区别。如果声音在穿过鼻腔时受到阻碍,就会产生鼻音。用拇指和食指把两个鼻孔都捏住,然后说"The moon is beaming."(月光在照耀)注意,这时你会发出一种难听的鼻音。拿开手指,你可以通过有意屏住声音、不让它通过鼻腔来模仿这一效果。现在让声音自由通过鼻腔,再次说这句话。那种难听的感觉不见了。说这句话时,一定要用嘴的前部来发出单词的音,同时还要保证声音能从鼻腔自由穿过。

第十三章　如何让演讲既引人入胜又具有说服力

"成功的秘诀在于懂得如何改变人类的思想。正是这种力量造就了成功的律师、食品商、政治家或传教士。"

——弗兰克·克雷恩博士

这里有一个巨大的心理学发现，西北大学校长沃尔特·迪尔·斯科特认为："每一个进入头脑的想法、概念或结论都被认为是真实的，除非被一些矛盾的想法阻碍……如果我们能给任何人一种想法，我们就不必让他相信这个想法的真实性，只要我们能阻止矛盾的想法从他的脑海中浮现出来就可以了。如果我能让你读这句话：'美国轮胎是好轮胎。'你就会相信它们是好轮胎。而且，如果没有任何矛盾的想法涌上你的心头，也就没有任何进一步的证据。"

斯科特博士在这里演讲的内容与"建议"有关，它深深影响到了许多进行公共演讲的演讲者。因而，它可以直接拿来使用。

在东方三圣在第一个圣诞节跟随伯利恒之星之前的3个世纪，亚里士多德教导说：人类是理性的动物——他是根据逻辑的命令行事的。他在奉承我们。在早餐前，纯粹的推理和浪漫的想法都同样的罕见。我们的大多数行动都是建议的结果。

建议是让头脑在没有提供任何证据或演示的情况下去接受一个想法。如果我对你说"皮尔斯伯理面粉绝对很纯"，不要试图证明它，因为我在使用"建议"。如果我提出一个产品的分析和著名厨师关于它的证词，那我就是在试图证明自己的主张。

那些在处理他人事物方面最成功的人更是依赖于建议，而不是争论。推销和现代广告主要也是基于建议。

第十三章
如何让演讲既引人入胜又具有说服力

相信总是容易的，怀疑则难一些。经验、知识和思维是我们进行合理怀疑所必需的。告诉孩子圣诞老人是从烟囱里下来的；或者告诉一个未开化的人，雷霆是众神愤怒的表现。无论是孩子还是未开化的野蛮人，在他们获得足够多的知识支撑他们反抗之前，他们都愿意接受你的说法。印度有数百万人依旧狂热地相信恒河的水是神圣的，杀死一头母牛就像杀死一个人一样是错误的。他们始终接受这些概念，并不是因为他们已经证明这些概念是正确的，而是因为这个建议深深植根于他们的脑海中。

这种信仰并不局限于不同文化背景的人。如果我们仔细研究这些事实，就会发现：我们大多数的观点，我们最珍视的信念，我们的信条，我们中许多人的基本生活准则，都是建议的结果，而不是推理的结果。这其实从商业活动中就能得到具体的印证。我们已经开始将箭牌衬衫、凯迪拉克汽车、亨氏食品、皮尔斯伯理面粉、象牙香皂列为同类产品中的佼佼者。即使不是最好，也是最好之一。为什么？难道我们有足够的理由做出这些判断吗？那原因又是什么呢？我们大多数人作出判断时都不是出于任何原因。难道我们仔细比较过这些品牌的价值和竞争对手的产量吗？没有！我们已经开始相信那些没有证据的事情了。形成我们的信念的是偏见、是不公、是反复重申的断言，而不是逻辑。

我们是依赖建议而存在的生物。我们可以用一个简单的例证来说明我们大多数人每天都受到建议的影响。

你已经读过很多次"咖啡是有害的"这句话了。让我们来假设，你现在打算戒掉咖啡。你去最喜欢的餐馆吃饭，如果女服务员不善于推销技巧，她可能会问："您想点杯咖啡吗？"如果她这么做了，那你的脑海中会短暂浮现出一场辩论，因为这时无论是支持的观点还是反对的观点，都会冒出来。最终，你的自我控制也许会获胜。比起味觉上的即刻满足，你更想拥有健康。但如果女服务员说的是消极建议，比如："你不想喝咖啡，是吗？"这时，你会发现说"不"其实更简单。拒绝采纳她的想法，一旦投入到行动中，这个想法就变成了行动。（难道你没有听说过很多没有受过教育、没有辨别能力的推销员，会用这样的一个消极建议问候每一位潜在的顾客吗？）但是如果她问："您现在喝咖啡还是稍等一会儿？"之后会发生什么？她巧妙地假定你现在不想喝咖啡，但同时她又把全部的注意力集中在你何时希望喝咖啡，因此她排除了你的其他考虑，使得这之中很难产生矛盾的想法，也就很容易让你"点一杯咖啡"的想法付诸行动。结果会怎么样？你会说"现在就拿来"，但你其实并不打算点它。这件事会发生在那位作家身上，也会发生在大多数现在正在读这些话的人身上。它和数千件类似的事情一样，每天都在发生。百货公司在培训销售人员时会询问："你愿意随身携带吗？"因为他们知道，如果说"你需要包装起来吗？"会立即增加交货成本。

每一个能走近你内心的想法都倾向于被认为是真实的，但众所周知的心理事实是，它也会趋向于付诸行动。比方说，当你想到字母表中的某个字母时，你就必定会发出这个字母的音，无论你的肌肉的动作是多么轻微。你一想到吞咽，就会不由自主地轻轻做这个动作。对你来说，这些运动可能是不易察觉的，但是有足够精密的机器会记录肌肉的反应。你之所以不去做你想做的一切，唯一的原因便是：另一个想法或一系列想法涌现出来，认为它无用、代价高、麻烦、荒谬又危险，消除了你的冲动。

我们的主要问题

因此，在上一节的分析中，我们的问题是让人们接受我们的信念或根据我们的建议而行动。其实，我们是在他们的头脑中植入了一个想法，并保证不会让矛盾和对立的想法同时产生。一个擅长此事的人，会获得高超的语言表达能力和生意上的丰厚盈利。

心理学提供的帮助

心理学提供的建议会对你有帮助吗？答案是，是的，会有帮助。让我们看看这些帮助是什么。首先，你有没有注意到，如果别人充满感情地提出了主要想法，并带有"有感染力"的热情，矛盾的想法就不太可能出现在你的

第十三章
如何让演讲既引人入胜又具有说服力

脑海中？我之所以说"有感染力",是因为热情就是这样。它能够平息所有的关键因素。这是一个所有反对意见、所有消极和负面的想法都无法逾越的障碍。如果你的目的具有感染力,记住:激发情感比激发思想更有效。感情比冷静思考更有力量。如果你想要唤起感情,你就必须要谨慎认真地对待。不真诚会毁掉你的演讲的活力。不管你会不会编造一些漂亮的短语,不管你给出的例证如何,不管你的声音是否和谐、你的手势是否优雅,如果你说话时不够真诚,这些就都是空洞而华丽的衣饰。如果你想要感染听众,那就请先感染自己。你的灵魂会透过你的眼睛、你的声音、你的一颦一笑,与你的听众和评委交流。

把你希望人们接受的东西当成是他们已经相信的东西

一位无神论者曾经对虔诚的牧师说,这个世界上没有上帝,并且他向牧师挑战,希望牧师也能反驳他的论点。牧师静静拿出手表,打开箱子,向这位不信神的人展示了一些作品,说:"如果我要告诉你,那些杠杆、车轮和弹簧都是自己组装起来的,并开始自己运行,你会怀疑我的智商,对吗?当然,你会。但是仰望星空,每一颗星星都有它自己完美的运行路线和运动——地球和围绕太阳的行星,整个星群每天以超过100万英里的速度运转。每颗恒星都是另一个太阳,有着属于自己的一片世界,就像我们自己的太阳系一样在太空中奔跑。但是它们彼此没有碰撞、没有干扰、没有混乱,一切都是安静、高效和可控的。而哪种解读更容易让人信服呢?它们是自发运行的还是有人让他们这么做的呢?"

这个回答相当深刻,不是吗?说话者使用了什么技巧?让我们看看。他先在讲话开始时建立一个共同的立场,企图让他的对手说"是的",并在最开始时就同意他,这正是我们在第十章中所建议的。然后他继续向对方表明,对神的信仰是简单的,而且是不可避免的,就像信任钟表匠。

假设他一开始就反驳他的对手:"没有上帝?别傻了。你都不知道你在说什么。"你觉得会发生什么事?毫无疑问,会有一场言辞激烈的战争,而且随之而来的一定是一场口水仗，激烈无比，却分不出胜负。无神论者可能会以一种不虔诚的热情来反抗信徒的狂热。为什么呢？因为这些是他的意见，而他宝贵的、不能侵犯的自尊将会受到威胁，他的骄傲也将岌岌可危。

既然傲慢是人类本性的一个根本性的"易引发争吵"的特征，那么让一个人的骄傲为我们所用，而不是与我们作对，岂不是很明智吗？那应该怎么做呢？正如牧师所说的，如果我们提出的东西与我们的对手已经相信的东西其实非常相似，对手就会更容易接受，而不是拒绝你的建议。这可以防止矛盾和对立的想法出现在头脑中，也能避免我们所说的话被认定为无效。

牧师显然洞悉人类大脑的运作，而大多数人却缺乏这种能与人的信念并驾齐驱的微妙能力。他们错误地认为，为了攻占城堡，他们必须用正面攻击来打击它。那会发生什么事？当战斗开始时，吊桥被吊起，大门砰的一声关上，弓箭手拉起长长的弓箭。这样的争论最后总是以平局结束，但没能说服其他任何人。

圣保罗的睿智

我们提倡的这个更明智的方法并不新鲜，它在很久以前就被圣保罗使用过。圣保罗在对雅典人的著名演说中便运用了这个方法。圣保罗是一个受过良好教育的人，在皈依基督后，他的雄辩使他成为基督的主要追随者。有一天，他来到了雅典。那时的雅典已经过了光辉的巅峰，正在不断衰落。《圣经》中对于这段时期的描述是：

"所有的雅典人和陌生人都在那里度过他们的时光，要么告诉别人，要么从别人那儿了解一些新事物。"

没有收音机，没有电视，没有即时新闻……在那些日子里，那些雅典人必须辛辛苦苦地在每天下午找寻新鲜的东西。然后保罗来了，这里便有了些新东西。他们围着保罗，觉得好笑、好奇又有兴趣。他们问他：

"我们能知道你所说的新教义是什么吗？"

第十三章
如何让演讲既引人入胜又具有说服力

"因为你给我们讲了一些奇事,所以我就懂了这些东西的含义。"

换句话说,他们邀请保罗做一个演讲,当然,保罗也同意了。事实上,这正是他来此的目的。他可能是站在一块石头上,而且人也有点紧张。所有的优秀的演讲家在刚开始讲的时候都这样。他可能已经把手洗干净,并且在开始之前也清过了喉咙。

然而,他并不完全赞同他们提出邀请的方式;"新教义……是一个奇怪的事情。"好像他们把它当成是毒药。保罗觉得自己必须根除他们的这些想法。它们是传播矛盾和冲突观点的沃土。他不想把自己的信仰表达成奇怪和陌生的东西。他想把它联系起来,把它比作他们已经相信的东西。这会扼杀不同的建议,但这又如何呢?他想了一会儿,想出了一个绝妙的计划。于是,他开始了不朽的演讲:

"雅典的人们啊,我觉得你们在所有事情上都很迷信。"

有些译本译到:"你们非常虔诚。"我认为这种版本更好、更准确。他们崇拜许多神;他们非常虔诚,他们为此也感到自豪。保罗称赞他们,他们会很高兴。他们也会开始对他亲近起来。公共演讲的艺术中的一个规则是通过例证来支持自己的话。保罗是这样做的:

"当我经过这里,看到了你们的虔诚。我找到了一个带有这篇铭文的祭坛——'致未知的上帝'。"

你看,这恰恰证明了他们是非常虔诚的教徒。他们非常害怕藐视任何一个神灵。他们给未知的神筑了一座祭坛,这是为了避免任何毫无知觉的忽视和无意的疏忽的最全面的保险政策。保罗提到这个特定的祭坛,这表明他并不是在奉承雅典人,恰恰相反,他说的话体现了他对这个民族的真正的欣赏,而这都源于他自身对事物的观察。

现在,这里有一个完美的开场白:

"因此,你们无知地崇拜着谁呢?"

"新教义难道是奇怪的事情吗?"它一点也不奇怪。保罗在那里只是为了解释一些关于他们已经崇拜却对此毫无意识的神的真相。把他们不相信的东西比作他们已经热情接受的东西——这就是他精湛的技艺。

他提出了拯救和复活的学说，还引用了希腊诗人的一句话，整个演讲耗时不到两分钟。他的一些听众会嘲笑他，但其他人说："我们想再次听到你对此事的看法。"

顺便说一句，这让我们注意到的是这个用时两分钟演讲的优点之一：听众可能要求你再次发言，就像保罗一样。一位来自费城的政治家曾经对我说，在演讲中要记住的主要规则是：把它缩短，让它快点。圣保罗在这一场合中，都做到了。

圣保罗在雅典使用的这项技艺在今天的销售谈判和广告中被更有鉴别力的公司所采用。例如，这是一个从离我办公桌最近的销售信中摘录的段落：

"老汉普郡邦德的每一封信的成本，比最便宜的报纸贵不到半分钱。如果你每年给顾客写可能 10 封信，就能扩大老汉普郡的影响力，比坐一次车的车费还要少——比给你的顾客每 5 年买一支好雪茄还要少。"

谁能反对每年为顾客付一次车费，或者 10 年内给他买两次哈瓦那雪茄呢？当然不会有人反对。而使用老汉普郡债券的费用难道会超过这些额外费用吗？这难道不会阻止支出过高金额的矛盾观点出现吗？

让小数目显大，让大数目显小

同样，即使是一大笔钱，如果慢慢花，并且把每天的支出与某种微不足道的事情相比较，这笔钱也显得很少。

比方说，在汽车经销商制作的广告中，他们会在大版面的印刷品上写道，每月在汽车上的花费是多么小，但在小报中却列出具体要支付几个月。

从另一方面来看，小额款项也可以通过重复同一过程，将数额——累积而显得巨大。一位电话公司的官员将不起眼的零碎时间堆积在一起，给纽约人省下了大量的时间，而纽约人自己也许都忽略了即时接听电话这件事：

"在每 100 个电话连接中，有 7 个显示在应答人接听电话前有超过 1 分钟

第十三章
如何让演讲既引人入胜又具有说服力

的延迟。每天有 280000 分钟都是这样流失的。而在 6 个月的时间里,在纽约的这 1 分钟延迟,大约等于从哥伦布发现美洲大陆以来的所有工作日。"

如何使数字给人留下深刻印象

数字和数量本身并没什么值得人记住的。它们必须要通过实例的烘托。如果可能的话,它们应该和我们的经验、我们最近的经历以及我们的情感体验联系在一起。例如,一位英国的市政厅议员在谈及劳资情况时,在伦敦自治市议会发表了演说。他在演讲中突然停了下来,拿出手表,站在那里,静静地盯着听众,沉默了 17 秒。市政委员会的其他成员不安地在座位上左顾右盼,怀疑地看着演讲者。发生什么事情了?那位老人难道突然失去理智了吗?这位议员继续演讲,说道:"你只是坐立不安地度过了这 17 秒,而这个时间是普通工人搬运一块砖头的时间。"

这种方法会有效吗?这是非常有效的。如果把它用电报发送到世界各地,印刷在报纸上,就会非常有效。这个方法有效到联合建筑业工会立即罢工,为了"抗议种种对我们的尊严侮辱"。

下面两个陈述中的哪一个更有记忆点?

1. 梵蒂冈有 15000 个房间。
2. 梵蒂冈有这么多的房间,所以一个人可以在 40 年里每天都住一个不同的房间。

下列哪一种方法能让你对"美国在 2004 年面临的巨额赤字是多少"这个问题留有更深刻的印象?

根据美国会计总署的统计,财政年度的赤字将超过 4500 亿美元。对大多数人来说,这是个天文数字,是不可能真正理解的。但如果你说,从公元前开始到现在,大约有 10 亿分钟的时间,那 4500 亿美元的赤字就相当于从耶稣基督出生后的每一个日夜,每分钟都损失了 400 美元,看看会怎样。

重述一句话会有什么效果？

重述是另一种我们可以用来防止矛盾和不同意见产生的方法，它可以用来挑战我们的断言。爱尔兰一位著名的演说家丹尼尔·奥康奈尔宣称："不是通过一次或两次，而是要通过十次推进政治的真相，公众才会接受并采纳它。"奥康奈尔在面对听众和公众上有很多经验。他的观点应该值得人深思。"不断重复，"他继续说，"是将政治真理铭记于心的必需品。当人们总是听到相同的东西时，他们就会不知不觉地把这些东西和真理联系起来。他们发现事实终于悄悄地摆在他们心中的某个角落，便永远都不会再怀疑，就好像这些事实已经形成了宗教的一部分，而他们不会对宗教产生怀疑。"

约翰·卫斯理的母亲知道奥康奈尔所表达的真相。这就是为什么当她丈夫问她为什么要对儿子重述20次同样的事实时，她回答说："因为当我重述第19次时，他们还没有吸取教训。"

伍德罗·威尔逊知道奥康奈尔所表达的真相，这就是为什么他会在演讲中使用这种方法的原因。

请注意，他只是在最后的两个句子中重复和改写了他在第一个句子中所陈述的想法。

"你们知道，在过去的几十年里，大学里的学生并没有受过教育。你们知道，在我们所有的教学中，我们训练不了任何人。你们知道，在我们所有的指导下，我们也教育不了任何人。"

然而，尽管我们在赞扬重述原则的重要性，但我们同时也应警惕：在一个不熟练的演讲者手中，重述可能会成为一个危险的工具。除非你的措辞相当丰富，否则你的重述可能恶化成未经修饰和过于明显的重复。那是最致命的。因为如果听众注意到这一点，他们就会开始在座位上扭动，并且不停地看时间。

第十三章
如何让演讲既引人入胜又具有说服力

普遍例证及具体例子

与我们想象的相反,当你使用普遍例证和具体实例时,几乎不大会变得无趣。当你演讲的目的是为了感染听众、说服听众时,这些例子往往很有趣,便于理解,并且非常有价值。

它们有助于阻止矛盾想法的产生。

人们希望演讲者能给出一些名字和日期——如果他们愿意的话,他们还会自己核对信息的真伪。这个过程是绝对坦率和诚实的,因为它能赢得信心,给人留下深刻的印象。

例如,假设我说"许多富人都过着非常简单的生活",我并没有给人留下深刻印象,因为这句话太含糊,不是吗?它不会从书页上跳出来,跳进你的眼睛,它很快就会消失在你的脑海里。它既不清楚,也不有趣,还无法令人信服。报纸的报道恰恰与它相反,如果人们回忆起来在报纸上看到的东西,就可能会对这一观点有所怀疑。

假如我相信很多富人过着简单的生活,我是怎么得出这个结论的?是通过观察一些具体的案例。所以最好的方式就是让你相信我,而我应该给你看一些具体的例子。如果我能向你展示我所看到的,你可能也会得出同样的结论。而你可能会这样做,而且也不必对我提出任何要求。

我让你自己从我提供具体的案例和证据中发现并得出的结论,要比我把现成的结论放在你面前更有说服力。

下面举几个例子:

约翰·D. 洛克菲勒在百老汇大街26号的办公室里有一张皮沙发。他每天中午会躺在上面睡午觉。

全美现金出纳机公司创始人J. 约翰·H. 帕特森既不抽烟也不喝酒。

弗兰克·范德里普曾是美国最大的银行的行长,他每天只吃两顿饭。

安德鲁·卡内基最喜欢的食物是燕麦片和奶油。

《星期六晚报》和《妇女家庭杂志》的杂志社老板塞勒斯·H.柯蒂斯只喜欢烘豆。

沃伦·巴菲特是世界上最富有的人之一，他依旧住在40年前花自己32000美元买的房子里，午餐是汉堡包和可乐。

这些具体事例会对你的思想有什么影响？他们是否戏剧性地表明：富人往往过着简朴的生活？它们真的会给你留下深刻印象吗？当你倾听这些例子的时候，你的脑海里会不会出现矛盾的想法呢？

累加原理

不要期望匆忙引用一个或两个特定实例来获得预期的效果。

必须给人一连串的印象，才能强调一开始提出的结论。大脑必须一次又一次地集中注意力，经验必须一个一个地堆积起来，直至非常重要的结论深深地嵌入大脑中，随后慢慢变成一个人思想的一部分，最后连时间和事情都无法抹去它。这样做的原理就叫作"累加"。

注意这一累加原理在本章一开始是如何运用的，我通过编排一组具体实例来证明富人往往过着简朴的生活。请注意，这本书的前几章是如何证明费城是"世界上最伟大的讲习班"的。请注意，一位政治家是如何通过下面一段文字证明，人类已经有能力纠正不公正和武力压迫造成的错误。如果三分之二的具体参考文献被省略，结果将会是什么呢？

"不靠军队，人类何时才能赢得战争，获得自由呢？"不靠军队，何时才能赢得战争，消除错误、不公正和压迫呢？

"军队迫使不情愿的王室签下《大宪章》，将生命写入《独立宣言》，使《解放宣言》生效；几个世纪以来，军队赤手空拳，打击巴斯德的铁门，在一个又一个可怕的时刻里报复国王犯下的罪行；军队挥舞着革命的旗帜越过邦克山，用血迹斑斑的脚印在山谷的积雪上留下印记；军队握住夏洛伊的断线，爬上查塔努加的火焰扫过的山丘，从瞭望台冲出云层。军队与谢尔曼朝着大

第十三章
如何让演讲既引人入胜又具有说服力

海行进,谢南多厄的山谷里和谢丽丹并驾齐驱,在阿波马克托斯见证了格兰特的胜利;军队拯救了联邦,并把星星放在国旗上。"

视觉印象与听觉印象的比较

许多年前,我的一个学生在演讲中告诉了我们在过去一年里被大火烧毁的房屋的数量。他又进一步说,如果将这些被烧毁的建筑物并排放置,可以从纽约一直排到芝加哥;如果将那些在大火中丧生的人的尸体隔半英里放置,那么那条可怕的队伍将再次从芝加哥回到纽约布鲁克林区。

他说的具体数字我几乎立刻就忘记了,但10年过去了,我不用努力回想也仍然记得,甚至能看到从曼哈顿岛延伸到伊利诺斯库克县的那几排燃烧着的建筑物。

为什么会这样?因为听觉印象很难保留,就像雨雪敲打山毛榉树光滑的树皮一样。但视觉印象呢?几年前,我看到一个炮弹埋在一个古老的房子里,一个屹立在多瑙河畔的房子——拿破仑的炮兵在乌尔姆战役中发射的炮弹。视觉印象就像那个炮弹:它们会产生巨大的冲击力。它们埋葬了自己。它们依然坚持。当波拿巴驱赶奥地利人时,他们倾向于驱逐所有反对意见。

牧师对无神论者的回答在很大程度上留下的也是视觉印象。埃德蒙·伯克在谴责美国殖民地征税时也使用了这种方法,他以预言的眼光宣称:"我们剪的不是羊毛,而是狼毛。"

召集权威支持你

作为在密苏里州长大的男孩,我曾经把一根棍子横在羊群必经的大门上,逗弄它们。在最初几只羊跳过棍子之后,我把它拿走了,但是后面的所有羊都跳过了大门,越过了一个想象中的屏障。他们跳的唯一原因是前面的羊跳了起来。绵羊并不是唯一有这种倾向的动物。几乎所有的人都倾向于做别人所做过的事、相信别人的信仰,并且毫无疑问地会接受杰出人物的观点。

美国银行学会纽约分会的学生开始以这种方式谈论节俭,他们有一个明显的优势："本杰明·富兰克林说：'如果你想知道自己能否成功，那么测试是很容易的。你能省钱吗？如果不能，退出。你肯定会失败。你可能不相信，但你绝对会失败。'"

这句话是除本杰明·富兰克林自身之外另一个有价值的地方。他的话给人留下了深刻的印象，其影响力阻止了反对意见的产生。

但是，在引用权威观点时，要牢记这四点。

1. 确定。

这些陈述中哪一个更令人印象深刻，并且更令人信服？

数据统计后表明，西雅图是世界上最健康的城市。

"根据美国联邦给出的死亡数据，西雅图过去15年的年死亡率为9.78‰，芝加哥为14.65‰，纽约为5.53‰，新奥尔良为21.02‰。"

以"数据统计显示"作为演讲开始时就需要提防：什么统计？谁做出的统计？为什么要做这个统计？因为你需要小心，"数字确实不会说谎，但骗子会算计、会捏造。"

另一个常见说法——"许多权威人士宣称"，其实也是荒谬的。权威人士是谁？请说出一两个人的名字。如果你不知道他们是谁，你怎么能确信他们所说的话？

所以要做到确信无疑，如此才能向听众展示你知道自己说的是什么、说的是谁。就连西奥多·罗斯福也觉得说话不能含糊其辞。在肯塔基州路易斯维尔的一次演讲中，伍德罗·威尔逊说：

"威尔逊先生在竞选前的承诺——无论是在他自己的演讲中，还是在讲台上发表的——都几乎太容易被攻破，以至于就连在他的朋友中间，打破承诺也成了一个笑料。威尔逊先生在国会中的著名民主党支持者之一坦率地讲述了威尔逊先生竞选时写下的承诺及以他为代表许下的承诺。当这位代表回答一些对威尔逊承诺与行为不一致的指控时，他回答说："我们这么做是为了当选，而我们确实赢了。"你可以在国会记录第4618页，第62届国会第三次会议上看到这句话。

第十三章
如何让演讲既引人入胜又具有说服力

2. 引用一个受欢迎的人。

虽然大多数人不愿意承认，但我们的好恶的确更多地与我们的信仰有关。我曾见过政治改革家塞缪尔在纽约卡耐基音乐厅参加一场社会主义辩论时，听众发出了嘘声。他说的话很有礼貌，而且实际上在我看来，也无伤大雅，没什么恶意，声音也很轻。但大多数听众是社会党人，他们鄙视他。假使他引用乘法表，相信这些听众都很有可能会去质疑乘法表的准确性。

3. 引用地方权威说过的话。

如果你在底特律演讲，引用一名底特律人的话，你的听众就可以进行调查，查清这个人是谁。你可以试试看是不是会这样。他们会对家乡人的话印象更深刻，而不大会记得在斯波坎或圣安东尼奥的一些陌生人的话。

4. 引用有资格的人说过的话。

你要问自己这样的问题：这个人通常被公认为是这类问题的权威吗？为什么？他或她是一个有偏见的"证人"吗？他或她这么说带私心吗？

布鲁克林商会的学生在谈论以专业化为主题的演讲中，机智地以引用安德鲁·卡内基所说的一段话作为开场白。为什么说他很机智呢？因为他的听众对伟大的钢铁大王卡内基长久以来都怀有敬意。此外，卡内基先生还被视作为商业成功的典范。他一生的经历和观点使他有资格说一些值得铭记的话。

"我相信任何一条卓越的成功道路都是靠自己对这条道路的把握。我不信任分散资源精力的做法。因为在我的经验中，我很少遇到一个在赚钱方面取得卓越成绩的人会对很多事情感兴趣——当然从事制造业的就更不会有了。那些成功的人是那些选择一条路，并且从一而终的人。"

本章小结

"每一个想法、概念或结论能够进入大脑，就都是真实的，除非被一些矛盾的想法所阻碍。"当我们谈话的目的是打动和说服别人的时候，我们会遇到双重问题：首先，提出我们自己的想法；其次，防止产生对立的思想，使得前者无效。这里有8个建议，有助于实现这一目的：

1. 说服别人之前先说服自己。话语中要充满感染性的热情。

2. 表明你希望人们接受的东西，其实与他们已经相信的东西非常相似。

3. 重述自己的想法。当重新调整数据时，要举例说明它们。

4. 用一些普遍的例证。

5. 使用具体实例，引用具体案例。

6. 运用累加原则。经验必须积累起来，直至在你脑海中的分量足够重，才能将思维深深嵌入大脑里

7. 通过比较视觉印象和听觉印象发现，听觉印象很容易消失。视觉印象就像一枚嵌入的炮弹。

8. 用无偏见的权威来支持你的陈述。引用一个著名的人所说的话，引用当地人的话，引用有资格发言的人说过的话。

第十四章　如何吸引听众

"所有的交流——无论是书面的还是口头的——似乎都横着一条安全界线,把兴趣拦在外面。如果我们能跨越这条界线,我们就能拥有这个世界——至少暂时拥有。如果我们不能越过它,那么我们可以选择退出,世界也不会拥有我们。"

——H. A. 奥弗斯特里特

关于旧事物的新事物，可能是我们会感兴趣的东西。

我们举一个例子。你现在正在读的这页，它很普通，不是吗？你已经看过无数这样的页面。它现在看起来枯燥无味，但如果我告诉你一个奇怪的真相，你肯定会感兴趣的。让我们来看看！这个页面现在看起来像是固体，但实际上，比起固体物质，它更像是蜘蛛网。从物理学角度来看，它是由原子组成的。那原子有多小呢？一滴水里有很多原子，就像地中海里的水滴一样多，也和世界上的草一样多。而构成这张纸的原子是由什么组成的呢？还有更小的东西，叫作电子和质子。这些电子都是围绕着原子的中心质子旋转的，其实就像是月球围绕地球旋转。这些微小宇宙中的电子以大约每秒一万英里这种难以想象的高速在自己的轨道上旋转。因此，组成你所持的这张纸的电子始终在移动，当你开始读这个句子的瞬间，它的移动距离等于纽约和东京之间的距离……

仅仅就在两分钟前，你可能还认为这张纸是静止的、枯燥的、死寂的，但实际上，它是上帝的奥秘之一。它是一个名副其实的能量旋风。

如果你现在对它感兴趣，那是因为你已经明白了一个新的奇怪的真相。这是一个很重要的真理，我们每天都应该从中受益。全新的东西并不完全有趣，完全过时的东西也对我们没有吸引力。我们想告诉老人一些新的东西。例如，你对一个伊利诺伊州农民描述法国中部城市布尔日的大教堂或蒙娜丽莎，他们是不会感兴趣的，因为这些东西对他来讲太陌生了，与他的爱好也

第十四章
如何吸引听众

没有任何关联。但你可以说一些其他事情，比如荷兰的农民在海平面以下的土地上耕种，只能挖沟渠作为栅栏，搭建桥梁作为大门。这会让老一辈的人感兴趣。当你告诉他，在冬天，荷兰农民会在自家屋里饲养奶牛，有时奶牛还会透过窗帘看漫天大雪时，伊利诺伊州的农民会张开嘴做惊讶状。他知道牛和篱笆，这些虽然是他所熟悉的事物，但这个事实赋予了他看待饲养奶牛这件事情的新视角。"蕾丝窗帘！为了一头母牛！"他会惊呼，"我会被狗咬死的！"他会把这个故事复述给他的朋友们。

这是我的一名来自纽约的学生的演讲中提到的。当你读它的时候，看看你是否会对它产生兴趣。如果感兴趣，你知道这是为什么吗？

硫酸是如何影响你的生活的

"大多数液体是用品脱、夸脱、加仑或桶计量的[一]。我们通常说的是夸脱酒、加仑牛奶和糖蜜桶。当发现一种新的喷油器时，我们将其输出量称为每天的桶数。然而，有一种液体被大量制造和消耗，所用的计量单位是吨。这种液体是硫酸。

"它在日常生活中以多种方式与你接触。如果不是硫酸，你的车会停下来，你会回到'老挽马'[二]和马车时代，因为它被广泛用于煤油和汽油的精炼。照亮你办公室的灯、照亮你餐桌的电灯，家里晚上用于照明的灯光，都不离不开硫酸。

"当你早上起床、打开洗澡水的时候，你用的是一个镀镍水龙头，它在生产过程中就需要硫酸。同样，你的搪瓷浴缸也是需要硫酸才能制造成功。你所用的肥皂可能是用酸处理过的油脂或油制成的……在你'认识'你的毛巾之前，你的毛巾已经'结识'了硫酸。你的发刷中的鬃毛需要硫酸，没有硫酸，你的塑料梳子也制造不出来。毫无疑问，你的剃须刀在退火后也在硫酸

[一] 均为英制计量单位。
[二] 马匹品种，主要用于驮重物。

里泡过。

"你穿上内裤，扣上外衣纽扣。漂白剂、染料制造商和漂染工人都需要使用硫酸。纽扣制造商知道纽扣所需的酸剂量为多少。制革工用硫酸制造皮革来生产皮鞋，当我们想擦皮鞋时，硫酸也再一次为我们服务。

"你下来吃早饭时碰到的杯子和碟子，如果没有硫酸，就不会是纯白色。你的勺子、刀叉如果是镀银的，那它们也是用了一种磺胺酸。硫酸被用作生产镀金和其他装饰的颜料。

"你的面包或用来做面包的小麦可能是利用磷肥生产的，这种磷肥的生产也依赖于这种酸。如果你有荞麦蛋糕和糖浆，你的糖浆就需要它……

"你这一整天触碰到的其他东西也一样需要硫酸。硫酸的作用会影响到你生活的每一步。无论去哪里，你都不可能躲开它。没有它，我们就不能去打仗；没有它，我们也不能生活在和平之中。所以我们很难说这种对人类至关重要的酸对普通人来说是完全陌生的……可是，情况就是这样。"

如何成为一名优秀的健谈者

生活中有很多人是糟糕的交谈对象，这是因为他们只谈论他们自己感兴趣的东西，而这些东西可能对其他人来说极其无聊。如果你能引导其他人谈论他的兴趣、他的事业、他的爱好，以及他的高尔夫球得分或他的孩子，并能专心听他人倾诉，你便能给予他人快乐；这样，即使你很少说话，你也会被认为是一位很好的交谈对象。

我的一个学生在一次聚会上做了一次非常成功的演讲，这也标志着他学习的结束。演讲中他依次谈到了围坐在整个桌子上的每一个人，评论每一个人在课程开始时是怎么讲话的，之后又有了哪些改善；他还会回忆起每个人过去讨论的话题；他模仿了其中一些人，夸大了他们的特点，惹人发笑，大家最后都很高兴。有了这些素材，他不可能会失败的，这些内容太理想了，没有其他内容会让这个群体更感兴趣。

第十四章
如何吸引听众

一个赢得 200 万名读者的想法

有一段时间，《美国杂志》有了惊人的发展速度，它的发行量猛增，一跃成为出版界的佼佼者。秘密是什么呢？秘密在于它的编辑——约翰·M. 薛代尔和他的想法。当我第一次见到薛代尔时，他负责该杂志中"有趣的人"部分，我给他写过几篇文章。有一天，他坐下来和我谈了很长时间。

"人都是自私的，"他说，"都对自己最感兴趣。他们不太关心政府是否应该拥有铁路，但他们确实想知道如何提升自我，如何获得更多的薪水，如何保持健康。""如果我是这本杂志的编辑，"他接着说，"我会告诉他们如何保护自己的牙齿，如何洗澡，如何在夏天保持凉爽，如何获得一个职位，如何处理同事之间的关系，如何买房子，如何拥有好的记忆力，如何避免语法错误，等等。人们总是会对人类故事感兴趣，所以我会让一些有钱人讲述他是如何在房地产中赚了 100 万英镑的，我会让杰出的银行家和各家公司的总裁们讲述他们如何一步一步置身于权力与财富的斗争中。"

不久之后，薛代尔成了编辑。《美国杂志》当时发行量很小，因此相对来说，是挺失败的。但照薛代尔说的去做后，结果怎样呢？该杂志取得了压倒性胜利。发行量攀升至 20 万份、30 万份、40 万份、100 万份……因为它抓住了公众想看和了解的东西。很快，每个月有 100 万人买这本杂志，然后是 150 万人，最后是 200 万人。薛代尔吸引住了读者"自私"的那一部分。

一些演讲素材能保证吸引听众

如果谈论事情和想法，可能会让人厌烦。但是，当你谈论别人的时候，你就很难转移听众的注意力，第二天便会流言满天飞——人们从自家后院的篱笆探过身子和邻居聊、喝茶的时候和朋友聊、在晚餐的餐桌上和家人聊。而其中大部分是什么话题占主导呢？人的个性。某某人会这么说，某某夫人也会这么说；我看见她在做这件事，他在这么做，另外一个也在这么做，而且他这么做会吸引很多人。

请你讲重点
卡耐基魅力演讲的艺术

我曾在美国和加拿大的许多学校的学生聚会上发表过讲话。很快，经验告诉我，为了让他们感兴趣，我必须告诉他们关于人的故事。当我一说普通的大道理，并谈论些抽象概念时，苏茜就坐立不安，汤米会对着别人做鬼脸，比利会在过道上扔些东西。

的确，如果听众是孩子，这些都是会发生的场景。不过，如果谈话变得乏味，成年人也可能同样会坐立不安。因此，讲述人类的趣味故事肯定不会错。那些拥有百万读者的杂志和最受欢迎的广播电视节目，都充斥着人的各种趣闻轶事。

我曾经问几位人在巴黎的美国企业高管，他们是如何成功的。他们中的大多数都对一些公认的美德表示嘉许，同时也在说教和训诫，使听众感到厌烦。于是我立即叫停，说了这样的话："我们不想被训诫。"没人喜欢这样。记住，一定要把我们逗乐，否则我们就不会理会你说的话。还要记住：世界上最有趣的事情之一是升华、美化的流言蜚语。所以，告诉我们你认识的两个人的故事吧。告诉我们为什么一个人成功了，而另一个人却失败了。我们会欣然聆听并记住，并可能从中受益。顺便说一下，这对你来说也比做那种冗长而抽象的演讲容易得多。

有一个参与课程的学员发现自己总是很难让听众产生兴趣。可是今天晚上，他抓住了讲各种人的趣闻轶事的建议和方法，并给我们讲了他在大学里的两个同学的故事。这两个人中有一个非常保守，他会在镇上的不同商店买衬衫，并做图表评判哪一种耐洗、耐穿，而且性价比高。他的脑子里成天想着钱，当他从一所工程学院毕业时，他对自己有着非常高的评价，以至于不愿意像其他毕业生那样从底层干起。到第三次同学聚会时，他还在制作他的衬衫评判图，同时等待一些好事的降临。可好事从来没有来过。从那时起，25年已经过去了，这个对生活心怀不满和厌恶的人仍然碌碌无为。

演讲者再用他另一个同学的故事与这个失败的同学做对比，这个同学的故事超出了所有人的预料。这家伙在同学中"混"得很好，大家都喜欢他。

第十四章
如何吸引听众

虽然他雄心勃勃地想在以后做大事，但他起步时只是一名制图员。可他总是在寻找机会。当时，布法罗市①正准备举办泛美博览，各种各样的规划都在进行中。他知道那里需要工程人才，于是便辞去了在费城的职位，搬到了布法罗。因为性格讨喜，他很快便与一个具有相当强的政治影响力的布法罗人建立起了友谊。之后二人便合伙从事承包业务。他们为电话公司做了大量的工作，这个人终于得到了一笔丰厚的薪水。今天，他已经是一名千万富翁了，是自创公司的大老板之一。

我们在这里只记录了演讲者所说的内容，他通过描述人们成长的细节，使谈话变得有趣，并富有启发性……他喋喋不休地说着，这个人平时可是连三分钟的演讲素材都找不到。当他停下来的时候，他已经在这个场合发言了半个小时，连他自己都惊讶得说不出话来。这个演讲非常有趣，而且对每个人来说似乎都很简短。这次演讲就是这名学生的第一次真正的胜利。

几乎每个学生都能从这次事件中获益。如果讲些内容丰富、充满了人类趣味故事，那么普通的演讲会更吸引人。演讲者应该尝试只说几个论点，并用具体的例子加以说明。这样的一种语言构建方法能获得和保持听众的注意力，并且几乎不会失败。

如果可能的话，还可以讲述一些有关争斗、奋斗和胜利的故事。我们都对龙争虎斗的故事有非常大的兴趣。俗话说，全世界都爱一个情人，其实不是的。全世界喜欢的是争斗，人们想看的是两个情人为牵住一个女人的手而挣扎。为了佐证这一点，你可以去读市面上的小说、杂志，你几乎都能在其中读到争斗的情节。当所有的障碍都被移除，当男主角把他所爱的女主角抱在怀里时，听众们便伸手去拿帽子和大衣，准备离开。几乎所有的浪漫小说都是基于这个模式展开的。故事里的男主角或女主角会强烈地渴望一样东西，并且是一些看似不可能得到的东西，然后展示男主角或女主角如何奋斗、努力并最终得到它。演讲者通过这个模式，让听众喜欢上男主角或女主角。

---

① 又称水牛城，美国纽约州第二大城市，仅次于纽约市。

关于一个人是如何在商业或职业上斗争，或是在糟糕的政治环境中为讨一个公平而不断努力并最终赢得胜利的故事，总是鼓舞人心的，并且很有趣。一位杂志编辑曾经告诉我，任何人生活中真实、内在的故事都是具有娱乐性的。挣扎和斗争，谁没有过呢？那如果讲述的方法也得当的话，这样的故事是很能打动人的，这一点毫无疑问。

说话时要尽可能具体

笔者在公共演讲中曾遇到过这样两个人：一个是博士；另一个是小老板。这位博士是一位大学教授，而他来自大洋彼岸的同学则是一个小老板，经营着一个小型路边摊点。说来奇怪，在这个过程中，小老板的演讲要比大学教授的演讲更受听众的喜爱，这是为什么？这位大学教授英语流畅、举止文雅、逻辑清晰，但他的谈话缺乏一个基本的成分——具体。他讲的东西都太过于模糊和笼统。另一方面，小老板几乎没有足够的脑力去概括自己想说的话，所以他永远都是直接切入正题。他的指向都是明确的，而且是具体的。有了这种特点，再加上他的男子气概和独特的措辞，他的演讲就变得非常有趣。

我之所以引用这个例子，是因为它能说明：那些拥有讲话具体、明确的好习惯的人，不管受教育程度如何，都会让人对他们的谈话产生兴趣。

这个原理非常重要，所以我们需要再引用一些例子，好让你们把它牢牢记在脑子里。我希望你们永远不要忘记它，也永远不要忽视它。

比如说，在形容马丁·路德·金时，你觉得是说他像男孩般稚气顽固比较有趣，还是说他承认自己的老师曾经一个早上用鞭子打了他15次比较有趣呢？

"顽固"和"倔强"这类单词几乎没什么关注价值。但是，抽鞭子时的数鞭声，是不是更容易引起人们注意呢？

过去写传记，都倾向于用笼统的表述，泛泛而谈，亚里士多德称之为"软弱的避难所"。他说得很有道理。现在，我们会着重描述一些具体的事实。传统的传记作者在描述约翰·多伊时，会说他的父母"虽贫穷但却很诚实"。

第十四章
如何吸引听众

而现在的传记作者会说,约翰·多伊的父亲买不起一双套鞋,所以当下雪的时候,他不得不把麻袋绑在鞋子上,让双脚保持干燥和温暖;但是,尽管他很穷苦,却从不会在牛奶里掺水,在卖粮的时候也都是货真价实。这表明了他的父母是"贫穷而诚实的"。这样来看,这种描写方式是不是比笼统的"贫穷但诚实"来得更有趣呢?

既然这种方法适用于现代传记作家,那也应该适用于现代的演说家。

让我们再举一个例子。假设你想说尼亚加拉大瀑布每天浪费的潜在能量是惊人的。假设你这样说之后再补充一下:如果能合理利用这些被浪费的能量,拿所得利润去购买些生活必需品,人们就可以丰衣足食。这样说会不会使它更有趣呢?不,并没有更有趣,难道这么说不是好得多吗?让我们引用一篇《每日科学新闻简报》上的文章。

"有人告诉我们,在尼亚加拉,有几百万人生活窘困、营养不良,但放眼全美国,我们每小时会浪费 25 万块面包。我们甚至能想象 60 万个新鲜的鸡蛋每小时掉在悬崖上,在旋涡上做成一个巨大的煎蛋卷。如果布料不间断地从织布机中以 4000 英尺的宽度不断吐出,这也可以用来表现同等多财富的流失。如果把一个卡内基图书馆放在瀑布口下面,那么一两个小时之后,好书就会'流'满整个瀑布口。或者我们可以想象一个大型百货公司每天漂浮在伊利湖上,将各式各样的商品砸到下面 160 英尺深处的岩石上。这样的景观一定会非常有趣,和我们前面说的同样引人入胜,而且也不难说。不过,有些人可能是过去反对铺张浪费,而现在又反对人们利用瀑布的能量。"

具有画面感的词语

在引起他人兴趣的过程中,有一种方式,或是说一种技巧,是最重要的,但它几乎被人们忽略了。一般水准的演讲者似乎都不知道它的存在。他们可能根本没有意识到这一点。我指的是试图用文字制造出画面感的过程。我们喜欢这样的演讲者：当他描述某个画面时，这个画面会浮现在我们眼前。而如果你所描绘的一切都是模糊的，毫无特色，没有色彩，听众就很有可能失去兴趣。

画面感！画面感！画面感！它就像你每天呼吸的空气一样，是一种自然流露。如果你的谈话、演讲中穿插进富有画面感的表达，你的语言会更有娱乐性和影响力。

很久以前，赫伯特·斯宾塞在他著名的小品文《风格哲学》中就指出，这些能够带来明亮画面的术语具有独特的魅力和优越性。

他说："通常我们在思考时，不会笼统宽泛，而是倾向于钻研具体事物和特定内容……因此，我们应该避免说如下的句子：'通常，若是一个国家的风俗习惯和娱乐方式是残忍野蛮的，那他们的刑法规定也会非常严厉。'"

如果想要替换这种说法，我们可以尝试这么表达："如果人们在观看战争、斗牛和角斗士时觉得非常享受，那他们同样也会受到绞刑、烙印和拉肢架等残酷的惩罚。"

在你翻阅《圣经》、阅读莎士比亚剧作时，你会看到很多具有画面感的短语。你会觉得它们就像苹果榨汁机周围的蜜蜂一样多。例如，一位平凡的作家在形容某样东西多余的时候，就会说这样东西是在试图改善"完美"。而莎士比亚是怎么表达同样的意思的呢？他会用一个非常形象的表达，而且永不过时："一样东西多余，就好比给精金镀金，给百合花上色，往紫罗兰上洒香水。"

你有没有注意观察过那些代代相传的谚语？它们几乎都给人以视觉上的体验。"一鸟在手，胜过双鸟在林""不鸣则已，一鸣惊人""强扭的瓜不甜"……你会发现，几乎所有的比喻也都有相同的画面感，而且因为用得次数太多，并且历经好几个世纪，所以未免显得有些古老。例如："像狐狸一样狡猾""像门钉一样僵死""平坦如煎饼""硬如磐石"。

林肯经常在演讲中使用具有画面感的语言。他在白宫的办公桌上每天都堆满了冗长烦琐的繁文缛节，当他对此感到厌烦时，他的反抗不是用些苍白

第十四章
如何吸引听众

的措辞,而是用一种一听便能记住的、带有画面感的短语。他说:"当我派一个人去买一匹马的时候,我不想知道马尾巴上有多少毛,我只想知道要花多少钱。"

成功人士会用些有画面感的词语。奥黛丽是卖电脑的。当有一个人向她倾诉工作中遇到的问题时,她了解到,他一直以来都无法忍受自己管理的办公室乱成一团,他抱怨道:"文件、纸张到处都是。我永远都找不到我需要的文件,估计它们很可能就藏在其中一堆里。"

在描述完自己所在公司出售的电脑所具备的技术之后,奥黛丽说:"让我们试想一下未来6个月:你走进办公室,发现书桌或椅子上没有成堆的文件,人们坐在电脑前工作。假如你需要一份文件,你只需在终端输入文件名,所需的信息就会立刻出现在屏幕上,不需要等待,也不会有丝毫的挫败感。"

奥黛丽向她的客户描绘了他未来的工作情形,那位经理并不需要太多的想象力就能看到这一切,并认识到购买电脑的意义。这一招不仅适用于销售人员,同时也会给你的演讲助力。

对比手法的语言价值

请看下文中英国历史学家托马斯·巴宾顿·麦考利对查尔斯一世的谴责。注意,麦考利不仅运用了富有画面感的词汇,还使用了平衡句。因为强烈的对比总能抓住我们的兴趣,而且还能成为一段文字中最核心、最有力的部分。

"我们指控他打破了加冕誓言,却发现他遵守了婚姻的誓言!我们指责他放弃了自己的人民,无情地推动宗教改革;而相反,他并非冷酷无情,他会把自己的小儿子抱在膝上亲吻。我们谴责他违反了权利请愿书的条款,但他在深思熟虑后,又承诺会遵守这些条款,我们同时也知道他习惯在早晨6点听祈祷。正是由于这些考虑,再加上他的凡戴克礼服、他英俊的脸和他尖尖的胡须,我们真的相信,他确实应该得到当代人的关注和爱戴。"

兴趣也有感染力

到目前为止，我们一直在讨论会让听众感兴趣的素材。然而，人们可能会机械地遵循这里提出的所有建议，如果是这样，那又将变得枯燥乏味。抓住并保持听众对你的注意力是一件很微妙的事情，因为这和人的感情和精神有关。这不像运行一台蒸汽机，没有哪一本书上记载着精确的规则和指南。

不过请记住，兴趣是有感染力的。即使你未能清晰地表达自己想说的内容，但听众其实还是会被你吸引。就像不久前，我在巴尔的摩的一次会议上遇到了一个绅士。他警告在座的听众，如果目前在切萨皮克湾[一]捕捞石鱼的方法继续下去，这个物种用不了几年就将灭绝。他能感染自己，这很重要。因为他在说这番话时非常严肃，所以他的态度证明了一切。当他站起来说话的时候，我都不知道切萨皮克湾有一种叫作石鱼的动物。我想，大多数听众和我一样缺乏这方面的了解。但这位绅士还没讲完，我们就能理解并分担他的担心。我们所有人在听完演讲后，可能都愿意签署一份请愿书，并递交给立法机关，希望他们出台保护石鱼的法律。

美国驻意大利大使理查德·沃什伯恩·蔡尔德也是一位非常有趣的作家，所以我曾经向他请教成功的秘诀。他回答说："我对生活中发生的一切都充满兴趣，常常激动得难以平静。我只需要告诉人们这一点就够了。"我们自然会被这样的演说家或作家迷住。

最近我去听一位来自伦敦的演讲者的演说，在他讲完之后，与我们同行的一个人说自己对演讲最后一部分的喜爱远远超过了第一部分。我问他为什么，他回答说："演讲者自己似乎对最后一部分更感兴趣，而我对演讲的热情和兴趣主要来自演讲者。"

记住，其实我们每个人都是如此。

[一] 位于美国东海岸中部，是美国面积最大的海湾。

第十四章
如何吸引听众

本章小结

1. 我们对平凡事物中的不平凡之处会有兴趣。

2. 我们的主要兴趣是我们自己。

3. 引导别人谈论他们自己感兴趣的话题并能够专心倾听的人，通常会被认为是一个很好的交谈对象，即使他说的话很少。

4. 美化了的流言蜚语、各种各样的人的故事几乎总能赢得并保持听众的关注。演讲者应该只讲几个观点，然后就用某些人的趣闻轶事来加以佐证。

5. 说话要尽可能的具体、明确，不要做讲起话来"平庸而又诚实"的演讲者。不要光说马丁·路德·金是"顽固又倔强"的男孩，要讲述一些事实，然后在讲完"马丁·路德·金小时候一个上午会被老师打十五次"这个故事之后，再下结论。这样一来，就会使结论显得清晰、饱满、生动又富有感染力。

6. 多用一些具有画面感的词语，这会使得听众在聆听演讲的同时眼前浮现出种种画面。

7. 如果可能的话，使用平衡句和对比句。

8. 兴趣是有感染力的。即使演讲者本身描述得未必到位，听众也很有可能会产生兴趣。但这很玄妙，无法通过遵循机械的规则而获取。

▶ 发声练习——如何能让远处的人听到

如果是在大厅或户外演讲，没必要抬高嗓门，你只需正确发音。如果控制得当，你的声音会被加强、放大，即使你小声说话，坐在最大的剧场最偏远角落的人也能听到。大会议室或礼堂一般都会配备扩音设备，本书第五章中曾讲述如何有效使用这些设备。如果没有扩音设备，或者你不想用，下面这些建议可以让你的声音传得更远：

1. 眼睛不要盯着地面。这太不专业，听众也会不高兴。这样做会破坏演讲者与听众之间那种相互交流的感觉——那种一方给予、另一方接受的感觉。

这么做还会将你的声音引向地面，令其无法在听众上方回旋。

"呼吸，"舒曼·海因克夫人说，"是声音的驱动力。如果不对呼吸进行正确的控制，就什么也做不成。如果歌唱时不正确使用呼吸，那就等于开车时没有油。"演讲时不正确使用呼吸也不行。如果你的声音是子弹，那么呼吸便是火药。你应该每时每刻都在肺中储存一部分空气，用它来做跳板、做弹弓，用它来发射你的词语。你们肯定在商店橱窗或靶场看到过在喷射出的水柱上跳动的小球。你讲的每个词都应该像这些小球一样，被你的呼吸托起来，它们应该像风筝一样御风而行。所以开始说话前一定要做个深呼吸，你的下肺部会在腰部较低位置的肋骨处膨胀，并被拱起的膈膜顶扁，感受一下这种感觉。当你开始讲话时，不要把一口气一次用完，要尽量将它保存住。可以按照第五章中给出的指导意见来控制呼吸。

2. 放松喉咙、嘴唇和下巴。（参见第六章、第九章和第十章。）如果憋住声音，它就不会传得很远，因为几乎没发生任何振动。

3. 用锤子打铁会发出一种难听的声音，震耳欲聋，但却传不远。可是，即使是在吵嚷、喧闹的环境中，我们依然可以听见管弦乐队或其他乐队演奏的乐曲声。为何会有这种差别？这很容易解释——乐器发出的声音纯粹、和谐，产生了共鸣；而用锤子打铁只能发出一种沉闷、难听的叮当声，没有共鸣。就在几天前，我曾站在一位小号手身旁，听到他吹了一下小号。如果号手吹号时用的气和我们粗声叫喊时用的气一样多，那他的号声就不会传得很远；但吹进号里的这口气在共鸣室发生了振动，使得声波可以传到很远的地方。

现在我们就能明白为何有些声音在前排的人听来非常大，可是却传不远——它没有发生共鸣，而使声音传到远处的恰好是共鸣——开阔和储存的呼吸。

当你收听收音机时，可以哼唱电台播放的音乐，把手掌心放在头的顶部和后部，放在鼻子、嘴巴、脸颊和胸部，感受你的声音在这些地方的振动。

为了能最好地利用自然共鸣，讲话时要让脑袋里产生大口呼吸空气时产生的那种空旷的感觉。这一点极为重要。

第十四章
如何吸引听众

4. 演讲时,你的音高要富于变化,应该在音程范围内上下浮动,而且要尽量自然。本书第七章中曾讨论了演讲的这一原则。这种音高的变化有助于你把每个字都说得很清楚。

5. 如果想让声音传得远,我们就需要音量。不要把音量简单地理解为声音大。如果一个人所说的话并非发自内心,对要讲的内容也几乎没有丝毫兴趣,那么,在其他条件相当的情况下,这个人的声音就不会像一个全身心投入、真诚演讲的人那样传得那么远。空洞无物无法使你的声音传得很远,而丰富的内容可以做到这一点。

医生进入病房最先注意到的一件事便是病人的声音,这反映了一个人的生命力——一个生病的、疲惫的身躯绝对发不出洪亮的声音。所以,在演讲之前,一定要好好休息。

"动听的声音、美妙的歌唱只能来自健康的身体……"

若想获得巨大的成功,必须拥有强健的体魄……新鲜空气、简单而有营养的食物和每晚八九个小时的睡眠——这些对于歌唱家和演说家来说极为重要,他们的咽喉会反映他们的身体状况。

第十五章　如何让听众行动起来

"我们为行动而生,为正确的行动而生;我们为思想而生,为正确的思想而生。让我们好好生活,好好行动。我们不能总是得偿所愿,那就让我们利用现有的一切,行动起来。"

——红衣主教约翰·亨利·纽曼

如果你现在拥有一种能量，能使你的某种天分翻两三倍，你希望让这样的好事降临到哪种天分上面？你很可能想提升自己对别人的影响力，让别人按你的指令行动，对不对？这意味着你将获得更多的权利、更多的利润以及更多的快乐。这一本领是成功的关键。对于我们大多数人来说，拥有这一本领还是一个靠碰运气才能实现的事情，难道我们不该做出改变？难道我们还是仅仅依靠本能和经验之谈，然后犯一些愚蠢的错误？有没有一种更合理的办法，能让我们获得这项本领？

有，而且我们马上就要讨论它。这个办法建立在常识的基础上，建立在人性的基础上。笔者不仅自己经常运用这个方法，还训练别人成功地运用它。

这个方法的第一步就是要让听众产生兴趣。如果做不到这一点，听众就不会认真倾听你的讲话内容。

关于如何让听众产生兴趣，我们已经在第九章和第十四章中进行了详细的阐述。既然与本章有关联，何不重新阅读并复习一下这部分内容？第二步是要获得听众的信任。如果做不到这一点，他们就不会相信你说的内容。很多演说者正是在这上面失利的。很多广告和商务信函、很多员工和企业也都在这上面栽了跟头。很多人没有处理好自己的人际关系，也是因为这一点。

用实力获得自信

获得自信的最主要的方式便是拥有实力。约翰·皮尔庞特·摩根说，性格是获得别人信任的最重要因素，同时也是能让你获得听众信任的最重要因

第十五章
如何让听众行动起来

素之一。我曾无数次注意到，就演讲效果而言，那些口才很好、妙语连珠的演讲者——如果这是他们的主要优点——比不上那些虽没有他们出色、但更为真诚的演讲者。

在笔者近期开展的几次培训过程中，有一些学员英俊魁梧、相貌堂堂，而且他们演讲时，思维和语言都极为流利，令人艳羡。可是在他们讲完之后，人们却说，"是个聪明的家伙"。他在当时给人们留下了表面印象，但这印象只停留在表面，并不深刻。而在这组学员中有一位保险销售代表，这是一位女性，身材矮小，演讲时还会卡壳，用词也不优美，但她的眼睛闪烁着光芒，声音微微颤抖，让人感觉她无比真诚。听众们认真地倾听着她的演讲，由衷地信任她，并对她油然而生一种亲切感。

真诚——发自内心的、深沉的真诚，是所有令人信任的人所拥有的共同特点。这并非那种自诩的真诚，绝对不是，那样的真诚其实非常渺小——那种肤浅的、刻意的真诚往往以自大为主。拥有赤诚之心的人不会把真诚挂在嘴边，他甚至都意识不到自己拥有这种品质。

如果没有真情实感，而是装出来，其实是无用的，一定要发自内心。

林肯对人有一种共情能力。他很少令人感觉光彩夺目，从没有人称他为"演说家"。在与史蒂芬·道格拉斯的辩论中，他完全不像对手那样优雅、流畅、能言善辩。人们称道格拉斯为"小巨人"，那他们是怎么称呼林肯的呢？"诚实的亚伯（亚伯拉罕）。"

道格拉斯很有人格魅力，总是那么精神焕发、活力四射。但是，他是个贪婪之人，他将政策置于原则之上，将私利至于正义之上。这就是他的问题根源。

而林肯呢？当他开口时，散发出一种粗犷的风格，增加了他说话的分量。人们感受到了他的诚实、真诚和无可指摘的性格。就法律方面的知识而言，其他几十个人都将他比了下去，但那些人当中却几乎没有人能影响陪审团的决定。而林肯在乎的不是本人的利益，而是正义和永恒的真理。当他讲话时，人们便能感觉到这一点。

谈谈自己的亲身经历

获得听众信任的第二个办法便是在演讲中融入自己的亲身经历。这个作用非常明显。如果发表看法，听众可能会质疑你；如果讲述道听途说的事情，或者复述自己阅读到的内容，就会给人嚼剩饭的感觉。但是，如果是你自己的亲身经历和体验，就会产生一种真实感，令人信服。人们喜欢听这样的内容，他们会把你视为你所在的演讲领域的头号权威。

恰如其分的介绍

很多演讲者之所以未能立刻引起听众的注意，是因为主持人没有将他们恰如其分地介绍给听众。

Introduction（介绍）这个词是两个拉丁词语的组合——intro（向内）和 ducere（引领）。所以，一个好的介绍应该能让我们充分走进话题，让我们产生倾听关于这个话题的讨论的欲望。它应该带领我们深入到一些有关演讲者的事实内部，这些事实证明：演讲者适合就某个特别话题发表看法。换言之，介绍应该向听众"推销"这个话题及演讲者，而且它应该在尽可能短的时间内完成这些任务。

这些就是一个介绍该做到的事。但十个介绍里有九个都做不到——绝对做不到，大多数都是草草了事，有气无力，欠缺火候，令人无法原谅。

比如，我曾听到一位有名的演说家介绍爱尔兰诗人 W. B. 叶芝，而叶芝将要朗读他的诗歌。在此三年前，叶芝曾被授予诺贝尔文学奖，可以说这是一位作家所能获得的最高荣誉。我相信当时在场的听众中有十分之一或是了解这个奖项，或是知道这个奖项的分量。无论如何，对叶芝的介绍中都应该提及这两点。但是主持人是怎么做的呢？他完全忽视了这些事实，信马由缰地谈起了神话和希腊诗歌。毫无疑问，他全然没有意识到：在自我的驱使下，他想让听众见识一下自己的学问，感受到自己的重要性。

尽管这位主持人是一位享誉全球的演说家，尽管他自己也曾无数次被介

第十五章
如何让听众行动起来

绍过,但这一次——在他介绍别人时——却做得一塌糊涂。一个具有如此演讲水准的主持尚且犯了这样一个错误,那么我们还能指望普通的主持人好到哪里去呢?

该怎么做呢?要带着一颗谦卑、恭顺之心,提前去找演讲主持人,向他提供一些关于自己和自己的演讲的信息,以便他准备介绍词。主持人会非常感激你给他的这些建议。还可以告诉他你想在演讲中谈哪些问题,为何你有资格对这一特殊话题发表看法,听众应该了解哪些基本信息,哪些内容会令听众感兴趣。把这些都写在索引卡上,这样,主持人在做介绍时就可以进行参考。

蓝色草与山核桃木灰

有一年秋天,笔者在大纽约地区的各个基督教青年会开设公共演讲培训课程。一位供职于纽约市最著名的一家销售机构的明星推销员也在这些课程的学员之列。一天晚上,他大放厥词,说自己可以种出蓝色草来,而且不用种子或根。按照他的说法,他在新犁的地里撒上山核桃木灰,然后嘭地一下子,蓝色草就出现了。只用山核桃木灰便能种出蓝色草,他对此深信不疑。

在批评他这个演讲时,我微笑着向他指出:如果他这个了不起的发现是真的,那么他将会成为百万富翁——蓝色草价格较高,1 蒲式耳[一]就要几美元。我还告诉他,他将会成为历史上最杰出的科学家,将名垂青史。我跟他讲,迄今为止,从未有人——无论是活人还是死人——制造成功过他宣称自己能创造的奇迹,从未有人能用无生命的物质创造出生命来。

我平静地告诉他这一切——他的错误太明显、太荒谬,无须大动干戈地去驳斥。当我讲完以后,这门课的其他所有学员都看出了他的论断的愚蠢之处,只有他没看出来,一点儿也没有。他对自己的观点极其认真。他迅速

[一] 计量单位,1 蒲式耳约等于 36 升。

站起身,告诉我他没有错。他申明,他引述的并非理论,而是自己的亲身经历,他知道自己在说什么。他不停地讲啊讲啊,将自己最初的观点延伸、放大,给出了更多信息,提供了更多证据,他的声音里透着朴实的诚恳。

我再次告诉他,他不可能是对的,连一丝渺茫的希望都没有,他的观点连正确的边儿都沾不上。他急得又"腾"地站起来,说想和我赌5美元,还说要让美国农业部来解决这件事。

我注意到,有几名学员已经开始倒向他那一边。他们这么容易就轻信了他的观点,我不由得惊叹,同时也询问他们为何改变了看法。他的认真劲儿——这就是他们给出的唯一解释——认真劲儿。

认真拥有令人难以置信的强大力量,如果面对的是普通听众,尤其如此。

能进行独立思考的人寥寥无几,我们所有人都有感受和情感,我们都能受到演讲者的感情的影响。如果演讲者虔诚地相信某事,并且认真地讲述它,那么即便他的观点很荒谬,也会把一些听众争取过来,成为他的拥趸、他的信徒。甚至一些在我们看来很成熟、很聪慧的听众,都会转而支持他。

在获得听众的关注、兴趣和信任后,重头戏就开始了。第三步便是要陈述事实,要让听众了解你的演讲主题的价值。这是你整个演讲的核心部分,也是含金量最高的部分。你需要把演讲的大部分时间花在这上面。现在你就可以把第十二章中讲授的关于清楚表达的方法、第十三章中讲授的关于用信念打动听众的方法应用起来了。

这时候,你为演讲做的准备就会派上用场。如果未做准备,你就等着班柯(莎士比亚剧作《麦克白》中的人物)的幽灵来嘲讽你吧!

此时你已处于战争的最前线。"战场,"福煦元帅说,"不会给人学习的机会。此时,一个人要竭尽所能,把已经学到的知识运用起来,所以说我们必须对知识拥有透彻的了解,才能迅速学以致用。"

这时候你应该特别了解自己的主题,对它的熟悉程度要比平时高出几十倍。当《爱丽丝漫游仙境》中的白衣骑士踏上征途时,他为可能出现的各种突发情况做了准备:他带了一个捕鼠夹,以防晚上被老鼠骚扰;他还带了一

第十五章
如何让听众行动起来

个蜂巢，以防路上碰到一群乱飞乱撞的蜜蜂。假如白衣骑士也为公共演讲做这样的准备，那他就必胜无疑——每当听众提出任何异议时，他都会连珠炮似地陈述事实来将他们打垮；他肯定会对自己的演讲主题了如指掌，也肯定对演讲进行过深入且彻底的规划，所以他基本不会失败。

帕特森如何应对异议

如果你对一些商务人士就一些会影响他们的提案进行演讲，你不仅应该教育他们，还应该反过来接受他们的教育。你应该探明他们内心的想法——否则你做的事情便是风马牛不相及。要让他们表达想法，要回应他们的反对意见，这样他们的心态就会更平和，更愿意倾听你的看法。全美现金出纳机公司第一任总裁约翰·H.帕特森就是用这种方法应对了这样一种局面。下面一段话摘自他发表在《系统杂志》上的一篇文章：

"当时该提高我们的收银机的价格，但代理和销售经理都对此表示抗议，认为如果我们的生意想继续做下去，就必须保持原来的价位。我在代顿市给他们打了电话，召集他们开了个会。我主持了这次会议。当时我站在讲台上，身后放了一张大白纸，我安排一个广告牌绘制者站在这张纸旁边。

"我让大家陈述一下反对涨价的理由。各种反对意见像机关枪一样发射出来。他们一边说，我一边让那人记在大纸上。我们第一天的时间都用来收集反对意见了，我除了敦促大家提意见外，什么都没干。会议结束时，我们至少列出了100个反对涨价的不同理由。所有能想到的理由几乎都被说了出来，大家心中似乎已有定论：关于价格，不会做任何改变。接下来，我们就休会了。

"第二天上午，我逐条查看这些反对意见，用图表和语言来解释为何这些理由站不住脚。人们心服口服。为什么？反对的意见，能说的都说了，白纸黑字写了下来，一条条地讨论，没留下一丝漏洞。我们当场就解决了所有问题。

"但是在我看来,在这种情况下,仅仅解决了争论的问题是远远不够的。当代理商会议结束时,各代理商应该信心满满、鼓足干劲,而这次讨论中关于收银机本身的问题可能稍微有点模糊。这样可不行,必须得有一个戏剧性的高潮。为此,我提前做了安排,就在会议即将结束时,我让100个人鱼贯而入,从一边走上舞台,又从另一边下来。他们每人手中都举着一面旗子,旗子上是最新款收银机的一部分。接下来,当最后一个人走下舞台后,他们全部折返回来,演出了一场压轴戏——展示出一台完整的收银机。会议结束时,代理商们全都站起身来,疯狂欢呼!"

让一种欲望战胜另一种欲望

这个方法的第四步是抓住人们的动机,让他们行动起来。

我们的地球、地球内部和地球表面的所有东西都并非是在杂乱无章地运行着,它们都遵循因果关系这一不变法则。

"世界充满秩序,原子有序运行。"

所有已经发生或将要发生的事情都自有前因后果……地震、约瑟夫带有各种颜色补缀的外套、大雁的叫声、嫉妒、烤豆子的价格、科依诺尔钻石、漂亮的悉尼港——莫不如此。这些事情注定要发生,就像向自动售卖机里投一枚硬币,就会出来一包口香糖一样……如果人们认识到这一点,就会彻底不相信迷信,它实在荒唐到了难以形容的地步——让13个人坐在桌边或是打碎一面镜子,就可以中止自然法则的运行,就可以改变它、影响它,这怎么可能?一点儿可能也没有。

是什么让我们有意识地、刻意地做出一些行为?是某种欲望。能让我们采取行动的事情有很多,我们每时每刻、每日每夜都受这为数不多的几种欲望的制约和支配。

所有这一切其实只不过意味着:如果一个人了解这些动机并能运用足够的力量触发这些动机,他就会特别强大。聪明的演讲者力图做到的正是这一点,可那些糊涂虫却还在盲目地摸索着,毫无方向。

第十五章
如何让听众行动起来

比如，一位父亲发现处于青春期的儿子在偷偷抽烟。他火冒三丈，开始呵斥儿子，勒令他戒掉这个坏习惯，还警告他说抽烟会毁了他的健康。

但是，假设他的儿子根本不关心自己的健康，他沉醉于香烟的气味，享受抽烟带给他的那种冒险、刺激的感觉；相较而言，他并不那么害怕抽烟给身体带来的种种后果。结果会怎样？这位父亲的努力最终付诸东流。为何如此？因为这位父亲不够精明，未能抓住一个戒烟的动机来打动他的儿子。他只抓住了让他自己采取行动的动机，而根本没有从儿子的角度考虑问题。

但这个男孩可能满心盼望着能入选学校的田径队，参加百米赛跑，盼望着在运动方面取得出色的成绩。所以只要这位父亲能放下他自己的感情负担，告诉儿子，抽烟会妨碍他成为运动员，可能这位父亲就能让儿子做出他想要的行动，而且这个过程会非常顺利。让强烈的愿望打败微弱的愿望，这显然极为明智。这正是一次牛津—剑桥划船比赛（最重大的国际体育赛事之一）的选手所采取的策略。划桨手们在训练期间全面戒烟。与赢得比赛的愿望相比，其他所有愿望都是次要的。

现在全球面临的一个最严重的问题便是虫灾。日本政府曾赠送给美国一些樱花树，政府将它们种植在首都华盛顿一个湖的湖畔。而在这些樱花树上生长的东方果蛾也随之进入美国之境。这种蛾子开始繁殖，逐渐威胁到了美国东部几个州的果树作物。喷洒除虫剂似乎不起任何作用，于是，政府最后被迫从日本进口另一种昆虫，入境后将它们放掉，让它们捕食东方果蛾。瞧，我们的农业专家在用一种害虫对付另一种害虫。

那些擅长让别人行动起来的人都曾采用过类似的策略。他们会用一种动机去对抗另一种动机。这个方法如此合乎情理、简单明了，效果也如此明显，人们可能会以为它已经放之四海而皆准了，但其实远非如此。我们常常看到一些具体事例，让我们忍不住怀疑究竟有没有人在使用这种方法。

例如，笔者近期在某市参加了一次俱乐部午餐会。该俱乐部正在组建一个高尔夫团队，以和邻市的乡村高尔夫俱乐部进行比赛。可是报名者却寥寥无几。俱乐部主席不高兴了，因为这件事是他负责的，可是眼看着就办不成了。这威胁到了他的声望，所以他发表了一次动员讲话，目的是让更多会员参赛。可惜的是，这次讲话并未如他所愿。他的动员大部分建立在"想让会员们参加"这一事实基础上，但这根本没有打动会员。他太不了解人性了，他只不过是在摆脱自己的情感负担。他和那个因为儿子抽烟而火冒三丈的父亲一样，他也忽视了听众的感受，未能考虑他们的愿望，也没有从他们的角度来讲话。

他应该怎么做呢？他应该多动用一些常识，在跟别人讲话前先悄悄和自己聊一聊，自言自语时基本可以遵照这个模式："为什么没有更多人愿意参加这个高尔夫团队？有些人可能会觉得自己抽不出时间，还有些人可能会觉得火车票太贵，或是因为其他各种花费太高。我该如何解决这些问题呢？我要让他们明白，休闲娱乐并非是在浪费时间，整天埋头苦干的人并不是最成功的人士。如果头脑清醒、精神抖擞，5天内就可以干成很多事；而如果精力不足，同样的事要更久才能完成。当然，这些他们都懂，只是需要有人提醒他们一下。我要找到能让他们比对省那几个小钱更感兴趣的事；我要让他们发现，这是一次对健康和快乐的投资；我要激发他们的想象，让他们看到自己在高尔夫球场上的样子——西风吹拂着他们的面庞，脚下是茵茵绿草，他们会为那些留在炎热的城市中为了赚钱而活着的人感到遗憾。"

在你们看来，这个方法是否比主席先生所说的"我希望你们能参加"更能打动那些会员呢？

那些决定我们行动的欲望

那么，这些塑造了我们的行为、形成了我们人类特有行为方式的最基本的欲望有哪些呢？如果了解这些欲望并对它们加以利用，对我们的成功来说至关重要，那就让我们开始吧。让我们揭开它们的面纱，让我们对它们进行研究、分解和分析吧！

在本章剩下的部分中，我们将讨论和讲述几个与这些欲望有关的故事。这样，它们才能更清晰地展现在我们面前，更令我们信服，更能给我们留下

第十五章
如何让听众行动起来

深刻的印象。我相信你们也同意这一点。

这些动机中最强烈的一个便是获益动机。让几亿人早上提前两三个小时从床上爬起来的正是整个动机，没有了这个推动力，人们便会赖在被窝里。我们还有必要对动机这一众所周知的力量费任何口舌吗？

比赚钱欲望更强烈的便是自我保护欲望。所有关于健康的宣传都以这一点为基础。比如，当一座城市宣传它的有益健康的气候时，当一家食品厂宣传自己的产品多么纯净、多么让人精力十足时，当一家获取了专利的药品供应商列举出他们的秘方药所能缓解的种种病痛时，当乳制品协会告诉我们牛奶富含维生素时，当一个反吸烟协会的演讲者告诉我们所有烟草中3%都是尼古丁，而1滴尼古丁就能杀死一条狗，8滴就能杀死一匹马时，这些人正是抓住了我们维系生命的本能欲望。

如果想利用人们的求生欲望更强烈地打动他们，就一定要个人化。比如，不要引用一些数据，证明癌症患者数量正在不断上升。这样不行。要把这一情况和正在听你讲话的人直接联系起来。例如，你可以这样说："咱们这个屋子里有30个人。如果你们都能活到45岁的话，按照医疗平均法则来说，你们当中有3位将死于癌症，可能是你，也有可能是他，还有可能是那边那位。"

有一个欲望和赚钱欲望同等强烈。事实上，在很多人身上，这个欲望更强烈一些，那便是希望得到别人的称赞和钦佩。它的另一个名字是自尊。

如果运用巧妙的话，激发人们自尊所产生的能量可能堪比炸药。

现在请你们问问自己：为何参加这门课程？在某种程度上，你们是否也受了给人留下更好印象的影响？你们是否也垂涎于发表一场令人信服的演讲所带来的那种强烈的内心满足感？谈起公共演说家，人们自然而然地便会想起力量、领导力、卓越这类素质，你难道不也为这些感到骄傲吗？这种骄傲完全情有可原。

最近，一家商品邮购杂志的编辑在一次公共演说中谈到，在所有人们能写进推销信件的宣传词中，没有比激起人们追求自尊和利益的欲望更有效的词语了。

林肯有一次便因为聪明地激发了他人的自尊动机而打赢了一场官司。那是在1847年,在塔兹韦尔郡法院。斯诺家的两兄弟从一个名叫凯斯的先生那里买了两头牛和一张犁。凯斯明知道两兄弟都是未成年人,还是收下了他们给他的联名票据。等到票据到期,他去兑现时,两兄弟却拒绝给钱,还冲他大笑。他们的笑声不怀好意,所以他就请林肯为他打官司,把两兄弟告上了法庭。斯诺兄弟申诉说他们是未成年人,而且凯斯在收票据时知道这个事实。林肯承认他们所说的一切,也承认了他们身为未成年人这一事实。"是的,先生们,我想事实的确如此。"他一字一句地说,看上去他似乎想完全放弃这个案子了。可是,当又轮到他辩护时,他对陪审团中12位善良、诚实的陪审员这样说道:"各位尊敬的陪审员,你们愿意让这两个孩子带着污点开始自己的人生吗?莎士比亚在《奥赛罗》中写道:

"无论男人女人,
名誉是他们灵魂中最贴心的珍宝。
如果有人偷走了我的钱袋,
他不过是偷走了一些废物。
那不过是些毫无价值的东西罢了,
是我的,也是他的,是千万人的奴仆。
可是窃取我好名声的人啊,
却让我一贫如洗!"

接下来他指出,如果不是因为有律师给他们出坏点子,这两个孩子可能永远不会堕落到如此邪恶的地步。他还指出,有些人玷污了律师这一高尚的职业,他们并不匡扶正义,而是让它缺席。说着,他转向对方的辩护律师,开始严厉地指责他。"现在,尊敬的陪审员,"他继续说道,"权力在你们手中,你们可以让这两个孩子走上正道,有脸面对世人。"陪审团中的这些人当然不会袒护明显不诚实的行为,令他们的声名和威望受损,对吧?他们不可

第十五章
如何让听众行动起来

能既忠实于自己的理想，又做出不公正的决定——这便是林肯的诉求。你们看，林肯激发了这些人的自尊欲望——陪审团当场投票决定，这两个孩子应该归还所欠债务。

在这个例子中，林肯也激发了法官对正义的本能热爱。几乎每个人身上都有这个特质。如果一个小孩子在大街上被大孩子欺负，我们都会去帮助那个小孩子。

人类是有感受力的动物，渴望舒适与快乐。我们喝咖啡，穿舒服的衣服，去剧院看戏，睡在床上而不是在地上……我们之所以这样做，并非因为我们能理智地判断出这些事情对我们有好处，而是因为它们让我们愉悦。所以，如果你能证明你的观点和主张会令我们更舒服、更快乐，你就开启了强大的行动之泉。

西雅图市宣传说自己的死亡率在美国所有大城市中最低，在西雅图出生的孩子会拥有最高的存活概率，寿命也会很长。那这个城市宣传时利用的是我们的哪个动机呢？这是一个非常强烈的动机，世间大部分行为都可以用这个动机来解释，那便是：情感。爱国主义也是基于情感动机。

有时候，当别的办法都行不通时，可以通过打动听众来让他们行动起来。纽约市著名房地产拍卖师约瑟夫·P. 戴用的正是这一招。这个办法让他完成了一生中最大的一次交易。下面就是他自己讲述的这段经历。

"房地产买卖并不全靠专业知识。当年我拿下最大一单的时候，根本没有任何专业背景。当时我一直在和盖里法官洽谈，打算把他的常驻办公室所在地——百老汇71号的一座楼卖给美国钢铁公司。我以为这次交易是板上钉钉的事，可是当我去拜访盖里法官时，他平静却又不容置疑地对我说：'戴先生，我们现在又有了一个选择，这座楼离这里很近，而且现代得多，看起来更符合我们的要求。这座楼，'他指了指房间里的木制办公家具，'盖得更好。你看，我们现在这座楼样式太土了，而且年代太久。总而言之，我的一些同事都认为，另外那座楼更能满足我们的要求。'

"眼看着这桩500万美元的买卖就要打水漂了!我默不作声,盖里法官也不再说什么。他已经告诉了我他的决定。如果这时有一根针掉在地上,可能听起来都会像是炸弹在爆炸。我不想尝试做出回答,相反,我问了他一个问题:'盖里法官,您来纽约的时候,第一个办公室在哪里?''就在这儿,'他说,'确切地说,是对面的一个房间。'

"'钢铁公司在哪里办起来的?'

"'哦,就在这些办公室里。'他若有所思地说,似乎并非是在回答我的问题。接下来,没等我问,他又自己说道:'有几位年轻总监一直对这些旧家具不满意,后来他们换了更豪华的办公室。不过,'他补充说,'这些人现在都不在我们这里工作了。'

"这一单做成了。第二周我们就正式完成了交易。

"我当然知道他后来考虑的是哪座楼,我原本可以跟他比较一下这两座楼在结构上的优劣。那样的话,盖里法官就会与我就建筑上的一些具体问题进行争辩——即使不是为了说服我,也是为了说服他自己。但我没这样做,我触动了他的情感。"

作者是否成功运用了上文讲述的方法?

第一步:作者强调了对人性加以影响的重要性,宣布有一个科学方法能让我们做到这一点,并且马上就将讨论这个方法——这是否吸引了你的注意力,令你产生了兴趣?

第二步:作者说这一体系建立在常识的基础上,还说他曾亲自实践这一方法并教授上千人使用它——这是否获得了你的信任?

第三步:作者是否将事实陈述得很清楚了?他是否传授了该方法的原理,讲述了它的优点?

第四步:作者是否让你相信,使用这个方法可以增加你的影响力,令你获益更多?在阅读完本章后,你是否想尝试这个方法?换言之,作者是否让你行动起来了?

第十五章
如何让听众行动起来

本章小结

1. 让听众产生兴趣，吸引他们的注意力。

2. 用自己的实力、对演讲者恰如其分的介绍、在演讲主题方面的专业资质和自己从亲身经历中学到的东西来赢得听众的信任。

3. 陈述事实，讲述自己提出的方法的优势，让听众来学习，并且要应对他们的异议。

4. 激发那些能让人们行动起来的动机：获益、自我保护、自尊、快乐、情感和爱。

这些方法如果运用得当，不仅可以提高演讲者在公众场合的演讲水平，而且有益于演讲者的私人工作和生活——在撰写销售信函、创造广告文案、经营家庭等方面给予他们帮助，还有助于他们搞好自己与家人、朋友和社区成员的人际关系。

第十六章　如何润饰辞藻

"若想让世人聆听，必须搔其耳朵——如果一个人想让别人倾听他的想法，他的演讲风格必须清晰、有力，还要有美感，这些是必要条件。其实，无论是谁，如果他想诱导芸芸众生对他的话加以注意——哪怕是稍稍侧耳，都必须这样做。"

——伍德罗·威尔逊

当詹妮丝·D.（Janice D.）在学校董事会站起身讲话时，屋子里几乎没人在听。几位董事会成员扫了一眼这个相貌平平的中年妇女，以为她不过是又一个对教师和学校的一些小问题吹毛求疵的家长，于是他们开始翻动桌子上的文件……的确，詹妮丝提出的问题正是他们之前曾详细讨论过的事。可是，几分钟后，董事会成员和屋子里其他人的态度便发生了大逆转，他们不再翻阅文件，抬起头来，专心致志地听她讲话。吸引他们注意力的并非是讲话内容——之前几位发言者也就这些观点与他们争论，他们已经听得太多了——而是她讲话的方式。她的措辞无懈可击，她的声音沉稳有力，她的主要观点清晰明确。听她说话是件非常舒服的事。

詹妮丝的发言证明了一个普遍的基本事实：每天，别人都根据我们说的话对我们做出判断。我们的措辞显示出我们的个性，它向细心、敏锐的听众透露出这样的信息：我们受过良好教育，有修养。

我们，你和我，只在四个方面与世界发生接触。他人正是根据这四个方面对我们做出评估和归类的。这四个方面便是：我们的行为、我们的外表、我们的语言、我们的谈吐。很多人不把谈吐当回事，稀里糊涂地过了大半辈子。从学校毕业后，他们并未有意识地努力丰富自己的词汇，掌握这些词汇不同层面的含义，用词精准而文雅；相反，他们总是习惯性地讲一些在办公室里使用的陈词滥调或是粗鄙的街巷之语。难怪他们讲起话来千篇一律、毫无个性，难怪他们常常违反一些约定俗成的发音规则，难怪他们有时连正规

第十六章
如何润饰辞藻

的英语语法都会忽视不顾。

几年前的一个下午，我正站在罗马古竞技场里浮想联翩，这时一个陌生人朝我走来，是一个英国人。他自我介绍了一番，便开始向我讲述他在永恒之城（罗马城的别称）的经历。还没讲到3分钟，他的嘴里就冒出了"you was"和"I done"这样的话。那天早上他起床时，肯定擦亮了皮鞋，穿上一尘不染的亚麻衣服，让自己看起来很体面，赢得那些与他打交道的人的尊敬。可是，他却根本没想到要去润饰自己的言辞，要让自己说出漂亮的、没有一点差错的句子。假如他衣服没熨就皱皱巴巴地穿出来，肯定会很难为情；可是，当他篡改语法使用规则，当他冒犯听者敏锐的耳朵时，他却丝毫没有羞愧之意——他甚至根本没意识到自己出了错。他站在那里，他的言词让他暴露在别人面前，人们对他做出定位，判断他是哪一类人。他对英语语言的粗暴使用不断地、确定无疑地向世人昭示：这是一个没有修养的人。

查尔斯·W. 艾略特博士曾担任哈佛大学校长达30多年之久。卸任之后，他公开说："在我看来，要想成为绅士和淑女，只有一种修养是必备的，那便是，准确而优雅地使用母语。"这真是一个重大声明。好好想想吧！

但是，你会问：如何才能精通词汇，讲起话来既优雅、又准确呢？幸运的是，这个方法并不玄妙高深，它其实是个公开的秘密。林肯就曾运用它，并出奇制胜。"勿以恶意对待任何人，务用善心对待所有人。"（with malice towards none, with charity for all.）从没有哪个美国人能把单词连缀成如此清丽、工整的句子，也从没有哪个美国人把散文写成了无可匹敌的优美音乐。这就是林肯——父亲是个大字不识的懒散木匠，母亲也平凡无奇。难道他是文曲星下凡？没有任何证据能证明这一点。当他被推选为国会成员后，他在华盛顿的官方资料中用一个形容词这样描述了自己的教育情况："有瑕疵。"他一辈子的上学时间还不到12个月，因为他家境贫寒，无力负担他的学业，他的生活环境也几乎没带来任何好的影响。

林肯在伊利诺伊州第八司法区任职时，曾与形形色色的人物打过交道：农民、商人、律师、诉讼当事人，这些人的言辞并没有什么魅力。可林肯却不一样——这一点一定要记住,非常重要——他并没有把大量时间浪费在这些与他精神层次相同,甚至不如他的人身上。他与同时代的思想精英、歌手和诗人结交,相谈甚欢。他的办公室里放着一本拜伦诗集,另一本放在家里;办公室的那本因为翻阅次数太多,一拿起来就会打开到《唐璜》那一页。即使在入主白宫后,悲惨的内战令他不堪重负、心力交瘁,在他的脸上刻下深深的皱纹,他依然常常抽出时间来带一本托马斯·胡德的诗集到床上,在睡觉前阅读。有时他在半夜醒来,打开诗集,偶然看到几行诗,便会兴奋不已。他下了床,只穿着睡衣和拖鞋,蹑手蹑脚地穿过大厅,找到自己的秘书,把这些诗读给他听,一首接一首。在白宫时,他还会抽空背诵莎士比亚剧作中长长的篇章。他对演员演绎的这些莎士比亚作品不满意,会给出自己独特的表现手法。"我读过莎士比亚的几部剧作,"他写道,"我可能和所有业余读者一样,来回地阅读这些作品,《李尔王》《理查三世》《亨利八世》《哈姆雷特》……我特别喜欢读《麦克白》。我觉得没有哪一部剧能与《麦克白》媲美,它太棒了!"

林肯潜心钻研诗歌,不仅在公开场合和私下场合背诵文学名篇,甚至还亲自提笔进行诗歌创作。在姐姐的婚礼上,他朗诵了自己写的一首长诗。到了中年后,他依然笔耕不辍,创作了满满一笔记本的文学作品。可他很害羞,从不允许别人看他的文字,就连最好的朋友也不行。

"这个自学成才的人,"路德·E. 罗宾逊(Luther E. Robinson)在他的《作为文人的林肯》(*Lincoln as a Man of Letters*)一书中写道:"用真正的文化把自己的心灵武装起来。你可以说他是个天才,或者说他天资聪颖,但他取得如此高的造诣的过程其实很简单,那就是自学,把自己不知疲倦地投入到连续不断的学习和实践中。"

那个曾在印第安纳鸽溪农场剥玉米、杀猪、一天赚31美分的笨手笨脚的拓荒者,在葛底斯堡发表了人类历史上最优美的演说之一。17万将士曾在这里浴血奋战,7000将士阵亡于此。就在林肯去世后不久,查尔斯·萨姆纳说,即使人们记不起这场战争,也依然会记得林肯的演讲。如果将来有一天人们

第十六章
如何润饰辞藻

还记得这场战争，那也主要是因为林肯的演讲。这一预言是多么准确啊！在我们这一代，它不就开始应验了吗？就在现在，当你听到"葛底斯堡"这个名字时，难道不是不仅想起了那场战役，还想起了那次演讲吗？

爱德华·埃弗里特在葛底斯堡讲了两个小时，他说了什么，人们早就忘了。而林肯只讲了不到两分钟，有位摄影师想拍一张他演讲的照片，可是他还没把那台老式相机架好、对好焦，林肯就已经讲完了。

林肯的演说被刻成了永不腐朽的青铜文字，安放在哈佛大学的一个图书馆里，向人们证明了英语这门语言的巨大魅力。每位学习公共演讲的学员都应该将他背诵下来。

"87年前，我们的先辈在这个大陆上创建了一个新的国家。他孕育于自由之中，奉行人人生来平等的信条。

"现在我们正进行一场伟大的内战，以考验这个国家，或者任何一个孕育于自由和奉行人人生来平等信条的国家是否能够长久坚持下去。我们相聚在这场战争的一个伟大战场上，我们来到这里，把这战场的一部分奉献给那些为国家生存而捐躯的人们，作为他们最后的安息之所。我们这样做是完全合适的、恰当的。但是，从更高的意义上说，我们是不能奉献，不能圣化，也不能神化这片土地的，因为那些曾经在这里战斗过的人们，活着的和死去的人们，已经圣化了这片土地，他们所做的远非我们的微薄之力所能扬抑。这个世界不大会注意，也不会长久记得我们今天在这里所说的话，但是，它永远不会忘记勇士们在这里所做的事。

"毋宁说，我们活着的人应该献身于留在我们面前的伟大任务：从这些光荣的死者身上汲取更多的献身精神，以完成他们精诚所至的事业；我们在此下定最大的决心，以不让死者白白牺牲；让这个国家在上帝的保佑下获得自由的新生；让这个民有、民治、民享的政府与世长存！"

大家普遍认为，演讲结尾那个经典的句子是林肯自己写的，但事实果真如此吗？林肯的律师业务合作伙伴——赫恩登曾给过林肯一本西奥多·帕克的演说集。林肯读了这本书，在下面这句话下面划了线："民主是直接的自治，是民有、民治、民享。"西奥多·帕克可能是从丹尼尔·韦伯斯特那里借鉴了这句话。在那篇给罗伯特·海恩的著名的回信中，韦伯斯特说道："人民的政府是为人民创造的，是由人民创造的，要对人民负责。"韦伯斯特可能是从詹姆斯·门罗总统那里借鉴了这句话，门罗总统曾发表过相同的看法。那么，门罗总统的思想又源于何处？约翰·威克里夫就在《圣经》译本的前言中说过："《圣经》属于民有、民治、民享的政府。"而早在威克里夫生活的时代之前，在耶稣诞生前400年，古希腊将军、政治领袖克里昂在对雅典人民的一次演说中，便提到了提倡"民有、民治、民享"精神。至于克里昂思想源于远古何处，我们便不得而知，由于年代太过久远，它已经消失在扑朔迷离的漫漫历史长夜中了。

新思想何其之少！就连那些伟大的演说家都将自己的成功归功于阅读、归功于自己与书籍的亲密关系！

书，这就是秘密！为了丰富你的词汇，扩充你的词汇量，你必须时不时地在文学的海洋中遨游。"每次看到图书馆我都很难过。"约翰·布莱特说，"因为生命太短暂，我根本不可能痛痛快快地享受摆在我面前的丰盛的美餐。"布莱特15岁便辍学去了一家棉纺厂打工，后来他再也没有受过学校教育。可是他却成了那一代人中最出色的演说家之一，因纯熟运用英语而出名。这是因为布莱特进行了大量的阅读和研究，把一些名篇抄写在了笔记本上，还下苦功背诵拜伦、弥尔顿、华兹华斯、惠蒂尔、莎士比亚和雪莱的诗歌。他每年都要重温一遍《失乐园》，来增加自己的词汇量。

年轻时的威廉·皮特是这样做的：看一两页的希腊文或拉丁文作品，然后把那部分翻译成自己的语言。他每天都这样做，一直做了10年。"他拥有了一种无与伦比的能力，几乎可以不假思索地把自己的思想变成精心选择、有序组织过的文字。"

德摩斯梯尼（古希腊雄辩家）为了能像著名历史学家修昔底德那样庄严、生动地措辞，曾8次抄写他的《伯罗奔尼撒战争史》。结果如何？2000年后，

第十六章
如何润饰辞藻

伍德罗·威尔逊为了提升自己的写作风格,开始研究德摩斯梯尼的作品。英国首相赫伯特·阿斯奎斯也通过阅读伯克利主教的作品获得了最佳训练。

丁尼生每天都研读《圣经》。托尔斯泰反复阅读《福音书》,直到自己能将长长的段落背诵下来。约翰·罗斯金的母亲逼他每天苦读并背诵《圣经》中的长篇章节,还让他每年将整本书大声朗读一遍,"从《创世纪》到《启示录》,每个音节、每个难读的名字,都要读一遍"。罗斯金把自己的文学品位和文学风格归功于这种自律与阅读。

据说,R. L. S. 是英语中最受人喜爱的名字首字母缩写。罗伯特·路易·史蒂文森(Robert Louis Stevenson)可以说是作家中的作家。他是如何提炼出他那著名的、引人入胜的写作风格的呢?幸运的是,他为我们讲述了自己的故事。

"每当我读到一本书或是一段文字,让我感觉特别喜欢——有时候是讲了一件事情,或是恰如其分地产生某种效果;有时可能行文体现出某种明显的力量,或是风格很特别,让人读来欢喜,我就必须立刻坐下来,模仿它的特点。我模仿不出来,这我知道;我会再次尝试,再次失败,总是失败,可至少在这些徒劳的片段中,我在韵律、各部分的组织与协调方面进行了练习。

"我就这样勤勤恳恳地模仿了黑兹利特、兰姆、华兹华斯、托马斯·布朗爵士、笛福、蒙田。

"不管你喜不喜欢,这就是学习写作的方法;无论我是否从中获益了,这就是写作之道。济慈就是这样学习写作的,没有比济慈更具文学气质的人了。

"正是因为有了这些模仿,我们才发现那些偶像难以被超越,永远遥不可及。就让喜欢的人尽情模仿吧,哪怕他注定模仿不来。有一句老话特别有道理:失败是通向成功的唯一道路。"

无须再举更多人的例子,无须再讲更多故事。已没有任何秘密。在给一位渴望成为大律师的年轻人的信中,林肯写道:"只需要弄到书,仔细阅读、研究。努力,努力,努力便是要务。"

请你讲重点
卡耐基魅力演讲的艺术

"我已经不看报纸了,改成看塔西佗、修昔底德、牛顿和欧几里得的著作了。"托马斯·杰斐逊写道,"我发现自己开心多了。"你信不信,如果你也按杰斐逊的做法来做——至少可以把读报纸的时间减一半,几周过后,你就会发现自己更快乐、更睿智。你把多少时间浪费在看电视上了?研究发现,大多数人每天坐在电视机前的时间为两三个小时。只要把这些时间的三分之一拿出来读一些好书,你就能扩大知识面,增加词汇量,你自己就会越来越完美。

无论如何,你可以先尝试一个月。你愿不愿意?可以随身带一本平装书,在等电梯、在超市排队结账、漫无止境地等待医生时看上几页。还可以定期去附近的公立图书馆,认识一下图书管理员,他会很乐意为你推荐一些书籍,既有能提升你的精神层次的书,又有让你读着开心并能有所启发的书。

拉尔夫·沃尔多·爱默生在他的《自立》一文中,将这个方法诠释得淋漓尽致。让他把下面这些气势如虹的句子悄声送进你的耳朵吧:

"如果你说出深藏的信念,那么这一信念就一定会变成普遍的感受,因为最隐秘的总会变成最公开的——最后的审判的号角会将我们最初的思想归还给我们。虽然在我们心灵听来,这两者都那么熟悉,但我们认为,摩西、柏拉图和弥尔顿最大的功绩就在于他们对书本和传统的蔑视,他们只谈论人们的思想,不谈论他们的言语。一个人应该发现并注视从自己心灵深处一闪而过的微光,而不是发现、注视诗人和圣贤在苍穹中焕发的光彩。可他却悄悄摒弃了自己的思想,只因为那是他自己的东西。在天才的每一部作品中,我们都认出了那些被我们丢弃的思想,它们回到了我们身边,却带着某种陌生的威严。这正是伟大的艺术作品给我们上的最生动的一课,它们教育我们要耐心、执着地遵循自己天然的意念。要坚持下去,哪怕没有一个人站在我们这一边。否则,陌生人第二天便会做出高明的判断,精确地说出我们的思想和感受,那时我们将被迫羞愧地从别人那里收回本属于自己的意见。

"每个人在治学之路上都曾产生这样的顿悟:妒忌即无知,模仿等于自戕。他还明白,无论是好是坏,他都必须接纳自己;虽然整个宇宙充满善意,

第十六章
如何润饰辞藻

但如果他不在上帝赐予他的那块土地上耕种劳作，甘甜的玉米粒就绝不会进到他嘴里。他的身体内栖居着一股全新的力量，在大自然中也从未曾见。除他以外，没人知道他能干成什么，他若不去尝试，便不知道答案。"

当有人让亨利·欧文爵士列出一张他心目中的100种最佳图书的书单时，他回答道："在读100本书前，还是先好好读《圣经》和莎士比亚吧！"欧文爵士说的有道理。你一定要畅饮英国文学这两大源头的甘泉，要长久地畅饮，时时畅饮。把你的晚报甩到一边，关掉电视，对自己说："莎士比亚，来，到我这里来。请给我讲讲罗密欧和他的朱丽叶，讲讲麦克白和他的野心。"

如果你坚持这样做，会有什么回报？渐渐地，不知不觉地，你的言辞就会更优美、更文雅，这一点毋庸置疑。慢慢地，你就会或多或少地表现出你的文学偶像的那种自豪、优美和庄严。"告诉我你在读什么书，"歌德说过，"我就能说出你是干什么的。"

我推荐的这个阅读计划几乎不会占用你什么东西，但需要你有强大的意志力，需要对时间精打细算……在每家书店都能买到袖珍版的《爱默生文集》和莎士比亚剧作，而且定价相当合理。

马克·吐温的词语妙招

马克·吐温是怎么做到妙语连珠、信手拈来的呢？年轻的时候，他曾乘坐驿站马车从密苏里州出发，长途跋涉来到内华达州。驿站马车笨重而缓慢，乘坐起来其实非常痛苦。对马车来说，额外的负重可能意味着有倾覆的危险，所以乘客的行李是按重量收费的。即便如此，马克·吐温还是随身带着一本《韦氏词典》，他带着它穿越关山险阻，穿越滚烫的沙漠，穿越匪徒和印第安人出没的危险地带。他想让自己成为文字大师，他用自己特有的勇气与常识，开始做那些能让他拥有这项本领的事情。

皮特和查塔姆勋爵都将这部词典研读了两遍，一页接一页、一个词接一个词地研究。勃朗宁每天都要全神贯注地阅读它，既是一种享受，又能从中学到知识。林肯的传记作家尼古拉（Nicolay）和海（Hay）写道，林肯会"坐在暮色中，读译本词典，直到看不清为止"。这些并非特例。每位杰出的作家和演说家都曾这样做过。

伍德罗·威尔逊的英语运用技能极其高超，他的有些作品无疑将在文学史上占据一席之地。下面便是他讲述的自己统领文字的故事："我父亲绝不允许家里任何人使用错误的表达方法。无论哪个孩子出现了口误，大人就会立刻纠正他。如果大人说话中夹杂着任何我们不熟悉的词语，他们都会立刻向我们解释这些词的意思。他们还鼓励我们每个孩子在平时说话时用这些新词，这样我们就能记住它们。"

有位知名演说家常常被人夸赞讲话句子严密、言辞简单而优美。在最近一次谈话中，他终于揭开了神秘面纱，让人们知道了他为何拥有强大的语言驾驭能力，能选择准确而深刻的词语。每次他在谈话或阅读时发现不熟悉的词时，都会在备忘录中记录下来。然后，就在睡觉前，他会查阅词典，让这个词语成为他自己的。如果他白天未能用这种方式收获任何词语，他就会研读一两页的《罗盖特英语同义词词典》，注意这些词的精确含义。每日一词——这就是他的座右铭。这意味着在一年内，他可以额外掌握 365 个表达工具。他将这些新词都收录在一个小的袖珍笔记本上，白天利用零碎时间来复习它们。他发现，如果将一个单词使用三次，它便永远是自己的了。

单词背后的传奇

我们使用字典的目的不仅仅是为了查找某个词的确切含义，还为了找到它的各种引申意义。通常在这个单词后面的括号内会给出它的历史和来源。千万不要以为你每天说的那些单词只是一些枯燥无味、无聊的声音，它们色彩丰富，讲述着一个个生动的故事。比如当你说"打电话让杂货店老板送点糖来"这种最平淡无奇的话时，你就要使用一些来自好几种不同语言和文明的外来词。电话由两个希腊单词组成：tele，意思是遥远的；phone，意思是声音。杂货店老板（grocer）来自一个古老的法语单词 grossier，而这个法语单词

第十六章
如何润饰辞藻

则来自拉丁语的 grossariu，它的字面意思是用批发或大批量销售的方式卖东西的人。糖（sugar）这个字词来自法语，而法语又是从西班牙语中借来了这个词，西班牙语是从阿拉伯语借来的，而阿拉伯语则是从波斯语中借来这个词。波斯语中的搅拌器 shaker 一词来自梵语 carkara，意思是糖果。

你可能为一家公司工作，或者拥有一家公司。公司（company）这个词来源于一个古老的法语词，它的意思是同伴，而同伴由 com 和 panis 组成，它的字面意思是带着面包——你的同伴就是和你一起享用面包的人。公司其实就是一群人凑在一起来赚取面包。你的工资（salary）的字面意思是你的盐资，罗马士兵的一部分军饷是用盐的方式发放的。有一天，一个爱开玩笑的家伙把自己的全部收入戏称为 salarium，这个类似俚语的词语后来就成了正统的英语单词。你的手里拿着一本书，书（book）这个词的字面意思是 beech（山毛榉），很长一段时间里，盎格鲁—撒克逊人把自己的词语刻在山毛榉树上和用山毛榉木做成的木片上。你口袋里的美元（dollar）的字面意思是山谷。美元硬币最早是于 16 世纪在圣约阿希姆泰勒河谷或山谷中铸造出来的。

门卫（janitor）和一月份（January）这两个词都是从一个居住在罗马的伊特鲁里亚铁匠的名字得来。这个铁匠专门打铁锁和门闩。他死后被封为异教徒神。他有两张脸，这样他可以同时看两个方向，专司门的开与关。所以一年的最后一个月和新的一年中的第一个月被称为一月。因此，当我们谈到一月份或门卫时，我们是在纪念一个铁匠的名字，他生活在公元前 1000 多年前，当时耶稣还没有出生。他的妻子名叫简（Jane）。

七月份（July）是根据裘利斯·凯撒的名字命名的。罗马皇帝奥古斯都不服气，便把下一个月——八月——命名为 Augustus。但当时第 8 个月只有 30 天，奥古斯都可不想让这个以他的名字命名的月份比以裘利斯命名的月份短，哪怕只短一天。于是他从二月份抽走了一天，把它放到了八月份，直到现在，这次出于虚荣心而进行的偷梁换柱的行为还鲜明地印在你家墙上的日历上。的确，你会发现英语单词的历史很有意思。

有一本词典特别引人入胜，它便是《牛津英语词典》。它有好几卷，不仅对英语中几乎每个词都给出了释义,还对这些单词和短语追根溯源,探寻它们在过去的用法。为了不让词典落伍,每次出新版时,编辑都要加入一些新造词,或者把一些老式单词和短语在用法上的变化收录进去。如果你想过一个有趣而充实的下午,不妨去当地的公共图书馆,浏览一下《牛津英语词典》。你会惊奇地发现,原来这些年来,很多单词的含义发生了巨大变化。

将一个句子改写104次

准确地说出自己的意思、表达出最细腻的想法,这是每个人都孜孜以求的但这并不总是很容易做到,即使是经验丰富的作家,也常常会感觉力不从心。范妮·赫斯特告诉我,她经常修改自己写的句子,有时改写50次,有时改写100次。就在和我们交谈几天前,她还改了一个句子。她认真地数了数,总共改写了104次。要知道,她可是位知名作家,《大都会》杂志要花2000美元来买她写的一篇故事。另外一位作家向我坦陈,有时自己会花整整一下午改稿子,只是把一个即将在各家报纸上刊登的短篇故事中的一两句话删掉!

古弗尼尔·莫里斯是这样描写理查德·哈丁·戴维斯是如何为了寻求最合适的一个词而苦苦思索、不厌其烦地反复修改的:"他的小说中的每个短语都是经过他无情的审判,从各种各样他能想到的短语中幸存下来的、最合适的那一个。他不仅一个短语一个短语、一句一句地改,还成段、成页地改,有时甚至会将整个故事推翻重来。他是用删减法来工作的。假如他想描写一辆汽车拐进大门的情景,他首先会写一段复杂的长篇描述,不放过任何一个细节,就像一个最具观察力的人看到这个情景时所注意到的那样。然后他就会动手删减,逐一删去那些他曾绞尽脑汁回忆起来的细节。每删掉一个细节,他就会问自己:'画面还在吗?'如果不在,他就会把刚才删掉的那个细节重新补上,再拿另一个细节开刀,看看能不能把它牺牲掉。如此这般,循环往复,费尽九牛二虎之力,直到一幅幅异常清晰的画面闪现在眼前(每个细节都很完美)。这些画面如行云流水般优美地点缀在他的小说和传奇故事中。"

本书的大多数读者不会像前面讲述的那几位作家那样追求完美的辞藻,

第十六章
如何润饰辞藻

他们既没有时间，也没有这样的性情。之所以举这几个例子，是为了让大家明白成功的作家是多么看重措辞恰当与表达正确，希望能借此鼓励诸位对英语语言的运用产生更浓厚的兴趣。当然，对于演讲者来说，为了能确切地表达自己想表达的细微想法而讲话时字斟句酌、时时停顿是不现实的，但是请你们记住，一定要在平时所有谈话中练习使用精确的表达方式，这样，在演讲中，你就能自然而然地、流畅而准确地表达自己的想法了。据说，弥尔顿的词汇量是8000个词，莎士比亚能掌握15000个词。一本标准英语词典包含50万个单词，通常不到100万，而普通人的词汇量大约在2000个单词左右。我们会用一些动词，再用连词把它们连起来；还会用若干名词和一些使用频率很高的形容词。我们太懒了，不愿意动脑子；另一个原因就是，我们可能被工作、家务或其他一些事情牵扯了太多精力，无法训练我们的大脑进行精密、确切的思考。其结果呢？让我给你举个例子。有一次，我在科罗拉多大峡谷边度过了难忘的几天。其中一天下午，我听到一位女士在描述一种狗、一个交响乐片段、某个男人的性情和大峡谷的美景时，都用的是同一个形容词——"漂亮"（beautiful）。

不要用陈词滥调

语言的表达不仅要确切，还要力求新颖，不要用那些被人反复和过度使用的陈词滥调。比如，几百年前有人别具一格地打了这样的比方"像黄瓜一样凉"（cool as a cucumber）。在当时，这个表达方式的确很了不起，因为它别出心裁。但现在稍微追求新意的演讲者都不好意思这么说了。

凯瑟琳·诺里斯在其所处时代，是美国稿酬最高的杂志连载小说家之一。我曾问她是如何形成的自己的风格。"读经典散文和诗歌，"她回答说，"还要把自己作品中的陈词滥调毫不留情地删掉。"

一位杂志编辑曾经告诉我，当他在一篇投稿中发现了两三个陈词滥调后，他读都没读便将稿子退给了作者，因为他知道：一个在语言表达上不够新颖的作者不会有什么创意。

不仅要注意说什么，还要注意怎么说

很多演讲者都词汇量丰富，擅长用各种各样的明喻、暗喻以及玄妙的语句来表达自己的想法。如果你阅读他们的演讲稿，就会觉得特别振奋、深受启发；可是，如果你听他们演讲，就会觉得逊色得多，这是因为他们不会措辞，口头表达能力也比较差。

不管你的思想多么高深，你的主题多么有见地，如果你不能清晰、明确地将它们表达出来，别人就无法理解它们。下面是人们在演讲时常犯的 6 个错误，这些错误导致他们的表达不够清晰：

1. 含糊不清。你是否会吞掉单词的词尾？你讲话时嘴巴是否是闭着的？站在镜子前练习，要张开嘴清晰地发音。

2. 语速过快。要给听众时间来吸收你说的东西。可以听听自己的演讲录音，测算一下自己的演讲速度，如果你每分钟讲 150 多个词，那你的语速就太快了。

3. 如果语速太慢，你也会失去听众。你那边还在慢吞吞地讲，而听众已经开始开小差了。（一个准则就是：每分钟讲的词不少于 120 个。如果你要强调某个观点，那么可以慢下来，这时语速慢就很有必要。）

4. 发音错误。多进行语言发音基本功练习，会对你有帮助。

5. 不要使用口头禅。很多人的演讲中都充斥着一些多余的声音、单词和短语，比如"呃""嗯""你知道"……它们会令你分心。可以听听自己的演讲录音，有意识地把这些口头禅去掉。

6. 声音单调。要让自己的语调富于变化，否则你的听众会提不起精神。

本章小结

1. 我们只在四个方面与人们发生接触。人们通过四个方面对我们进行评价，并将我们归类：我们的行为、我们的外表、我们说什么以及怎么说。人

第十六章
如何润饰辞藻

们往往通过我们使用的语言对我们做出评价。曾担任哈佛大学校长达三十多年的查尔斯·W. 艾略特说："我认为，要想成为绅士或淑女，只有一样修养是必需的，那便是准确而优雅地使用母语。"

2. 你讲话时使用的语言在很大程度上反映了你的交友情况。所以不妨像林肯那样，与文学巨匠们为友。你可以和他一样，与莎士比亚和其他伟大的诗人和散文家一同度过每个夜晚。只要坚持这样做，不知不觉间，你的头脑一定会丰富起来，你的词汇也一定会像你的朋友一样文采斐然。

3. "我已经不看报纸了，转而看塔西佗和修昔底德、牛顿和欧几里得的著作。"托马斯·杰斐逊写道，"我发现自己快乐多了。"何不像他这样做？倒也不必完全放弃读报，只需用一半时间浏览一下就可以了。减少浪费在看电视上的时间，把节约下来的时间用在阅读经典著作上。可以买一些便宜的简装本著作，利用白天零碎的时间来阅读。

4. 阅读的时候手边放一本字典，碰到不熟悉的词就查阅一下。尽量把这个词用起来，这样你就能永远记住它了。

5. 研究你所使用的词语的衍生意义。词汇的历史并不乏味、枯燥，里面往往充满了传奇。

6. 不要使用陈词滥调、老生常谈的词语。要精准、确切地表达自己的意思。不要打一些陈腐的比喻，要力求新颖。可以自己创造一些比喻句。大胆一些，让自己与众不同。

7. 吐字要清晰。不要含混不清，语速不要太快或太慢，也不要出现发音错误，不要用口头禅，语调也不要太单一。